高等职业教育财经商贸类专业基础课系列教材

统计基础与实务

朱 艳 李恒旺 主 编
石岱峰 翟翔楠 副主编

清华大学出版社
北京

内容简介

本书是高职高专教材,是按照"技能型、应用型"人才培养目标,以培养学生的实际应用能力为目的编写的统计学教材。本书按照统计工作的实际顺序展开,按照项目化教学方法共分九个项目:认识统计、制定统计调查方案与采集数据、掌握统计整理方法、掌握总量指标和相对指标的分析描述、描述数据的分布特征、掌握时间数列分析、编制统计指数和进行因素分析、掌握统计推断和分析现象的相关性和线性。通过任务引导,明确任务,点拨引导,知识讲解等,重点讲述统计学的原理及方法。本书配备大量例题,每个项目均配有适量的练习题,具有很强的针对性、应用性和实践性。

本书既可以作为高职高专财经与管理类相关专业的统计学教材,也可以作为在职人员的职业培训教材和参考读物。

本书封面贴有清华大学出版社防伪标签,无标签者不得销售。
版权所有,侵权必究。举报:010-62782989,beiqinquan@tup.tsinghua.edu.cn。

图书在版编目(CIP)数据

统计基础与实务/朱艳,李恒旺主编. —北京:清华大学出版社,2024.3
高等职业教育财经商贸类专业基础课系列教材
ISBN 978-7-302-65082-9

Ⅰ.①统… Ⅱ.①朱… ②李… Ⅲ.①统计学-高等职业教育-教材 Ⅳ.①C8

中国国家版本馆 CIP 数据核字(2024)第 009720 号

责任编辑:张 弛
封面设计:傅瑞学
责任校对:刘 静
责任印制:刘 菲

出版发行:清华大学出版社
    网　　址:https://www.tup.com.cn,https://www.wqxuetang.com
    地　　址:北京清华大学学研大厦 A 座 邮　　编:100084
    社 总 机:010-83470000 邮　　购:010-62786544
    投稿与读者服务:010-62776969,c-service@tup.tsinghua.edu.cn
    质量反馈:010-62772015,zhiliang@tup.tsinghua.edu.cn
    课件下载:https://www.tup.com.cn,010-83470410
印 装 者:三河市人民印务有限公司
经　　销:全国新华书店
开　　本:185mm×260mm 印　　张:15.5 字　　数:373 千字
版　　次:2024 年 4 月第 1 版 印　　次:2024 年 4 月第 1 次印刷
定　　价:56.00 元

产品编号:097704-01

前 言

统计学是一门关于获取统计信息、显示、描述、分析和研究数据,为决策提供科学依据的方法论学科。随着经济发展和社会进步,统计手段和统计信息在社会生活中的作用日益重要。统计的基本理论和方法已成为从事社会、经济、管理和科学研究等工作的人才必须具备的基础知识。统计学是教育部规定的高等院校经济管理类专业的一门专业基础课,是高职院校财经与管理类各专业的核心课与必修课。

本书是按照高职高专教育的培养目标要求和高职院校财经与管理类专业的教学需要编写的。本书按照统计工作的实际顺序展开,以项目化教学将统计过程分为九个项目,主要内容包括:认识统计、制定统计调查方案与采集数据、掌握统计整理方法、掌握总量指标和相对指标的分析描述、描述数据的分布特征、掌握时间数列分析、编制统计指数和进行因素分析、掌握统计推断、分析现象的相关性和线性,重点讲述统计学的原理及方法。

习近平总书记在党的二十大报告中强调要"统筹职业教育、高等教育、继续教育协同创新,推进职普融通、产教融合、科教融汇,优化职业教育类型定位"。为落实"三教"协同、"三融"发展的要求,满足高职学生工作、学习需要,本书内容上注重理论与实践紧密结合,做到学以致用。在各个项目中,首先进行项目说明和列举本项目完成后应达到的能力目标及知识目标,项目下给出具体任务。知识内容以现实生活的实际应用为情景引出本项目下的任务要求,在任务分解的基础上把要讲授的内容和需要解决的问题融合在一起,进行知识的讲解。结合所讲述的内容,教材中插入了大量的例题,并配有相应练习题和实训题目。在确保理论体系完整的情况下,充分体现统计方法的实用性本质,在个别项目末结合具体事例介绍了利用 Excel 来实现该项目任务的有关计算和图表制作,以增强学生对现实问题进行数据处理的能力,体现了高职院校注重学与做相结合的教学特点,有利于提高学生的实际统计技能、适应高职高专教学改革的发展趋势。

本书由朱艳、李恒旺主编。在本书的编写过程中,编者参考并吸收了许多统计学教材和统计学研究成果的精华,在此向相关的作者表示诚挚的感谢!

由于编者水平有限,书中难免存在疏漏之处,敬请同仁及广大读者批评、指正。

在线试题及答案　　教学课件　　课后答案

编　者

2023 年 10 月

目 录

项目一 认识统计 ……………………………………………………………………… 1
  任务一 认识统计的发展过程 ………………………………………………………… 1
    一、统计的产生与发展 ……………………………………………………………… 2
    二、统计的含义及相互关系 ………………………………………………………… 4
    三、统计学的研究对象及特点 ……………………………………………………… 5
  任务二 认识统计工作的过程与研究方法 ………………………………………… 7
    一、统计的职能和统计工作的任务 ………………………………………………… 8
    二、统计工作的过程 ………………………………………………………………… 8
    三、统计学的研究方法 ……………………………………………………………… 9
  任务三 认识统计工作的基本概念 ………………………………………………… 11
    一、统计总体与总体单位 …………………………………………………………… 12
    二、标志和指标、指标体系 ………………………………………………………… 13
    三、变异和变量 ……………………………………………………………………… 15
  复习思考题 …………………………………………………………………………… 16

项目二 制定统计调查方案与采集数据 …………………………………………… 19
  任务一 熟悉统计调查的含义和方法 ……………………………………………… 19
    一、统计调查的含义 ………………………………………………………………… 20
    二、统计调查的要求 ………………………………………………………………… 20
    三、统计调查的种类 ………………………………………………………………… 21
    四、统计调查的方法 ………………………………………………………………… 22
  任务二 设计调查方案 ……………………………………………………………… 23
    一、确定调查目的 …………………………………………………………………… 24
    二、确定调查对象和调查单位 ……………………………………………………… 24
    三、确定调查项目和编制调查表 …………………………………………………… 24
    四、确定调查时间与期限 …………………………………………………………… 25
    五、明确调查的方式和方法 ………………………………………………………… 26
    六、制订调查的组织实施计划 ……………………………………………………… 26
    七、设计调查问卷 …………………………………………………………………… 26
  任务三 熟悉统计调查的组织方式 ………………………………………………… 29
    一、统计报表 ………………………………………………………………………… 31

二、普查 ·· 33
　　三、重点调查 ·· 34
　　四、典型调查 ·· 35
　　五、抽样调查 ·· 36
　复习思考题 ·· 37

项目三　掌握统计整理方法 ·· 41
　任务一　了解统计整理的作用和程序 ·· 42
　　一、统计整理的概念与作用 ·· 42
　　二、统计整理的程序 ··· 43
　任务二　掌握统计分组方法 ··· 44
　　一、统计分组的概念与作用 ·· 44
　　二、统计分组的种类 ··· 46
　　三、统计分组的原则和方法 ·· 48
　任务三　制作分配数列 ··· 50
　　一、分配数列的概念 ··· 51
　　二、分配数列的种类 ··· 51
　　三、变量数列的编制 ··· 52
　　四、累计次数表 ··· 54
　　五、次数分布的主要类型 ··· 55
　任务四　统计数据的显示 ·· 56
　　一、统计表 ··· 57
　　二、统计图 ··· 60
　延伸拓展　Excel 在统计整理中的应用 ··· 63
　　一、利用 Excel 中的 FREQUENCY 函数进行统计数据的分组整理 ········· 63
　　二、利用 Excel 中的图表向导绘制统计图 ··· 65
　　三、利用数据分析工具分组并绘制直方图 ··· 66
　复习思考题 ·· 68

项目四　掌握总量指标和相对指标的分析描述 ·· 72
　任务一　认识总量指标 ··· 73
　　一、总量指标的概念和作用 ·· 73
　　二、总量指标的分类 ··· 74
　　三、总量指标的运用原则 ··· 75
　任务二　认识相对指标 ··· 76
　　一、相对指标的概念和作用 ·· 78
　　二、相对指标的表现形式 ··· 78
　　三、相对指标的种类及计算方法 ·· 79
　　四、计算和应用相对指标的原则 ·· 85

复习思考题 ……………………………………………………………… 87

项目五　描述数据的分布特征 ……………………………………………… 91

任务一　认识平均指标 …………………………………………………… 91
　　一、平均指标的概念和作用 ……………………………………………… 92
　　二、平均指标的种类及其计算 …………………………………………… 93
　　三、应用平均指标的基本原则 ………………………………………… 103

任务二　认识标志变异指标 …………………………………………… 104
　　一、标志变异指标的概念和作用 ……………………………………… 105
　　二、标志变异指标的种类及其计算 …………………………………… 106

延伸拓展　Excel 在平均指标中的应用 ……………………………… 111
　　一、Excel 函数在求和、平均数运算中的运用 ……………………… 111
　　二、Excel 在中位数计算中的运用 …………………………………… 112

　　复习思考题 …………………………………………………………… 113

项目六　掌握时间数列分析 ……………………………………………… 118

任务一　认识时间数列 ………………………………………………… 118
　　一、时间数列的概念和作用 …………………………………………… 119
　　二、时间数列的种类 …………………………………………………… 120
　　三、时间数列的编制原则 ……………………………………………… 121

任务二　认识时间数列的水平分析指标 ……………………………… 122
　　一、发展水平 …………………………………………………………… 123
　　二、平均发展水平 ……………………………………………………… 123
　　三、增长量和平均增长量 ……………………………………………… 127

任务三　认识时间数列的速度分析指标 ……………………………… 128
　　一、发展速度 …………………………………………………………… 129
　　二、增长速度 …………………………………………………………… 129
　　三、平均发展速度和平均增长速度 …………………………………… 130

任务四　认识时间数列的趋势分析 …………………………………… 132
　　一、动态趋势分析的意义 ……………………………………………… 132
　　二、影响现象发展的因素 ……………………………………………… 133
　　三、长期趋势的分析方法 ……………………………………………… 133

延伸拓展　Excel 在动态数列分析中的运用 ………………………… 137
　　一、利用 Excel 计算水平指标 ………………………………………… 137
　　二、利用 Excel 计算速度指标 ………………………………………… 138
　　三、利用 Excel 计算移动平均数列 …………………………………… 139
　　四、利用 Excel 求趋势方程 …………………………………………… 139

　　复习思考题 …………………………………………………………… 140

项目七　编制统计指数和进行因素分析 ··· 147

任务一　认识统计指数 ··· 147
一、统计指数的含义和特点 ··· 149
二、统计指数的作用 ··· 149
三、统计指数的种类 ··· 150

任务二　编制总量指标指数 ··· 151
一、编制综合指数 ··· 153
二、编制平均指数 ··· 157
三、综合指数与平均指数的关系 ··· 160

任务三　构建总量指标指数体系和进行因素分析 ··································· 160
一、指数体系 ··· 161
二、总量指标变动的两因素分析 ··· 162
三、总量指标变动的多因素分析 ··· 164

任务四　构建平均指标指数体系及进行因素分析 ··································· 166
一、平均指标指数的含义 ··· 167
二、平均指标指数体系 ··· 167
三、平均指标指数的因素分析 ··· 169

延伸拓展　Excel 在指数分析中的应用 ··· 170
复习思考题 ··· 172

项目八　掌握统计推断 ··· 178

任务一　认识抽样推断的一般问题 ··· 178
一、抽样推断的概念和特点 ··· 179
二、抽样推断的作用 ··· 180
三、抽样推断的几个基本概念 ··· 181
四、抽样调查的理论依据 ··· 184

任务二　了解抽样推断的误差 ··· 185
一、抽样误差的概念和影响因素 ··· 186
二、抽样平均误差 ··· 187
三、抽样极限误差的意义 ··· 191
四、抽样误差的概率度 ··· 191

任务三　掌握总体参数估计方法 ··· 193
一、总体参数的点估计 ··· 194
二、总体参数的区间估计 ··· 194
三、样本单位数目的确定 ··· 197

延伸拓展　用 Excel 进行参数的区间估计 ··· 200
一、总体平均数的区间估计 ··· 200
二、总体成数的区间估计 ··· 202

复习思考题 ……………………………………………………………………… 203

项目九　分析现象的相关性和线性 …………………………………………… 207

　　任务一　认识现象的相关性 ………………………………………………… 207
　　　　一、相关关系的含义 ……………………………………………………… 208
　　　　二、相关关系的种类 ……………………………………………………… 208
　　　　三、相关分析的作用 ……………………………………………………… 210
　　任务二　测定现象的相关关系 ……………………………………………… 210
　　　　一、相关表 ………………………………………………………………… 211
　　　　二、相关图 ………………………………………………………………… 212
　　　　三、相关系数 ……………………………………………………………… 212
　　任务三　测定现象的线性关系 ……………………………………………… 214
　　　　一、线性回归概述 ………………………………………………………… 215
　　　　二、一元线性回归方程的建立与应用 …………………………………… 217
　　　　三、估计标准误差 ………………………………………………………… 219
　　　　四、回归分析中应注意的问题 …………………………………………… 222
　　延伸拓展　应用 Excel 分析现象间的关系 ………………………………… 222
　　　　一、应用 Excel 进行相关分析 …………………………………………… 222
　　　　二、应用 Excel 进行回归分析 …………………………………………… 224
　　复习思考题 ……………………………………………………………………… 225

附录 A　国民经济和社会发展重要统计指标 ………………………………… 229

附录 B　正态分布概率表 ……………………………………………………… 236

参考文献 ………………………………………………………………………… 238

项目一 认 识 统 计

项目说明：

伴随着人类社会的产生，统计开始萌芽。随着社会生产力的发展，与经济社会相适应，统计不断得到发展，在近代形成了包括理论统计和应用统计两个分支的完整学科。该课程从应用方面，以社会经济现象为研究对象，说明社会经济现象的数量性特点，以及随着时间推移数量变化的规律性。本项目从唯物史观的角度，以生产力的发展为主线，让学生认识统计（学）的产生和发展的历史过程；从生产实践角度出发，认识统计学的研究对象、内容、基本方法，了解统计工作中经常出现的基本概念。

能力目标：

1. 能够从统计的视角去观察、认识社会经济现象和具体问题。
2. 能够运用统计学的研究方法，自觉地观察、认识现象的规律性。
3. 能够辨别总体和总体单位、辨别统计指标和标志（值）。
4. 能够区分连续型变量与离散型变量。

知识目标：

1. 了解社会经济统计学的产生和发展历史。
2. 理解统计的含义。
3. 理解统计学的研究对象。
4. 掌握统计学的基本研究方法。
5. 掌握统计学的基本概念，包括统计总体、总体单位、标志、统计指标、变量以及相互关系。

任务一 认识统计的发展过程

任务引导

关于统计调查的小故事

我国汉朝时期就已经进行了人口统计。如《二十四孝》中的《行佣供母》，讲述了东汉江革孝顺母亲的故事。"江革，字次翁，齐国临淄人也。少失父，独与母居。……建武末年，与母归乡里。每至岁时，县当案比，革以母老，不欲摇动，自在辕中挽车，不用牛马，由是乡里称之曰'江巨孝'"（《后汉书·江革传》）。文中说到的"案比"，是指"案户比民"，也就是户口登记与核查。

又如,2020年11月21日,湖北广水,网友爆料,94岁奶奶为了激活社保卡被迫去银行进行人脸识别。奶奶年岁已高,不方便操作,家人将奶奶抱起来,勉强进行人脸识别。22日,农行广水市支行发布情况说明,称该行工作人员已赶到老人家中道歉。

(资料来源:小九一线.关于统计调查的小故事[R/OL].https://www.sohu.com/a/462506928_121069499,2021-04-23.)

思考: 通过案例对比,你有哪些思考和启发,说说统计有什么社会意义。

任务分解

以组为单位,根据自身经历或了解的生产生活中的现象(数据),或通过网络搜索关于统计的案例故事。

要求:

(1)每位组员列举至少一项。

(2)组长组织进行讨论:现象与经济社会的适应性。

(3)每组推举1位组员进行展示。

(4)在展示过程中,所有同学可以对每组展示的情况进行提问、对每组的展示进行评价。

(5)总结。

相关知识

一、统计的产生与发展

(一)统计实践的产生和发展

统计是随着社会经济的发展和国家管理财富的需要而产生和发展起来的,已有5000多年的历史。

1. 统计实践的萌芽

统计是随着人类生产活动实践的需要而产生的,统计的历史可以追溯到远古的原始社会。据史料记载,早在氏族公社的伏羲时代,我国劳动人民在长期测量土地,清点人口、牲畜和观测天象的过程中,就总结出了九九乘法口诀,表明统计实践活动在原始社会已经萌芽。

2. 统计实践的形成与发展

随着人类社会的发展,计数的方法也随之发展。《管子·揆度篇》记述:"上古结绳,后易之以书契。"用刻刀将数刻在兽骨、竹木、龟甲、土石崖上,以便长久保存。

在奴隶社会,国家的人口、财富和军事统计得到了长足的发展,统计被认为是维护阶级统治、兴邦安国的重要手段。大约公元前6世纪,罗马帝国就将国势调查作为治理国家的手段,规定每5年进行一次人口、土地、牲畜、家奴的调查,并将财产总额作为划分贫富等级以及征丁课税的依据。

长达十几个世纪的封建社会,自给自足的自然经济为主要生产方式,统计实践随着生产力的发展缓慢发展。例如,商鞅变法提出了关于人口、农产品和牲畜等的分类调查,明清时期的保甲户口经常登记制度等;古罗马在公元前400年建立了人口普查和经常性的出生和死亡登记制度。封建时期各个王朝尽管为管理国家财富而进行了不同的统计工作,总体来看,统计工作只是停留在简单的统计计数阶段。

机器大工业的发展、物质生产的规模空前膨胀,极大地拓宽了统计的内容,社会各部门机构都要求提供更多的统计资料,统计活动开始从一般的人口、税赋、军事领域扩展到工业、商业、交通运输等社会经济活动的各个领域。随着对统计资料需求的增多,社会发展出了专业的统计机构和研究组织,统计作为社会分工中的一个独立部门开始出现;资本主义生产力的快速发展为统计科学的产生奠定了物质基础。

(二)统计学的产生与发展

人类经历长期的统计实践,直到17世纪中叶才出现了统计理论著述。通常认为,英国古典经济学家威廉·配第所著《政治算术》一书的问世,标志着统计学的诞生。所以,统计实践上升到统计理论,距今只有300多年的历史。从统计学的产生和发展过程来看,大致可以划分为三个时期:萌芽期、近代期和现代期。

1. 统计学的萌芽期

统计学萌芽于17世纪中叶至18世纪,这一时期称为古典统计学时期。以最先进入工业文明的西欧发端,一些社会和经济学者开始以不同的视角去认识研究统计理论,他们相互影响,形成了不同的统计学派。主要的统计学派有国势学派和政治算术学派。

国势学派产生于17世纪的德国,代表人物有赫尔曼·康令(H.Conring,1606—1681)和戈特弗里德·阿亨瓦尔(G.Achenwall,1719—1772),代表著作是《近代欧洲各国国势学概论》。所谓国势学就是记述国家显著事项的学科。康令和阿亨瓦尔都在德国的格丁根大学开设国势学课程,讲授和传播国家比较记述方法的知识。阿亨瓦尔最早将"统计"一词当作学名来使用。

国势学派的特点是主要以文字记述"国家的显著事项",故又称作记述学派。国势学派对统计学的贡献在于提出了至今仍为世界公认的名词"统计学"(statistics),提出了至今仍为统计学者所采用的一些术语,如"统计数字资料""数字对比"等。严格地说,这一学派的研究对象和研究方法都不符合统计学的要求,只是登记了一些记叙性材料,借以说明管理国家的方法。因此,这一学派的统计学是"有统计学之名,无统计学之实"。

政治算术学派起源于17世纪的英国,其主要代表人物是威廉·配第(William Petty,1623—1687)和约翰·格朗特(John Graunt,1620—1674)。英国学者威廉·配第在其所著的《政治算术》(1676年)一书中,对当时的英国、荷兰、法国之间的国情国力进行了数量上的计算和比较,做了前人没有做过的从数量方面来研究社会经济现象的工作。正是在这个意义上,马克思称威廉·配第是"政治经济学之父,在某种程度上也可以说是统计学的创始人"。

配第的朋友约翰·格朗特,通过对伦敦市50多年的人口出生和死亡资料的计算,写出了第一本关于人口统计的著作《对死亡表的自然观察和政治观察》(1662年)。从此,统计的含义从记述转变为专指在"量"的方面来说明国家的重要事项。这就为统计学作为一种从数量方面认识事物的科学方法,开辟了广阔的发展前景。

政治算术学派的特点是揭示以数量表现的社会经济现象的规律性,为制定政策提供依据。政治算术学派第一次运用可度量的方法,力求把自己的论证建立在具体的、有说服力的数字上面,依靠数字来解释与说明社会经济生活。因此,这一学派的统计学是"有统计学之实,而无统计学之名"。

2. 统计学的近代期

统计学的近代期是18世纪末至19世纪末,这一时期主要有数理统计学派和社会统计学派两大流派。

项目一
微课1

数理统计学派代表人物包括皮埃尔-西蒙·拉普拉斯(Pierre-Simon Laplace,1749—1827)、阿道夫·凯特勒(Adolphe Quetelet,1796—1874)。数理统计学派代表著作有《统计学的研究》和《关于概率论的书信》等。

19世纪初法国天文学家、数学家、统计学家拉普拉斯把古典概率论引进统计学领域。他发展了对概率论的研究,阐明了统计学的大数法则,进行了大样本推断的尝试。拉普拉斯奠定了数理统计学的基础。比利时统计学家、数学家、天文学家凯特勒把概率论正式引进统计学,主张以数理方法研究社会经济现象和自然现象。他最先将概率论应用于人口、人体测量和犯罪等问题的研究,完成了统计学和概率论的结合,使统计方法的发展得到了质的飞跃,把统计科学推向了一个新的发展阶段。"统计"由过去仅指国家统计资料,扩展到包括统计资料、统计工作和统计科学在内的全面内涵。从此,统计学开始进入更为丰富发展的新阶段。国际统计学界称凯特勒为"统计学之父"。

在凯特勒发展了统计的基础上,英国的弗朗西斯·高尔登(Francis Galton,1822—1911)和卡尔·皮尔森(Karl Pearson,1857—1936)创立和发展了生物统计学,发现了相关分析与回归分析统计方法,为统计的数量分析奠定了数理基础。

社会统计学派于19世纪后半叶兴起于德国,由德国大学教授克尼斯(K.G.A.Knies,1821—1898)首创,主要代表人物为恩格尔(E.Engel,1821—1896)和梅尔(G.V.Mayr,1841—1925)。他们认为,统计学的研究对象是社会整体,包括政治、经济、道德、文化等社会现象,目的在于明确社会现象内部的联系和相互关系,研究方法是大量观察法。他们认为,在社会统计中,全面调查,包括人口普查和工农业调查,居于重要地位,抽样调查在一定范围内具有实际意义和作用。这一学派融汇了记述学派和政治算术学派的观点,并把政府统计和社会调查融合起来。

3. 统计学的现代期

统计学的现代期是自20世纪初到如今的数理统计时期。数理统计和社会统计学派在不断争论中共存和发展,共同构成了现代统计学的基础并逐步融合成为现代统计学。20世纪30年代,R.费希尔的推断统计理论标志着现代数理统计学的确立,统计学的主流也从描述统计学转向推断统计学。

从世界范围看,自20世纪60年代以后,统计学的发展有几个明显的趋势:第一,随着数学的发展,统计学依赖和吸收的数学方法越来越多;第二,向其他学科领域渗透,以统计学为基础的边缘学科不断形成;第三,随着统计学应用日益广泛和深入,特别是借助电子计算机后,统计学所发挥的功效日益增强;第四,统计学的作用与功能已从描述事物现状、反映事物规律,向抽样推断、预测未来变化发展方向。它已从一门实质性的社会性学科,发展为方法论的综合性学科。

二、统计的含义及相互关系

(一)统计的含义

在日常生活中,我们经常遇到"统计"这个词,不同的人对统计有不同的认识。多数人一提到统计,首先会认为是做统计工作,譬如,小王在统计局工作,是做统计的。这种理解是不够全面的。在今天,我们认为"统计"一词有三种含义,即统计工作、统计资料和统计学。

1. 统计工作

统计工作即统计实践活动,是指运用科学的方法,按照预先设计的要求,对客观事物总体数量方面进行搜集、整理、展示和分析的工作过程。社会经济统计是指对社会经济现象的数量方面进行数据搜集、运用科学的方法对数据进行整理和分析、研究数据的内在特征等一系列工作过程的总称。所以一个完整的统计过程包括统计设计、统计调查、统计资料整理和统计分析等几个阶段。

2. 统计资料

统计资料是在统计工作过程中取得的反映社会经济现象和过程的各项数字资料及与之相联系的其他资料的总称。统计资料是统计工作各阶段的成果,既包括统计调查收集的原始资料,也包括经过加工整理、分析研究而形成的综合统计资料,表现形式如统计表、统计图、统计报告、统计台账等。随着信息技术的发展,公众获取统计资料的方法和渠道更加方便,大量的数据资料可以从各国官方统计网站上获取,如中华人民共和国统计局网站及各省市区县的官方统计局网站会及时发布辖区内生产生活的年度、季度和月度统计数据供公众参阅使用。准确可靠的统计资料是宏观经济决策和微观经济管理中分析、研究社会问题不可缺少的重要依据。

3. 统计学

统计学也称统计理论,是关于统计的原理、原则和方法的科学。统计学可以分为理论统计学和应用统计学。理论统计学主要研究收集、整理和分析客观现象数据资料的原理和方法,应用统计学是揭示客观现象的本质特征和发展规律的学科。

(二)统计各含义间相互关系

统计的三种含义之间存在着密切的联系。首先,统计工作和统计资料是统计活动与统计成果的关系。统计资料的需求决定了统计工作的布局,统计工作的好坏又直接影响着统计资料的质量。其次,统计工作与统计学是统计实践与统计理论的关系。统计学来源于统计实践,只有当统计工作发展到一定程度,才可能形成独立的统计学。统计工作的发展又需要统计理论的指导,统计科学研究大大促进了统计工作水平的提高,统计工作的现代化和统计科学的进步是分不开的。总之,三者中最基本的是统计工作,没有统计工作就不会有统计资料,没有丰富的统计实践经验就不会产生统计学。

三、统计学的研究对象及特点

(一)统计学的研究对象

从统计的产生和发展可知,统计学是在长期的统计实践过程中,对实践活动进行的经验总结和理论概括。统计学与统计实践活动的研究对象是同一的,都是对社会经济现象总体的数量进行分析研究。因此,统计学的研究对象是社会经济现象总体的数量方面,即现象总体的数量特征和数量关系。

(二)统计学研究对象的特点

统计学研究对象具有以下特点。

1. 数量性

数量性是统计学研究对象的最本质特征。通过对数量的研究,表明现象的规模、水平、比例、速度、效益和现象间的数量关系,以及决定现象质量变化的数量界限。数量表现包括以下几点。

(1) 数量多少,如一个国家或一个地区人口多少、耕地多少等,从总量上反映一个国家的规模状况。

(2) 现象之间的数量关系,如一个地区人口中男女性别的比例,可以反映人口的性别水平状况。

(3) 质与量互变的界限,一定的质规定了一定的量,一定的量表现一定的质。社会经济统计在研究社会经济现象时,需要将定性认识和定量认识相结合,才能客观地揭示现象。如2020年我国全面建成小康社会,基本标准包括10个方面:人均国内生产总值超过3 000美元(这是建成全面小康社会的根本标志),城镇居民人均可支配收入1.8万元,农村居民家庭人均纯收入8 000元,恩格尔系数低于40%,城镇人均住房建筑面积30平方米,城镇化率达到50%,居民家庭计算机普及率20%,大学入学率20%,每千人医生数2.8人,城镇居民最低生活保障率95%以上。

统计通过对现象总体数量的研究,揭示现象发展变化的规律性,达到对现象本质的认识。

2. 总体性

统计学的研究对象是自然、社会经济领域中现象总体的数量方面。对现象总体进行大量观察和综合分析,才能得出反映现象总体的数量特征和规律性。总体具有相对稳定的共同性质。总体中每个个体都是具体的,表现出一定的随机性质。统计研究对象的总体性,是从研究个体的具体表现过渡到研究总体的普遍数量表现。例如,分析和研究一个地区的工资情况,首先从每个职工的工资开始统计,然后再综合汇总得到该地区的工资情况。研究总体的统计数据资料,不排除对个别事物的深入调查研究,目的仍然是更好地分析研究现象总体的统计规律性。

3. 具体性

统计学的研究对象是自然、社会经济领域中具体现象的数量方面。搜集的数据都是在一定时间、地点、条件下的客观现象的具体数量表现,具有各自的计量单位,区别于数学上的纯数字。因此,统计的数量是客观存在的具体事物的数量表现,它独立于客观世界,不以人们的意志为转移。统计资料只有如实地反映客观事实,才能为分析研究提供可靠的基础,实现对事物规律性的认识。

任务分析

从案例对比上看,汉朝处于我国封建社会的早期,生产力形态上还是以自给自足的自然经济为主,在生产关系上,统计还只是体现国家管理社会生产和生活的需要。案例所反映的案比即汉朝的户口登记与核查是与当时的社会发展时期相适应、相一致的。人脸识别的案例是当今信息时代下的社会企业对个人信息登记,反映的是生产力高度发展的今天,社会存在高度分工的情况下,社会企业为了生产效率进行的一项调查登记。人脸识别登记是与信息时代背景下社会企业发展要求相适应、相一致的。

任务二　认识统计工作的过程与研究方法

📺 任务引导

中老年人保健品十大排行榜（十款适合中老年的保健品排行榜）

大家好,中老年吃什么保健品好,很多人可能还不知道。现在让我们一起来看看十款适合中老年的保健品排行榜吧。

1. 汤臣倍健鱼肝油　深海鲑鱼油软胶囊
2. 美国产安利纽崔莱维生素 B 族　复合维生素 VB 300 片
3. 养生堂牌　天然维生素 E 软胶囊　250mg/粒×200 粒
4. 银善存 R 多种维生素中老年女士　多种矿物质片 160 片
5. 钙尔奇　氨糖软骨素加钙片 40 粒　中老年

……

鱼油中含有一种特别珍贵的脂肪酸,无论成年人、老人还是小孩,都是需要补充这种元素的,对于大脑、视网膜以及心脏等器官都有很好的保健效果,在世界范围内非常畅销。

维生素是我们平时生活中最常见的一种保健品,种类非常丰富,它可以起到调节机体代谢的作用。不同的维生素具有不同的功效,维生素 C 主要针对抵抗力低下以及美白抗氧化;维生素 R 具有促进血液循环的作用,还能抵抗肌肤衰老……

辅酶 Q10 对于人体的心血管问题改善效果非常好,适合中老年人。有心血管疾病或者是免疫力低下、皮肤松弛暗沉以及经常感冒的人群,适合吃辅酶 Q10。

身体出现问题不仅需要专门去补充一种营养物质,调节平衡性也是很重要的。例如,身体缺钙会造成老年人骨质疏松,胡萝卜素可预防动脉硬化、视力降低,胶原蛋白具有美容护肤的功效,大豆异黄酮可以预防心血管疾病以及肾病等。

中老年人购买保健品补充营养物可以理解,但是千万不能忽略了锻炼身体,一味靠药物维持是行不通的。

思考：这个保健品排行榜是怎么得到的?

📋 任务分解

以组为单位,讲述自己参与过或身边人参与过的统计实践的案例。

要求：

(1) 每位组员列举至少一项。
(2) 组长组织进行讨论：统计实践中做了哪些方面的工作。
(3) 每组推举 1 位组员进行展示。
(4) 在展示过程中,所有同学可以对每组展示的情况进行提问,对每组的展示进行评价。
(5) 总结。

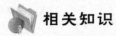 **相关知识**

一、统计的职能和统计工作的任务

（一）统计的职能

统计对社会实践活动的作用可归纳为认识和服务两个方面。在我国经济建设中，统计发挥着了解国情国力、指导国民经济和社会发展的重要作用，具体体现为它同时具有信息、咨询和监督三种职能。

统计的信息职能是指通过系统地搜集、整理和分析统计资料，提供大量的以数量描述为基本特征的信息，为社会服务。

统计的咨询职能是指根据掌握的丰富的统计信息资源，在分析的基础上，为科学决策和管理提供咨询建议和对策方案。统计咨询分为有偿咨询和无偿咨询两种。

统计的监督职能是指根据统计调查和分析，从总体上对国民经济和社会运行状况进行全面、系统的定量检查、监测和预警，揭示社会经济决策及其执行过程中的偏差，促使社会经济按照客观规律的要求发展。

统计信息职能是最基本的职能，是统计咨询和监督职能得以发挥的基础；统计咨询和统计监督职能又会促进统计信息职能的强化。三种功能相辅相成、相互作用，构成了一个有机整体。

（二）统计工作的任务

统计的职能决定了统计工作的任务。2009年修订的《中华人民共和国统计法》第二条规定："统计的基本任务是对经济社会发展情况进行统计调查、统计分析，提供统计资料和统计咨询意见，实行统计监督。"在市场经济条件下，统计工作的具体任务可以归纳为以下几项。

(1) 为制定政策和编制计划提供依据。
(2) 对政策和计划的执行情况进行检查和监督。
(3) 为管理国民经济和社会各项事业提供依据。
(4) 为开展科学研究和宣传工作提供统计资料。

二、统计工作的过程

统计工作的过程是指统计工作的步骤。统计工作是对客观现象本质和规律性的认识活动。人类对客观现象的认识经历着由浅到深，由定性认识到定量认识，再到定性认识与定量认识相结合的完整过程。所以，对客观现象本质和规律性的认识可能需要多次重复性的统计工作才能完成。具体到一次统计工作过程，可分为四个阶段，即统计设计、统计调查、统计整理及统计分析。

（一）统计设计

统计设计是统计工作的首要阶段，是根据统计研究对象的性质和研究目的，对统计工作各个方面和各环节的通盘考虑和安排。其基本任务是制定各种统计工作方案。统计设计的内容包括：确定统计研究的目的和任务，确定统计指标和统计指标体系，确定统计调查方案,确定统计分析的内容以及统计工作的组织和机构设置等。统计设计贯穿于统计工作全过程,没有统计设计阶段,整个统计工作就会杂乱无序,难以达到统计工作的最终目的。

(二)统计调查

统计调查是根据统计研究的目的与要求,对调查对象中各单位的相关特征进行测量和登记,获取研究对象的信息资料的工作过程。统计调查是认识事物的起点,是统计整理和统计分析的基础。为了保证统计研究的真实可靠,统计调查的信息资料必须尽可能丰富翔实。

(三)统计整理

统计整理是根据统计研究的目的与要求,将统计调查所获得的信息资料进行审核、分类、汇总、编制统计图表等加工处理的过程。统计调查直接获得的信息资料是个体事物的、分散的、不系统的,反映的是个别事物的特征,或总体的某个侧面或外部联系。这些资料经过去伪存真、去粗取精、由表及里的加工整理,形成反映现象总体本质特征和数量规律性的统计指标。统计整理是统计调查的继续,又是统计分析的前提,在整个统计工作中起到承前启后的作用。

(四)统计分析

统计分析是指运用各种分析方法,对整理好的统计资料计算各种分析指标,揭示社会经济现象的发展趋势和数量关系,阐明社会经济现象的特征和规律性。通过统计分析,实现了对客观现象由感性认识到理性认识的升华。统计分析的方法主要有统计指数分析、动态数列分析、相关分析、回归与预测等。

项目一
微课2

三、统计学的研究方法

在统计工作实践经验的基础上,经过逐步概括和总结,社会经济统计形成了一系列专门的研究方法,包括大量观察法、统计描述法、统计推断法和试验设计法等基本方法。

(一)大量观察法

大量观察法是统计调查阶段的基本方法,即对被研究现象总体的全部或足够多的个体进行调查研究,达到认识总体数量规律性特征的方法。其主要依据为大数定律。由于受偶然因素的影响,在测量或登记被研究现象各个单位的特征数值时具有差异,这种数值上的差异随着观察的单位数足够多时会相互抵消,这一原理称为大数定律。大量的复杂的社会经济现象是在诸多因素的综合作用下形成的,各个单位的特征及数量表现往往差别很大。因此,只有观察全部总体单位或足够多的单位数量,进行综合概括,消除偶然因素或特殊因素的影响,才能呈现出总体的本质和规律。该方法主要用于统计调查阶段。

大量观察法的具体调查形式要根据所观察事物的特点和统计工作的条件来确定。在统计实践中常用到的统计调查方法有抽样调查、定期统计报表、普查等。

(二)统计描述法

统计描述法是用表格或图像将各种反映总体数量特征的综合指标表示出来。统计描述是统计研究的基础,它为统计推断、统计咨询、统计决策提供必要的事实依据。统计描述是对客观事物认识的不断深化过程。调查中获取的原始资料,运用分组法、综合指标法和统计模型法进行整理归纳,得到现象总体的数量特征,揭露客观事物内在数量规律性,达到认识的目的。

统计分组法就是根据事物的特点和统计研究的目的,按照一定的标志,把所研究的对象划分为不同类型的组。在调查中,首先必须对社会经济类型进行分组,才能确定调查的范围,获取必要的资料;统计整理阶段也必须运用分组法将大量的原始资料进行加工整理和汇总。

综合指标法是运用各种综合指标对社会经济活动现象的数量方面进行综合概括的分析方法。统计中常用的综合指标有总量指标、相对指标和平均指标,借助综合指标来综合反映经济现象的规模、水平、结构、速度、比例关系等。该方法主要用于统计分析阶段。

统计模型法是根据一定的理论和假定条件,用数学方程或公式去模拟客观现象相互关系的分析方法。利用这种方法,可以对客观现象和过程中存在的数量关系进行比较完整和全面的描述,凸显所研究的综合指标之间的关系,如相关分析、回归分析和统计预测等都是统计模型法。

以上方法在实际应用的过程中通常都是彼此联系、相互结合的。统计分组法、综合指标法、统计模型法是建立在大量观察法的基础上,统计分组法为综合指标法创造了前提条件。

(三) 统计推断法

统计推断法是通过总体中一部分单位的数量推断总体数量特征的统计方法。统计在研究现象的总体数量关系时,需要了解的总体对象的范围往往很大,有时甚至是无限的,有时在客观上只能从中观察部分单位或有限数量的单位进行计算和分析,根据局部观察结果来推断总体。例如,要说明一批灯泡的平均使用寿命,只能从该批灯泡中抽取一小部分进行检验,推断这一批灯泡的平均使用寿命,并给出这种推断的置信程度。这种在一定置信程度下,根据样本资料的特征,对总体的特征做出估计和预测的方法称为统计推断法。统计推断法是现代统计学的基本方法,在统计研究中得到了极为广泛的应用,它既可以用于对总体参数的估计,也可以用作对总体某些分布特征的假设检验。从这种意义上来说,统计学是在不确定条件下做出决策或推断的一种方法。

(四) 实验设计法

统计是要分析数据的,但首先需要考察的是,数据的来源是否合适,实验采集的数据是否符合分析的目的要求。由于安排不科学,使实验数据不能反映现象的真实情况,或不能用以估计总体的数量特征,那么接着一系列分析工作也就白费工夫了。例如要比较某农作物 A 品种和 B 品种的收获率高低,分别在两地段播种 A 品种和 B 品种,结果获得 A 品种单位面积产量高于 B 品种的数据。如果根据这个数据判断 A 品种优于 B 品种,这个结论就太不可靠了。原因是影响收获率高低的因素不但有种子品种的差异,还有土地区位、肥沃程度等差异,所以我们需要事先做出安排,使实验结果数据的差异中排除可控因素(土地)的差异,而显示不可控因素(品种)的差异。所谓实验的统计设计就是指设计实验的合理程序,使得收集得到的数据符合统计分析方法的要求,以便得出有效的客观的结论。它主要适用于自然科学研究和工程技术领域的统计数据搜集。

任务分析

保健品排行榜是保健品消费数量多少的一个排名。我们可一步步倒推:首先,要得到这样一个排行榜,需要有每种保健品消费情况的总体数据,然后对数据进行汇总、分析比较,依据数值的大小进行排序而得到。其次,要获取保健品消费情况的总体数据,需要向消费者进行调查。最后,进行调查,需要事先制订调查计划。

因此,要获得保健品排行榜,需要依次做的工作任务是:制订调查计划→对消费者进行调查→进行数据汇总→分析得到排行榜。

任务三　认识统计工作的基本概念

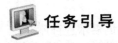 **任务引导**

2022 年年末我国总人口基本情况

根据中华人民共和国国家统计局数据显示,截止 2022 年 12 月 31 日 24 时,我国大陆 31 个省、自治区、直辖市(以下简称省份)和现役军人的人口基本情况如下。

一、全国人口性别构成

全国人口为 141 175 万人,其中,男性人口为 72 206 万人,占 51.15%;女性人口为 68 969 万人,占 48.85%。总人口性别比(以女性为 100,男性对女性的比例)为 104.69,与 2020 年第七次全国人口普查 105.07 相比,人口性别比略有下降。两次人口普查中人口性别构成如图 1-1 所示。

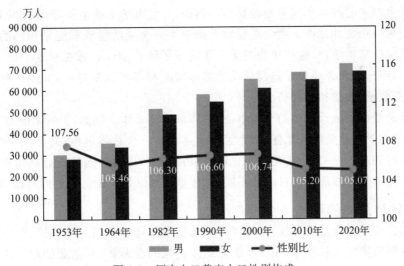

图 1-1　历次人口普查人口性别构成

二、全国人口出生率、死亡率和自然增长率

2022 年,全国人口总出生率为 6.77‰,总死亡率为 7.37‰,全国人口总自然增长率为 -0.60‰,中国人口出现近 61 年来的首次人口负增长。

(资料来源:国家统计局.)

思考:以上案例中的数字的具体含义有哪些?这与数学上数字有哪些区别?

任务分解

以组为单位,搜索自身感兴趣的调查报告案例。
要求:
(1)每位组员列举至少一项。
(2)组长组织进行讨论:调查报告中各项数值的外延(如时间和空间范围)和内涵(价值评价如好不好)。
(3)每组推举1位组员进行展示。
(4)在展示过程中,所有同学可以对每组展示的情况进行提问、对每组的展示进行评价。
(5)总结。

 相关知识

一、统计总体与总体单位

统计总体和总体单位是反映统计认识对象的基本概念。

(一)统计总体和总体单位的含义

统计总体是根据一定的目的要求所确定的研究对象,它是客观存在的、在某一共同性质的基础上结合起来的许多个别事物的整体。例如,在某市的工业企业普查中,应该将所有的工业企业作为一个统计总体。因为在性质上每个工业企业的经济职能是相同的,都是从事工业生产活动的基本单位,这些单位的集合便构成了统计总体。通过对这个统计总体的研究,可以获得该市工业企业生产经营活动的总体状况和各项数据特征,如生产总值、职工总人数、设备总数量、效益和利润情况等。

总体单位是构成统计总体的个别单位,简称单位或个体。例如,上例某市的工业企业普查中,所有的工业企业是统计总体,每个工业企业就是一个总体单位;某企业对职工的身体健康状况进行调查,每一位职工是一个总体单位;对某一批次灯泡进行合格检查,每一只灯泡是一个总体单位。随着研究目的的不同,总体单位可以是单位、人、物或具体事项等。

(二)统计总体的种类

按照包含的单位数是否可数,总体可以分为有限总体和无限总体。统计总体所包含的单位数是有限的称为有限总体,如工业企业总体包含的企业数、某企业的职工人数、某一批灯泡的数量都有明确的数量,这些总体都是有限总体。总体的单位数难以确定,或者数量是无限的,称为无限总体,如大自然中某种鸟类(如麻雀)的数量、宇宙中星球的个数等。统计总体一般是有限的,由于一定历史条件下,人类受认识自然和社会的技术手段的限制,不能将统计总体中每一个单位进行登记,将这类总体看作无限总体。

(三)统计总体的特征

统计总体是由客观存在的许多个别事物构成的,这些个别事物都是客观存在的,有着丰富的特征。

1. 同质性

统计总体中的各个单位必须具有某种共同的属性或标志数值。例如，某企业对职工的身体健康状况进行调查，要调查的每位职工都必须有共同的工作单位；对某一批次灯泡进行合格检查，检查的每只灯泡必须是特定批次的。工作单位、特定批次就是以上各总体表现出的同质性。同质性是统计总体的根本特征，是构成统计总体的前提条件。只有个体单位是同质的，才能通过对个体特征的观察研究，归纳和揭示总体的综合特征和规律性。

2. 大量性

统计对总体数量特征进行研究，目的是探索、揭示现象的规律，而现象的规律只有通过大量观察才能显示出来，因此，统计总体需要由足够数量的单位构成。每个个体的特征具有特殊性和偶然性，个体数量少，统计结果容易出现偏差，不能准确说明总体特征和变化规律。例如，要了解该市职工工资的一般水平，只调查国有企业的部分职工进行统计，忽略掉集体企业、私营企业单位职工，得到的工资水平会出现较大偏差，不足以代表一般水平；如果将各类型企事业单位的职工都抽取部分职工进行调查，则偶然性的偏差就会大大减少，会得出比较可靠的数据。

3. 差异性

统计总体的各个单位除了具有相同性质之外，还具有各自的性质和数量上的差异，称为差异性(变异性)。例如，某企业对职工的身体健康状况进行调查，职工的工龄、性别、工作岗位、工资收入等可能存在差异；对某一批次灯泡进行合格检查，灯泡的使用寿命、亮度等存在差异。差异性是统计研究的必要条件和主要内容，对统计总体各单位进行调查研究，就是通过研究各单位的变异情况来把握总体的特征和规律性，指导生产实践活动。

统计总体的三个特征是密切相关的，同质性是构成统计总体的条件，大量性是统计研究的根本要求，差异性是统计研究的前提和主要内容，三者缺一不可。

(四) 统计总体与总体单位的关系

首先，统计总体和总体单位是整体与部分的关系。其次，统计总体与总体单位具有相对性，随着研究目的的改变而改变。同一研究对象在某种情况下是统计总体，在另一种情况下可能变成总体单位。例如，要研究一个企业的职工人数，则企业是统计总体，职工是总体单位；若研究一个城市的企业规模时，则该市所有企业是统计总体，企业成为总体单位，而企业的职工人数只是单位的标志。

项目一
微课3

二、标志和指标、指标体系

(一) 标志

标志是说明总体单位属性或特征的名称。每个总体单位可以设置许多标志。如每个职工可以有性别、年龄、民族、工种等，这些都是职工的标志。

标志表现是标志在各单位的具体体现，一般用数值或文字来表示。如职工的性别是女，年龄为 32 岁，民族为汉族等，这里的"女""32 岁""汉族"就是性别、年龄、民族的具体体现，即标志表现。

1. 标志按变异情况分为不变标志和可变标志

标志在各个单位的具体表现都相同时，称为不变标志；标志在各个单位的具体表现不完全相同时，称为可变标志或变异标志。如中国第七次人口普查规定："本次普查对象包括在中华人民共和国境内的自然人以及在中华人民共和国境外但未定居的中国公民,不包括在中华人民共和国境内短期停留的境外人员。"按照这一规定,在调查对象的人口总体中,国籍和在国境内居住是不变标志,而性别、年龄、民族、职业等则是可变标志。

总体的同质性是不变标志的体现,总体的差异性是可变标志的体现。不变标志是构成统计总体的基础,可变标志是统计研究的内容。

2. 标志表现按特性不同分为品质标志和数量标志

品质标志只能用文字表示,表明总体单位具有某种性质,如职工的性别、民族、工种等。各总体单位的品质标志不能相加,具有相同的品质标志的各单位可以统计单位数。数量标志是可以用数值表示的,表明总体单位数量的特征,如职工的年龄、工资、工龄等。各总体单位的数量标志是可以进行加减等数学运算的。

(二) 统计指标及其种类

1. 统计指标的含义

统计指标是反映总体现象数量特征的概念和具体数值。它包括六个具体的构成因素:指标名称、指标数值、时间范围、空间范围、计量单位和计算方法。例如,某市 2009 年国内生产总值为 900 亿元。通常,当统计指标只是反映总体现象数量特征的概念时,则它只包含指标名称、计量单位、计算方法三个要素。统计指标是统计研究中最重要的内容,在统计中处于中心地位。

2. 统计指标的特点

1) 数量性

所有的统计指标都是可以用数值来表示的,数量性是统计指标最基本的特点。在数值表现上,有的总量指标是以绝对数表示的,如某市工业企业职工总数、固定资产总额等;有的总量指标是以相对数表示的,如企业职工平均收入、产品合格率、劳动生产率等。无论是用绝对数还是相对数,统计指标都是以数值来表现的。统计指标的数量性特点使统计研究运用数学方法和现代计算技术成为可能。

2) 综合性

统计指标既是对总体中大量个别单位的总计,又是大量个别单位标志差异的综合,是许多个体标志数量综合的结果。如一个职工的工资不能成为统计指标,一个企业或一个地区的工资总额或平均工资才成为统计指标。统计指标说明的对象不是个体,而是总体,是总体数量综合的结果。统计指标的形成都必须经过从个体到总体的过程,它是通过对个别单位数量差异的抽象化来体现总体综合数量的特点的。

3) 具体性

统计指标的具体性表现在两个方面:一是统计指标是一定的具体的社会经济现象的量的反映,是在质的基础上量的集合,不是数学上抽象的概念和数字。这一点使社会经济统计和数理统计、数学相区别。二是统计指标说明的是客观存在的、已经发生的事实,它反映了社会经济现象在具体地点、时间和条件下的数量变化。这一点又和计划指标相区别。

3. 统计指标的种类

(1) 统计指标按说明总体特征的不同分为数量指标和质量指标。数量指标是说明总体的总水平、总规模的统计指标。例如,人口数、企业数、工资总额、商品销售额等。数量指标具有实物的或货币的计量单位,其数值的大小,随着总体范围的变化而变化;数量指标是认识总体现象的基础指标。质量指标是说明总体内部数量对比关系和相对水平的统计指标。例如,人口的年龄构成、性别比例、平均工资等。质量指标数值的大小与范围的变化没有直接关系。

(2)统计指标按其作用和表现形式的不同,可分为总量指标、相对指标和平均指标。总量指标反映总体的总规模、总水平。例如,人口总数、工资总额等。相对指标反映总体内部或不同总体间的数量对比关系。例如,人口密度、经济发展速度等。平均指标说明总体单位某一数量标志的一般水平。例如,平均工资、平均发展速度、平均成本等。

(三)标志和统计指标的关系

标志和统计指标是既有区别又互相联系的两个概念。

标志和统计指标存在区别。首先,说明对象不同。标志是说明总体单位特征的,统计指标是说明总体特征的。其次,具体表现形式不同。标志中的品质标志不能用数值表示,统计指标都能用数量表示。

标志和统计指标又存在联系。首先,具有汇总关系。许多统计指标的数值由各指标值汇总而来。其次,具有转换关系。统计指标和标志不是一成不变的,随着研究目的发生变化,统计指标和标志会发生相应变化。

(四)统计指标体系

单个指标只能反映现象某一方面的数量特征,难以完整地说明总体的情况。为了全面、深入地认识现象总体的特征,将一系列相互联系的统计指标有机结合起来进行分析研究。这一系列统计指标就构成了一个指标体系。

根据所研究问题的范围大小,可以建立宏观统计指标体系和微观统计指标体系。宏观统计指标体系就是反映整个现象大范围的统计指标体系,如反映整个国民经济和社会发展的统计指标体系。微观统计指标体系就是反映现象较小范围的统计指标体系,如反映企业或事业单位的统计指标体系。介于这两者之间的可以称为中观统计指标体系,如反映各地区或各部门的统计指标体系。

根据所反映现象的范围内容不同,统计指标体系可以分为综合性统计指标体系和专题性统计指标体系。综合性统计指标体系是较全面地反映总系统及其各个子系统的综合情况的统计指标体系。如国民经济和社会发展统计指标体系。专题性统计指标体系是反映某一个方面或问题的统计指标体系。如经济效益指标体系。

通过科学的统计指标体系,可以深刻认识现象的总体状况和发展过程。利用统计指标体系,可以分析现象发展变化的主要因素,以及各因素之间的相互关系。例如,商品销售额=商品销售量×商品销售价格,这三个指标称为一个指标体系,可以通过其中两个指标计算另一个指标数值。

三、变异和变量

统计总体的差异性特点决定了总体中个体单位的标志值不是一成不变的,各个指标的数值也是随之发生变化的。

变异是标志在总体各单位之间的具体表现的差异,包括质的差别和量的差别。例如:人的性别有男女之分,各时期、各地区、各部门的工业总产值各不相同。

可变的数量标志称为变量,各种统计指标也是变量。变量具体表现为不同的变量值。例如,不同职工的工资数值可表现为840元、780元、900元、680元等多个变量值。

按照变量值的连续性不同,变量可以分为连续变量和离散变量。连续变量取值是连续不断的,相邻两个整数间可取多个小数值。例如,生产零件的规格尺寸,人体测量的身高、体重、腰围等为连续变量,变量数值只能用测量或计量的方法取得。离散变量是指只取整数值,相邻变量值之间是以整数断开的变量。例如,企业个数、职工人数、设备台数、学校数、医院数等,只能取整数。离散变量的数值一般通过逐个计数取得。

任务分析

公报中的每一个数字都有特定的含义,都有具体的地域范围;都是特定的时间点或区间内的数值;有的数字是其他几个数字的和,有的数字是其他数字对比的比值;有的数值包含单位,有的数值没有单位。

与数学上的数字的区别在于,数学中的数字通常是抽象的,每个数都没有时空范围,也没有具体的计量单位等。

复习思考题

一、填空题

1. 统计学研究对象的特点有_____、_____和_____。
2. 在现实生活中,"统计"一词有三种含义,即_____、_____及统计学。
3. 统计的作用主要体现在它的三大职能上,即信息职能、_____及_____。
4. 从认识的特殊意义上看,一个完整的统计过程,一般可分为四个阶段,即_____、_____、_____及_____。
5. 统计总体的特征可概括成_____、_____和_____。
6. 当某一标志的具体表现在各个总体单位上都相同时,则该标志称为_____。
7. 当某一标志的具体表现在各个总体单位上不尽相同时,则该标志称为_____。
8. 同一变量往往有许多变量值,变量按变量值是否连续可分为_____和_____。

二、单项选择题

1. "统计"一词的基本含义是( )。
   A. 统计调查、统计整理、统计分析　　B. 统计设计、统计分组、统计计算
   C. 统计方法、统计分析、统计预测　　D. 统计科学、统计工作、统计资料
2. 要了解400名学生的学习情况,则总体单位是( )。
   A. 400名学生　　　　　　　　　　B. 400名学生的学习成绩
   C. 每一名学生　　　　　　　　　　D. 每一名学生的学习成绩
3. 统计指标按其说明的现象总体内容特征的不同,可以分为( )。
   A. 基本指标和派生指标　　　　　　B. 数量指标和质量指标
   C. 实物指标和价值指标　　　　　　D. 绝对数指标、相对数指标和平均数指标
4. 一个统计总体( )。

A. 只能有一个标志 B. 只能有一个指标
C. 可以有多个标志 D. 可以有多个指标

5. 要了解某市国有工业企业生产设备情况，则统计总体是（　　）。
   A. 该市国有的全部工业企业 B. 该市国有的每一个工业企业
   C. 该市国有的某一台设备 D. 该市国有工业企业的全部生产设备

6. 变量是（　　）。
   A. 可变的质量指标 B. 可变的数量指标和标志
   C. 可变的品质标志 D. 可变的数量标志

7. 构成统计总体的个别事物称为（　　）。
   A. 调查单位 B. 总体单位 C. 调查对象 D. 填报单位

8. 统计总体的基本特征是（　　）。
   A. 同质性、大量性、差异性 B. 数量性、大量性、差异性
   C. 数量性、综合性、具体性 D. 同质性、大量性、可比性

9. 下列属于品质标志的是（　　）。
   A. 工人年龄 B. 工人性别 C. 工人体重 D. 工人工资

10. 标志是说明（　　）。
    A. 总体单位的特征的名称 B. 总体单位量的特征的名称
    C. 总体质的特征的名称 D. 总体量的特征的名称

11. 属于数量标志的是（　　）。
    A. 性别 B. 年龄 C. 职称 D. 健康状况

12. 在全国人口普查中，总体单位是（　　）。
    A. 每一户 B. 每个人 C. 每个地区的人 D. 全国总人口

三、多项选择题

1. 统计指标的特点有（　　）。
   A. 数量性 B. 社会性 C. 总体性 D. 综合性
   E. 具体性

2. 变量按其是否连续可分为（　　）。
   A. 确定性变量 B. 随机性变量 C. 连续变量 D. 离散变量
   E. 常数

3. 品质标志表示事物的质的特征，数量标志表示事物的量的特征，所以（　　）。
   A. 数量标志可以用数值表示 B. 品质标志可以用数值表示
   C. 数量标志不可以用数值表示 D. 品质标志不可以用数值表示
   E. 两者都可以用数值表示

4. 某企业是总体单位，数量标志有（　　）。
   A. 所有制 B. 职工人数 C. 月平均工资 D. 年工资总额
   E. 产品合格率

5. 统计指标的构成要素有（　　）。
   A. 指标名称 B. 计量单位
   C. 计算方法 D. 时间限制和空间限制

E. 指标数值

6. 下列各项中属于品质标志的有(　　)。

　　A. 年龄　　　　　　B. 工资　　　　　　C. 职务　　　　　　D. 性别

　　E. 民族

7. 对经贸学院新生的情况进行调查,可以设的指标是(　　)。

　　A. 学生总数　　　B. 平均年龄　　　C. 学生性别　　　D. 平均身高

8. 下列各项属于离散变量的是(　　)。

　　A. 机器设备台数　　　　　　　　　B. 国有企业职工人数

　　C. 城市家庭户数　　　　　　　　　D. 职工工资

　　E. 企业个数

四、判断题

1. "政治算术学派"的创始人是威廉·配第和拉普拉斯。(　　)
2. 统计资料具有数量性、具体性和差异性的特点。(　　)
3. 用文字表述的指标是质量指标,用数值表示的指标是数量指标。(　　)
4. 变异是可变标志在总体各单位之间所表现出来的差异。(　　)
5. 某市的人口数、学校数、工厂数是连续变量。(　　)
6. 比利时统计学家凯特勒对统计学的主要贡献是将自然科学的研究方法引进社会现象的研究中来。(　　)
7. 以社会经济问题为主要研究对象的社会经济统计是以"国势学派"为开端形成和发展起来的。(　　)

五、简答题

1. 简述统计的含义。
2. 简述标志与指标的区别与联系。
3. 什么是统计总体?它的特征是什么?
4. 统计总体和总体单位的关系如何?
5. 统计工作、统计资料和统计学的关系如何?

六、案例分析题

2020年我国进行了第七次全国人口普查,说明这次普查中的统计总体、总体单位;总体单位设立了哪些标志,这些标志中,哪些是数量标志,哪些是品质标志。

项目二 制定统计调查方案与采集数据

项目说明：

统计调查是统计工作的基础环节。在明确了调查的目的和任务后，就要制定调查方案，根据要求采集各项数据。本项目通过引导学生设立调查项目，使学生根据统计调查的要求和统计调查的方法，制定调查方案、确定调查内容、编制调查问卷和调查表。在完成调查任务和知识学习中，了解我们国家各部门在生产实践中经常使用的调查的组织方式。

能力目标：

1. 能够根据调查任务要求确定调查内容和项目。
2. 能根据某一实际问题设计和制定调查方案。
3. 会编制调查表。
4. 会设计和编制调查问卷。

知识目标：

1. 了解统计调查的含义和分类。
2. 理解统计调查的要求。
3. 理解统计调查的组织方式的特点和应用范围。
4. 掌握统计调查方案的内容和调查问卷的基本结构。

任务一　熟悉统计调查的含义和方法

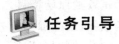
任务引导

国家统计局

中华人民共和国国家统计局是国务院直属的机构。主要职责如下。

……

（三）会同有关部门拟订重大国情国力普查计划、方案，组织实施全国人口、经济、农业等重大国情国力普查……

（四）组织实施农林牧渔业、工业、建筑业、批发和零售业、住宿和餐饮业、房地产业、租赁和商务服务业、居民服务和其他服务业、文化体育和娱乐业以及装卸搬运和其他运输服务业、仓储业、计算机服务业、软件业、科技交流和推广服务业、社会福利业等统计调查……

（五）组织实施能源、投资、消费、价格、收入、科技、人口、劳动力、社会发展基本情况、环境基本状况等统计调查……

（六）组织各地区、各部门的经济、社会、科技和资源环境统计调查……
……

（资料来源：国家统计局.）

思考：我们国家每年都要进行大量的调查，实现对社会经济的管理。这些调查中，哪些是你熟悉的？在调查时需要注意什么？调查时采取的方法有哪些？

任务分解

以组为单位，组员对自身经历的或了解的宏观或微观层面的调查事项进行描述。

要求：

（1）每位组员列举至少一项调查。

（2）组长组织进行讨论：调查中应注意的事项和采用的方法。

（3）每组推举 1 位组员进行展示。

（4）在展示过程中，所有同学可以对每组展示的情况进行提问、对每组的展示进行评价。

（5）总结。

相关知识

一、统计调查的含义

统计调查是根据调查的任务和要求，采用科学的调查方法，向调查对象系统地搜集原始资料的工作过程。所谓原始资料是指调查人员直接向调查对象搜集的，没有经过汇总、加工整理的第一手资料。统计调查是具体认识社会经济现象的起点，是获取社会经济现象资料的基本手段。通过调查资料可以从质与量的关系上认识现象的发展过程和阶段，对社会经济活动进行管理。统计调查是决定统计工作质量的重要环节，直接关系着统计数据的质量。

除了统计调查获取的原始资料外，还可以根据历史数据实现对客观事物的认识。因此，统计数据的来源有两种渠道：一是初级资料。它来源于直接调查和科学试验的原始资料，是统计数据的直接来源。二是次级资料。它来源于别人的调查或试验的数据（已经加工整理过的资料），是统计数据的间接来源。统计调查主要是指第一手或直接的统计数据，即原始资料的采集。

二、统计调查的要求

统计调查是统计工作的基础阶段，它所提供的调查资料，直接影响到统计整理和分析结果的可靠性和真实性，关系到能否如实地反映客观现象、得出正确的结论。所以，统计调查的资料应具有准确、及时和全面的基本要求。

（1）准确性：统计调查提供的各项资料必须如实反映客观实际，不夸大也不缩小。准确性是统计工作的生命。

（2）及时性：在统计调查要求的时间内，尽快提供各项资料。资料采集和报送及时，可以保证统计整理和分析等后续阶段任务的顺利进行，确保统计工作的顺利完成。资料采集和报送延迟,失去时效,犹如"雨后送伞",起不到统计的真实作用。

（3）全面性（完整性）：调查资料的全面性包含两个方面。一是调查单位全面无遗漏。调查中,涉及大量的调查单位,要确保所有单位将需要填报的资料及时上报。否则,将影响到汇总资料的质量。二是调查资料齐全无遗漏。在规定时间内完整地搜集和填报所有的调查项目,以免影响统计的汇总与分析。

在统计调查中,要正确处理各要求之间的关系。准确性要求调查必须细致精确,及时性要求资料的填报必须尽快完成,准确性和及时性需要兼顾。在实践中,统计调查要求在及时填报的前提下,力求准确和全面。

三、统计调查的种类

由于社会经济现象的复杂性、统计研究目的的不同以及研究任务的多样性,统计调查需要采取各种不同的调查方式。

（一）按调查的组织形式不同,可将统计调查分为统计报表和专门调查

统计报表是国家统计系统和专业部门定期、系统而全面地采集统计资料的一种调查方式。统计报表在报表要求和内容格式上都由上级部门统一布置和规定。

专门调查是为了研究某些问题而专门组织的调查。专门调查有普查、抽样调查、重点调查、典型调查等几种方式。

（二）按调查对象包括范围的不同,统计调查可分为全面调查和非全面调查

全面调查是指对所有调查单位逐一进行调查登记。如人口普查、工业普查、全面统计报表（调查对象中的所有填报单位填报的报表）等。全面调查的目的在于取得比较准确而全面的统计资料。全面调查往往涉及的面较广,调查单位较多,因而需要花费大量的人力、物力、财力和时间。

非全面调查是抽取部分调查单位进行调查,了解调查对象的全面或某方面的情况。如重点调查、典型调查、抽样调查、非全面统计报表（一部分填报单位填报的报表）等。非全面调查的调查单位少,通过部分单位调查的内容说明总体的情况,可收到事半功倍的效果。如对产品质量进行检验,抽取一定数量的单位组成样本进行检验就可以了。非全面调查既适用于有限总体,也适用于无限总体,是应用非常广泛的调查方式。

全面调查和非全面调查各有其不同的特点和适用场合。为了了解国情、国力,掌握国民经济和社会发展的基本情况,需要对国民经济各部门和各地区的全面情况进行调查。非全面调查由于调查单位少,可以节省大量的人力、物力、财力和时间,可以提高调查资料的时效性。因此,如果非全面调查能满足调查的目的和要求,就不需要进行全面调查。

（三）按调查登记的时间是否连续,统计调查可分为经常性调查和一次性调查

经常性调查是指随着研究对象的发展变化,连续不断地进行调查登记。经常性调查主要用于连续观察一定时期内事物发展的过程。如产品产量、原材料消耗等,随着生产的连续进行,这些数据不断变化,需要连续记录。

一次性调查是指间隔一段相当长时间对被调查对象某一时点的存在状况进行登记。如人口普查,人口总数在短期内变化较小,不需要经常登记。

四、统计调查的方法

统计调查中搜集原始资料常用的方法有直接观察法、访问法、报告法、问卷法、网络调查法等。

（一）直接观察法

直接观察法是调查人员深入现场，进行计量、清点、记录，以获得资料的方法。如调查人员到仓储部门深入调查，清点、测量或称重，了解企业期末库存商品的数量。直接观察法获得的资料准确性较高，但需要花费较多的人力、财力、物力和时间。

（二）访问法

访问法是按照事先拟定的事项，通过访谈、询问等方式获得资料的方法。访问法可以通过面谈、邮寄、留置问卷、电话等方法进行。访问法的特点是调查者和调查对象直接沟通，调查者准备不充分，易受到被调查者的影响和难以取得成功。因此，访问法要求调查者事先做好调查准备，注意调查方式和提问技巧。

（三）报告法

报告法是以各种原始记录和核算凭证为依据，向有关单位提供统计资料的方法。例如，我国现有企业所填写的统计报表就是应用这种调查方法。

（四）问卷法

问卷法是调查者利用问卷向被调查者了解情况、采集资料。问卷法是国际通行的，也是在专项市场调查中经常使用的一种调查方式。问卷法有易于实施、适用范围广、调查效率高等特点。问卷法既适用于理论性问题的调查，也适用于应用性问题的调查；既适用于小规模的调查，也适用于大规模的调查。

（五）网络调查法

网络调查法是利用现代信息网络收集统计资料的方法。调查者通过网络向被调查者的网络地址发出调查问卷或调查表，被调查者在网上反馈调查信息。

网络调查法便利、快捷，调查成本低，但受上网用户分布及结构状况等因素影响。

 任务分析

在国家统计局进行的调查中，涉及各行各业。在调查中，需要注意几个方面：首先，获取资料真实。具体到每一项调查，都需要调查者在提供资料时实事求是、不弄虚作假，否则就失去了调查的意义。其次，调查应该满足调查的目的。调查取得的结果是为了给生产经营者进行决策提供依据，这就要求调查的资料越丰富越好，资料匮乏、项目较少可能不足以为决策者使用，甚至为决策带来偏差。最后，注重时效性。调查者如果提供资料不及时，就会耽误使用者进行决策，起不到资料该起的作用。

在实际调查中，常采用的方法可以是对调查对象的所有单位都进行调查，也可以只调查其中一部分。在调查其中一部分单位时，在选择上可以随机地选取单位，也可以根据需要有意识地选取规模大的进行调查，还可以选择调查者认为在某个方面表现突出的单位进行调查。

任务二　设计调查方案

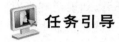 **任务引导**

中老年人消费市场大吗

中国自2000年开始进入老龄化社会。2018年,我国60岁及以上老年人口规模为2.49亿人,占总人口比重达到17.9%;2019年,我国60周岁及以上人口为25 388万人,占总人口的18.1%,65周岁及以上人口为17 603万人,占总人口的12.6%。从目前的趋势来看,未来中国老龄化速度会以较高比率上升,"十四五"期间中国或进入中度老龄化社会,2030年之后65岁及以上人口占总人口的比重或超过20%,届时中国将进入重度老龄化社会。

老年人正在逐步抛弃"重积蓄、轻消费""重子女、轻自己"的传统观念,花钱买健康、花钱买潇洒正成为现代老年人的时尚追求。

老年用品行业现状调研

老年用品的范围不再局限于我们传统认识上的拐杖、轮椅、助听器、老花镜等单一产品,而是已经涉及服装鞋帽、家具家居、电子设备、休闲娱乐、保健康复、食品药品等大部分行业和领域。

目前全球老年用品(康复辅助器具)有6万多种,但我国仅有2000多种,高科技产品,无障碍设备,生活自助类产品,家居环境改造、文体娱乐等方面产品基本处于空白。

(资料来源:https://www.chinairn.com/hyzx/20211228/160824739.shtml,2021-12-28.)

思考:就我们国家中老年的消费市场需求情况进行调研,你将如何制定调研方案?在制定方案时,需要注意哪些问题?

 任务分解

以组为单位,组员选取自己感兴趣的行业或产品深入了解,设想应如何制定调查方案。
要求:
(1)每位组员至少对一个行业或一种产品调查方案进行描述。
(2)组长组织进行讨论:调查方案中应明确哪些事项?注意哪些问题。
(3)每组推举1位组员进行展示。
(4)在展示过程中,所有同学可以对每组展示的情况进行提问、对每组的展示进行评价。
(5)总结。

 相关知识

统计调查是一项复杂、具体的工作,在进行调查之前,通常需要制定一个完整的调查方案,以保证数据采集进展顺利、调查资料满足要求。一个完整的统计调查方案应包括以下几方面内容。

一、确定调查目的

明确调查目的是制定调查方案的首要问题。确定调查目的就是要明确为什么要进行调查、调查要解决什么问题。调查目的明确，才能进一步明确具体的调查任务，如确定调查对象、调查项目和采用什么方法调查等。所以调查目的明确，才能有的放矢，避免调查中的盲目和混乱，节约人、财、物力，提高调查资料的时效性。

二、确定调查对象和调查单位

确定调查对象和调查单位，就是确定向谁调查，由谁来具体提供统计资料。

调查对象是指需要进行调查的社会经济现象的总体，它由性质相同的许多调查单位所组成。确定调查对象就是明确规定总体的范围或界限。调查单位是调查资料的承担者，在调查中需要登记其具体特征。调查单位应该全部包含在调查对象中，调查单位既可以是一个企业、一个事业单位，也可以是一个人、一件产品。例如，对我国国有工业企业产品产量进行调查，调查对象是全部国有工业企业，调查单位是每一家国有工业企业；了解某企业职工的基本情况，调查对象是该企业所有职工，调查单位是每一个职工；调查一批产品的质量合格情况，调查对象是该批全部的产品，调查单位是该批次的每件产品。在确定调查单位时，要注意调查单位和调查对象的一致性。注意区分调查单位和单位标志，不要将单位标志误作为调查单位。如对一批产品质量进行调查，质量是否合格是产品的标志，产品才是要调查的对象和单位。

填报单位（或报告单位）是负责报告调查内容、提交统计资料的单位。调查单位和填报单位有时一致，有时不一致。例如，在工业普查中，调查单位和填报单位是一致的，都是具体的每一个工业企业；在我国人口普查中，调查单位是中华人民共和国每一位公民，填报单位是基层普查员。

三、确定调查项目和编制调查表

（一）确定调查项目

确定调查项目就是给调查单位设立各项标志，包括品质标志和数量标志。如人口普查中，调查项目应该包括每个人的性别、年龄、民族、受教育年限、婚姻状况、收入等标志。确定调查项目时应注意以下几方面。

（1）调查项目含义明确、解释唯一，不能含混不清。如企业利润调查，要明确是利润总额，或营业利润，或净利润等。

（2）调查项目精练。项目的选取既必要，又能够取得具体内容。不必要、不能取得的资料不列入调查项目。

（3）调查项目之间尽可能有关联。根据调查项目之间的逻辑关系进行核对和判断，可以提高调查资料的质量。

另外，还需要注意本次调查与往期调查之间的联系，以便于进行动态的分析研究。

（二）编制调查表

调查项目确定之后，把每一个项目及答案选项按一定逻辑顺序排列而成的表格，就是调查表。调查表是调查方案的核心部分，是获取调查对象资料的基本形式。编制调查表的基本要求是简明扼要、方便填写、便于汇总。调查表一般由表头、表体、表脚三部分组成。

(1) 表头。在表的中间部位,标明调查表的名称,左上角填写报告单位的名称、地址、隶属关系、经济类型等。表头力求简明,单位名称填写全称,地址填写详细。

(2) 表体。调查表的主要部分,为表格形式,其结构的基本形式呈"王"字形,见表 2-1。调查表的纵列称作"栏",横行称作"行"。表体是调查表的主要部分,包括调查项目和各项目的具体表现等。

表 2-1 大学生电子产品需求调查表

姓名	手机/部	蓝牙/副	笔记本电脑/台
张李华	1	0	1
王鑫蕊	1	1	1
吴新启	1	1	0

(3) 表脚。表脚包括调查员或填表人的姓名、签章、填报日期等,有的需要填写报告单位负责人的姓名、签章等,用于明确责任、发现问题、便于查询。

调查表必须包含表头、表体和表脚三个要件。此外,有的调查表后面附有填表说明,对填表方法和一些调查项目的含义进行解释。

调查表有单一表和一览表两种形式:单一表是在一张调查表上只登记一个调查单位的项目,一览表是在一张调查表上登记若干调查单位的项目。当调查内容较多时,编制单一表;当调查项目不多时,采用一览表。如职工工作履历表需要编制单一表,如表 2-2 所示;职工基本信息登记表可以编制一览表,如表 2-3 所示。

表 2-2 职工工作履历表

姓名			性别		出生年月	
政治面貌			婚姻状况		联系电话	
家庭成员	称谓		姓名	年龄	工作单位	联系电话
本人简历	起止年月		在何地、何单位学习、工作			证明人

表 2-3 职工基本信息登记表

姓名	性别	年龄	工作岗位	政治面貌	职称	月工资	电话

四、确定调查时间与期限

(一) 调查时间

调查时间是指调查资料所属的时期(或时点)。如果是时期现象,就要明确规定资料的起止日期;如果是时点现象,就要规定统一的标准时间。例如,第七

项目二
微课 1

次全国人口普查规定,调查资料填报的内容必须是在 2020 年 11 月 1 日零时调查单位基本情况;中华人民共和国 2021 年国民经济和社会发展统计公报显示,全年国内生产总值 1 143 670 亿元是指 2021 年 1 月 1 日—12 月 31 日,国内生产值的累计数额。

(二)调查期限

调查期限是指进行调查工作的时间,包括搜集资料和报送资料的整个工作所需要的时间。例如,第七次全国人口普查人口普查登记从 2020 年 11 月 1 日开始,12 月 10 日结束。

五、明确调查的方式和方法

统计调查包括报表调查、普查、重点调查、典型调查和抽样调查等多种形式。编制统计调查方案时,要根据调查对象和研究任务,选择最适合的一种调查方式或几种方式结合调查。

调查方法包括直接观察法、访问法、报告法、问卷法和网络调查法等。编制调查方案要根据调查的目的和要求选择搜集资料的方法。

六、制订调查的组织实施计划

严密细致的组织工作是统计调查顺利进行的保证。其内容上包括调查工作的领导机构、人员配备与培训、调查前的宣传教育、调查文件的准备、调查经费的预算等。

(1)成立调查领导机构。我国历次人口普查、工业普查、农业普查等,都成立了专门的领导机构,负责组织协调整个统计调查工作。

(2)配备调查人员、进行培训。通常从统计业务部门抽调人员担任业务指导员,动员社会各界人员作为调查员承担调查任务。业务指导员对调查员进行调查业务培训和指导,保证填报数据准确合理。

(3)宣传教育。进行广泛宣传,让公众了解和认识开展调查的目的、任务和意义,争取调查单位的理解和支持,保证调查工作顺利进行。

(4)其他调查准备。其包括调查文件的制定和及时发布,调查表格的设计、印刷和领用,调查经费的筹集和管理等。

对于大规模的调查,需要进行试点,检验调查方案是否可行,加以修正。

七、设计调查问卷

除了使用调查表向调查对象采集资料外,还可以使用调查问卷收集资料。调查问卷是依据统计研究的目的和要求,由一系列问题、项目备选答案及说明所组成的。调查问卷是收集调查资料的一种常用工具,是获取调查资料的另一种基本形式。调查问卷可以由被调查者自己填答,也可以由调查者根据被调查者的回答填写。

(一)调查问卷的基本结构

调查问卷通常由调查问卷的题目、引言、被调查者的基本情况、调查问题和答案、填写要求和解释、结束语等几部分构成。

(1)调查问卷的题目。调查问卷的题目是问卷的主题,要简明扼要概括出问卷的内容和性质,要准确、醒目、突出,有吸引力、感染力,能激发被调查者的兴趣。如大学生暑期旅游情况调查问卷、疫情防控调查问卷等。

(2) 引言。引言位于问卷开头,说明调查目的、调查者身份、填写方法、注意事项等内容,态度要诚恳、亲切,语言简练、准确,使被调查者了解此次调查的意义,引起被调查者重视,赢得被调查者的支持。

(3) 被调查者的基本情况。被调查者的一些主要特征,包括被调查者的性别、民族、职业、文化程度、收入、婚姻、家庭人口等,是对调查资料进行分类的基本依据,便于进行资料的筛选和构成分析。

(4) 调查问题和答案。调查问题和答案是调查问卷的主要组成部分,资料的搜集主要通过这一部分来完成。

(5) 填写要求和解释。填写要求和解释是对填表的要求、方法、注意事项等总的说明。

(6) 结束语。对被调查者的合作表示感谢,也可以征询对问卷设计和问卷调查本身的看法或感受。

(二) 问题的设计

1. 问题设计的种类

1) 按内容分类

调查问题按内容可分为事实性问题、意见性问题和解释性问题。事实性问题是根据事实回答的问题;意见性问题是为了了解被调查者的意见而设的问题;解释性问题是了解被调查者行为看法等产生的原因而进行的解释。

2) 按回答方式分类

调查问题按回答方式分为开放式问题和封闭式问题。开放式问题是不提供备选答案而需要被调查者自由回答的问题;封闭式问题是列出所有可能的答案以供选择的问题。

(1) 开放式问题主要分为填空题和自由回答题两种类型。

① 填空题是留出空格,由被调查者根据实际情况来填写的问题。例如:

你喜欢的手机品牌是_____;_____;_____;_____。

你的年龄是_____。

② 自由回答题是由被调查者自由回答的问题。例如:

你出行经常乘坐的交通工具是什么?_____。

你每月的生活费是多少元人民币?_____。

(2) 封闭式问题的表达方法常见的有双向选择、多项选择、排序选择、等级评定等。

① 双向选择类选择题的答案只有两项,被调查者选择其中一项,是封闭式问题中最简单的一种。例如:

你家有小汽车吗?   A. 有   B. 没有

② 多项选择是列出三个或三个以上答案,由被调查者从中选择。根据答案多少的不同有三种选择类型:单选、多选、限选。

a. 单选是从备选答案中选择一项。例如:

请问您的工资收入是多少元?

A. 3 000 以下   B. 3 000～5 000   C. 5 000～7 000   D. 7 000～9 000

E. 9 000 以上

b. 多选是要求被调查者选择两个或两个以上答案。例如:

目前你迫切需要解决的问题是什么?(至少选两项)

A. 业务进修　　B. 更换工作　　C. 找工作　　D. 找对象　　E. 增加收入
F. 改善居住条件　　　　G. 获得理解　　H. 其他(请注明)

又如，您家今、明两年是否准备以下项目支出：
A. 购买家电设备　　B. 现有住房装修　　C. 购买成套家具　　D. 支付子女教育费
E. 购买汽车　　　　F. 国内或国际旅游　　G. 购买(或置换)房屋

c. 限选是要求在备选答案里限定选几项。例如：
在家庭耐用消费品中你优先购买哪几种？(限选三项)
A. 彩电　　B. 冰箱　　C. 洗衣机　　D. 热水器　　E. 空调
F. 计算机　　G. 手机　　H. 摄像机　　I. 轿车　　J. 健身器材

③ 排序选择是在列出的多个答案中，由被调查者对所选的答案按要求顺序进行排序。例如：
你上大学确定专业方向时考虑的因素有哪些？(按考虑因素的先后顺序排序)
A. 个人兴趣、爱好及特长　　B. 预期就业　　C. 预期收入　　D. 发展前景
E. 预期工作环境　　　　F. 别人建议　　G. 其他(请注明)

等级评定问题是由表示不同等级的形容词组成的选项，让被调查者选择。例如：
你对我们公司提供的售后服务满意程度如何？
A. 非常满意　　B. 满意　　C. 较满意　　D. 不满意　　E. 很不满意

2. 问题设计的原则

(1) 设计问题要符合客观实际、符合经济发展水平和人们的习惯。

(2) 设计问题不能太多。问题过多，被调查者可能不愿意回答，问卷的回收率低。

(3) 设计问题应是被调查者有能力回答，避免被调查者不了解的问题。

(4) 设计问题时不能直接提出禁忌或敏感性问题。

(5) 设计问题不能带有诱导性或倾向性，要保持客观中立。

(6) 设计问题的内容要单一，一个问题只能有一个询问内容。

(7) 设计问题的语言要简单易懂、标准规范。少用一般、经常、很多等词语。

(8) 设计问题的排列要讲究逻辑性。先简后难；先过去，后现在，再将来；先封闭，后开放；先事实性问题，后意见性和解释性问题。

项目二
微课 2

(三) 问题答案的设计

1. 问题答案的设计形式

(1) 是非式：问题只有两个相对立的答案可供选择。例如：双向选择题中的答案——"A. 有　B. 无"或"A. 是　B. 非"或"A. 对　B. 错"等。

(2) 多项式：问题有三个或三个以上的备选答案，多项选择中的备选答案就属于多项式类型。

(3) 顺位式：要求将备选答案按重要程度等排出顺序。例如：
您购买商品考虑的主要因素是(请按您认为的重要性在□中写上位序)：
A. □实用价值　　B. □品牌　　C. □商品质量　　D. □售后服务　　E. □价格

(4) 程度评价式：列出几个不同程度的答案并排序给分，分差相等，被调查者选择一个答案。多个备选答案中的单选题就属于这种类型。例如：

您家人均月收入是(　　)。

A. 3 000元以下　　　B. 3 000~4 000元　　C. 4 000~5 000元　　D. 5 000~6 000元

E. 6 000~7 000元　　F. 7 000~8 000元　　G. 8 000元以上

2. 问题答案的设计原则

(1) 所列答案应包括所有可能的回答。如果答案过多,可将不太重要的答案用"其他"来代替。例如：

你喜欢的电视剧题材是(　　)。

A. 战争　　B. 爱情　　C. 动漫　　D. 其他

(2) 不同答案之间不能相互包含。例如：

你喜欢哪项体育运动？(　　)

A. 游泳　B. 跑步　C. 球类　D. 足球　E. 篮球　F. 田赛　G. 跳高　H. 其他

很显然,答案中C项包括D、E项,F项包括G项。

(3) 答案的表达必须简单易懂、规范,并符合通用标准和惯例。

(4) 每一项答案应有明显的填答标记。

填答标记：A、□、( )、打"√"或"×"或涂黑等。

任务分析

市场调查首先确定调查对象和调查的目的。本案例中的调查对象是中老年人,调查目的是了解该群体的消费需求情况。其次,要确定调查项目,如收入、健康状况、医疗辅助器械、营养保健食品、娱乐产品等。再次,制定调查表或调查问卷。最后,确定调查的组织形式、调查的方法,以及调查的时间和期限等。

任务三　熟悉统计调查的组织方式

任务引导

我国2022年二季度和上半年GDP(国内生产总值)初步核算结果见表2-4。

表2-4　2022年二季度和上半年GDP初步核算数据

	绝对额/亿元		比上年同期增长/%	
	二季度	上半年	二季度	上半年
GDP	292 464	562 642	0.4	2.5
第一产业	18 183	29 137	4.4	5.0
第二产业	122 450	228 636	0.9	3.2
第三产业	151 831	304 868	−0.4	1.8
农林牧渔业	19 073	30 643	4.5	5.1
工业	100 333	193 885	0.4	3.3
制造业	84 216	162 315	−0.3	2.8

续表

	绝对额/亿元		比上年同期增长/%	
	二季度	上半年	二季度	上半年
建筑业	22 546	35 575	3.6	2.8
批发和零售业	27 447	53 366	−1.8	0.9
住宿和餐饮业	3 806	7 667	−5.3	−2.8
金融业	24 249	48 973	5.9	5.5
房地产业	18 605	37 535	−7.0	−4.6
信息传输、软件和信息技术服务业	12 341	24 468	7.6	9.2
租赁和商务服务业	7 724	16 281	−3.3	0.9
其他行业	44 227	91 706	−0.2	2.4

(资料来源：国家统计局，2022-07-16.)

思考： 表2-4中每项数值都是各个调查单位的标志值的累计。如果这项调查任务由你来进行，你会采用什么样的组织方式进行调查？调查中采用什么样的调查方法？

 任务分解

以组为单位，组员选取自己感兴趣的行业或产品进行描述。

要求：

(1) 每位组员至少对一个行业或一种产品的市场需求情况进行描述。

(2) 组长组织进行讨论：该市场需求情况应该采用什么样的组织方式进行调查？调查中该采用哪种或哪几种调查方法。

(3) 每组推举1位组员进行展示。

(4) 在展示过程中，所有同学可以对每组展示的情况进行提问、对每组的展示进行评价。

(5) 总结。

 相关知识

《中华人民共和国统计法》是我国唯一的一部统计法律，于1983年12月8日由第六届全国人民代表大会常务委员会第三次会议通过，1996年5月15日经第八届全国人民代表大会常务委员会第十九次会议修正，2009年6月27日再次经第十一届全国人民代表大会常务委员会第九次会议修订通过，于2010年1月1日起施行。修订的新统计法规定："搜集、整理统计资料，应当以周期性普查为基础，以经常性抽样调查为主体，综合运用全面调查、重点调查等方法，并充分利用行政记录等资料。重大国情国力普查由国务院统一领导，国务院和地方人民政府组织统计机构和有关部门共同实施。"

我国以法律的形式规定了统计应在了解国情国力、服务经济社会发展中发挥重要作用，促进社会主义现代化建设事业发展。在统计实践中，只有科学地确定统计调查的组织方式，才能保证统计调查取得如实反映客观现象的真实资料。常用的统计调查的组织方式有统计报表、普查、重点调查、典型调查和抽样调查等。

一、统计报表

（一）统计报表的含义

统计报表制度是依照国家法规，自上而下统一布置，以原始记录为依据，按照统一的表格形式、统一的指标项目、统一的报送时间和报送程序，自下而上地逐级、定期提供基本统计资料的一种调查方式。统计报表是我国政府部门搜集统计资料的主要方法，并长期广泛使用，为我国制定社会经济政策、进行宏观决策起到了十分重要的作用。

（二）统计报表的作用

（1）统计报表是国家获得统计资料的重要途径，是国家制订计划和检查计划执行情况的主要依据。

（2）通过完整地积累统计报表资料，可以满足各种分析研究的需要。

（3）通过统计报表资料，各级领导部门可以经常了解本部门、本地区的经济和生活发展情况，对基层企业进行宏观指导，为企业的经营管理提供信息，实现资源的合理配置。

（三）统计报表的特点

（1）统一性。统一性是统计报表的基本特点，具体表现在：统计报表的内容和报送的时间是由国家强制规定的；统计报表的指标含义、计算方法、口径是全国统一的。

（2）可靠性。统计报表建立在基层单位日常业务的原始记录和台账等基础上，资料来源可靠。

（3）稳定性。统计报表是依靠行政手段逐级布置和上报的资料，资料回收完全稳定，填报的项目和指标有统一的规定，具有稳定性。

（4）全面性。统计报表通常要求所有单位都进行填报，所取得的资料是全面资料。

统计报表的局限性在于报表中的指标比较固定，缺乏灵活性。

（四）统计报表的分类

从不同的角度，统计报表可以分为多种类型。

（1）按主管系统的不同，统计报表可以分为基本统计报表和专业统计报表。

基本统计报表是由国家统计局制发的统计报表，一般为搜集国民经济和社会发展情况的基本统计资料。

专业统计报表是业务部门为搜集适应本部门业务管理所需要的专业统计资料，由业务主管部门制发的，也叫作业务部门统计报表，只在本系统内执行。

（2）按报送周期长短划分，统计报表可以分为日报、旬报、季报、半年报和年报。除年报之外，其他统称为定期报表。日报、旬报由于时效性强，也称为进度报表。

一般来说，报送周期越长，统计范围就越广；报表指标项目越多，内容越详尽全面；报送周期越短，指标项目越少，调查的指标越重要。应根据需要选择相应报送周期的报表，需要经常了解的资料，报送周期就要短一些。

（3）按填报单位的不同，统计报表可以分为基层报表和综合报表。基层报表是由基层企事业单位填报的统计报表。综合报表是由主管部门或统计部门根据基层报表汇总填报的统计报表。

（4）按报送方式的不同，统计报表可以分为电讯报表和邮寄报表。

电讯报表分为电话、电报、传真、电子邮件和网络传输等方式。日报、旬报上报时限短,通常用电讯报表。月报、季报、半年报和年报等通常用邮寄报表。邮寄的报表可以是纸张,也可以是数据软盘和光盘。

统计报表是搜集统计资料的基本的、传统的方法。由于报表制度的内容较固定,经过统一的报送与汇总程序,中间环节增多,取得资料花费时间较多,容易产生调查误差。

(五) 统计报表制度

统计报表制度是对统计报表内容的一系列规定,是各地方、各部门、各单位必须向国家履行的一种义务。我国的统计报表制度包括报表内容和指标体系、报表表式、填报说明等的规定。

1. 内容和指标体系

报表内容和指标体系要有充分的科学根据,以反映国民经济和社会发展情况及生产经营活动的主要情况为出发点,避免烦琐,做到精练实用;同时要考虑到与会计核算和业务核算指标体系的一致性。

2. 报表表式

统计报表的指标内容按一定规格形式安排,表式主要内容有主栏项目、宾词指标、补充资料项目,明确规定表名、表号、报送期别、报送单位、报送日期、报送方式、单位负责人及填表人签章等。

3. 报表实施范围的规定

报表实施范围即填报范围,它要明确规定每种报表的填报单位、各主管部门和综合部门的具体范围。

4. 报表的报送程序和报送日期的规定

报表的报送程序包括填报单位报表的份数、方式和受表单位。报表还要规定报送的日期。一般地说,基本统计报表既要满足当地统计部门的需要,又要满足业务部门的需要,所以要同时报送当地统计部门和上级业务主管部门。

5. 报表填表说明的规定

在制定统计报表时,应附有填表说明,具体说明填表的方法、指标解释、指标计算方法及有关注意事项,使各填报单位编制报表时对规定的一些单位和内容有统一的理解。指标解释非常重要,它可以使填报单位对每个统计指标的概念都能统一理解、采用统一的计算方法、确定统一的计算范围,保证统计数字的准确性和统计资料的可比性。对统计指标的解释在概念上应简明清晰,在计算方法上应科学、具体,在计算口径和计算范围上应界限分明,以便统计人员能确定和熟练掌握。

6. 报表统计目录的规定

统计目录是指在报表主栏中填报的统计分组和具体项目的一览表,大体可分为两类:一类是分组用的目录,如国际经济部门分类目录、工业部门分类目录等;另一类是具体要求项目的目录,如工业产品目录、主要技术经济指标目录、主要设备及原材料目录等。

7. 报表管理办法的规定

对报表的管理应包括制定报表的程序和审批制度、报表的定期清理和整顿等。在统计报表的管理中要遵循统一组织、统一审核、统一实施的原则。

(六) 统计报表的资料来源

统计报表的资料来源于基层单位的原始记录、统计台账和企业内部报表。

(1) 原始记录。原始记录是基层单位在生产经营活动中第一手的数字或文字记录。它是未经任何加工整理的初级资料,如当日的生产记录、出勤记录、工时记录、现金收支凭证、库存记录等。

(2) 统计台账。统计台账是分级填报报表的单位根据经营管理需要而设置的一种系统积累资料的表册。它将分散的原始记录,分门别类按时间顺序登记在表册上,使资料系统化。其基本形式有多指标综合台账和单指标分组台账两种。

(3) 企业内部报表。企业内部报表是企业根据原始记录和统计台账,经过汇总计算后编制的,是企业实行科学管理、提高经济效益的主要信息来源。它只在企业内部实行,是编制基本统计报表和专业统计报表的基础。

二、普查

(一) 普查的含义

普查是根据统计的特定任务专门组织的一次性全面调查。如人口普查、工业普查、农业普查等。普查获得的资料是反映一定时点上社会经济现象总体的较为全面的、系统的统计资料,目的是全面、系统地掌握国情国力的基本情况,为国家制定有关方针、政策提供事实依据。世界各国都会定期进行各种普查,以便掌握有关国情国力的基本统计资料。

(二) 普查的特点

普查的特点可以归纳为以下几方面。

(1) 普查通常是一次性的。由于普查涉及面广、调查单位多,需要耗费大量的人力、物力和财力,一般需要间隔较长的时间进行一次。如中华人民共和国成立以来,中国先后于1953 年、1964 年、1982 年、1990 年、2000 年、2010 年和 2020 年进行了 7 次全国人口普查;自第四次全国人口普查起,规定了每 10 年进行一次,逢 0 年份实施。1997 年开展第一次全国农业普查,2006 年规定了全国农业普查每 10 年进行一次(逢 6 年份实施),2006 年、2016 年分别开展了第二次、第三次全国农业普查。全国经济普查,每 5 年进行一次(逢 3、逢 8 年份实施),我国已在 2004 年、2008 年、2013 年、2018 年和 2023 年开展了 5 次全国经济普查。

(2) 普查规定统一的标准时间。统一调查时间,目的在于避免调查数据的重复或遗漏,保证普查结果的准确性。例如,我国前 4 次人口普查的标准时间为普查年份的 7 月 1 日零时,第五次至第七次人口普查的标准时间为普查年份的 11 月 1 日零时;农业普查的标准时间为普查年份的 1 月 1 日零时。标准时间一般定为调查对象比较集中、相对变动较小的时间。

(3) 普查的数据比较准确,规范化程度较高,因此可以为抽样调查或其他调查提供基本依据。

另外,随着社会经济的发展和国家管理的需要,普查的项目有逐渐增多的趋势。如 1953 年的人口普查,在调查内容方面,规定只登记姓名、性别、年龄、民族四个项目;2020 年第七次全国人口普查仅普查短表就包含了 7 项家庭户信息和 12 项个人信息。普查结束后,常用抽样调查来检验和普查数据,进行质量检查和评价。

(三) 普查的组织机构和组织方式

在组织机构设立上，普查有两种方式：一是成立专门的普查机构，从中央到地方，建立普查领导小组，配备普查员，对调查单位进行直接登记，如全国人口普查等。二是业务部门自身组织调查。业务部门利用调查单位的原始记录、核算资料，下发一定的调查表格，由被调查单位进行核实填报；在利用本系统组织结构的基础上，仍需要专门的组织和人员从事该项普查工作，如全国工业普查等。

在组织方式上，普查工作通常采用"逐级布置，逐级汇总"的办法，传统的调查和资料汇总方式需要花费大量的时间；随着信息技术的发展和普及，资料汇总的时间大大缩短。当调查任务紧迫时，需要进行快速普查。快速普查是一种特殊形式的普查，调查项目少、涉及范围小、要求时效强，多采取"越级布置，越级上报"的办法。组织普查的最高机构直接将调查任务下达到基层单位；基层单位越过一切中间环节，直接将普查资料上报到组织普查工作的最高机构，进行集中汇总，达到缩短整理时间的目的。

三、重点调查

(一) 重点调查的含义

重点调查是指在调查对象中选择一部分重点单位进行调查。重点单位是指在某一主要标志上，其标志表现在总体标志总量中占有较大的比重。重点调查的目的是掌握总体事物的基本状况和基本发展趋势。

(二) 重点调查的特点

(1) 重点单位在行业中的规模较大，是以数量占比来衡量的。重点单位是行业中的真实客观存在，因而重点单位的选择不带有主观的因素。行业中的技术先进单位或管理先进单位，如果规模比较小，不能确定为重点单位。例如，了解全国石油生产的基本情况，大庆、胜利、华北、新疆等几个大的油田生产企业的产量占了全国石油产量的很大比重，只要调查这几家生产企业就可以了。

(2) 重点调查的目的是反映现象总体的基本情况。调查任务只要求调查掌握行业的基本情况，部分重点单位的指标又能比较集中地反映这种情况时，采用重点调查比较适宜。由于重重点单位与一般单位标志值差别很大，因此重点调查的结果不能用以推断总体的总量指标。

(三) 重点单位的选择

重点调查的关键在于确定重点单位。重点单位是指在总体中具有举足轻重地位的单位，这些单位虽然数目不多，但就调查的标志值来说，它们在总体中占了绝大部分比重。选取重点单位，应遵循两个原则：一是根据调查任务的要求和调查对象的基本情况确定选取的重点单位及数量。重点单位的数量应尽可能少，其标志值总量在总体中占比应尽可能大，以保证有足够的代表性。二是要注意选取那些管理制度完善健全、业务力量较强、统计工作扎实的单位作为重点单位。

(四) 重点调查的适用条件

(1) 总体中要有重点单位。例如，对全国汽车行业生产情况进行调查，长春一汽、上海汽车、东风汽车等特大型企业的汽车生产量占了全国的较大比重，是重点单位，可以采用重点调查的方法了解总体的基本情况。调查对象中没有重点单位,不能采取重点调查。例如,对全国居民生活水平的调查、对某地区餐饮业经营情况的调查等。

(2) 调查任务只要求掌握调查总体的基本情况而不是详细情况,不需进行数量上的准确推算。

具备以上条件时,便可采用重点调查方法组织调查。

四、典型调查

(一) 典型调查的含义

典型调查是根据调查目的和要求,在对调查对象进行初步分析的基础上,有意识地选取少数具有代表性的典型单位进行深入细致的调查研究的一种非全面调查。所谓典型单位,是指在所有总体单位中最能体现总体某一方面共性的单位。典型调查符合从个别到一般的认识规律,通过对典型单位深入细致地调查,了解事物的本质及其发展过程,达到认识同类事物的本质和发展规律。例如,要研究工业企业的经济效益问题,可以在同行业中选择一个或几个经济效益突出的单位作为典型,进行深入细致的调查,从中找出经济效益好的原因和经验。

典型调查可以补充全面调查和其他非全面调查的不足,譬如利用典型调查可以搜集不能用数字反映的各种情况,验证全面调查结果的真实性。

(二) 典型调查的特点

(1) 典型单位是从调查对象总体中有意识地挑选出来的。典型调查单位的确定取决于调查者的主观认识。为了调查结果尽可能准确,被选中的典型单位在总体所要研究的特征中应最具有代表性,其数量标志表现最能反映总体各单位的一般水平。

(2) 对典型单位进行深入、细致的调查。在典型调查中,由于选取的单位数量较少,可以对典型单位设置较多的标志,对现象的存在状况和发展状况进行深入、细致的调查和分析研究。

(3) 调查的目的是了解被研究对象的特征和发展趋势。通过对典型单位的深入细致调查,归纳出研究对象的一般特征和普遍性特点,达到对现象的本质和规律性认识。

(三) 典型单位的选择

选准选好典型单位是典型调查的关键。典型单位的选择原则是以调查目的和研究对象的特点为依据,常用的典型单位的选择方法有三种。

项目二
微课 3

(1) 划类选典法。在了解总体概况的基础上,把总体按某种标志划分为若干类型,根据每一类型在总体中所占的比例,选择一部分典型单位进行调查。划类选典法调查,可以近似估计总体指标。

(2) 解剖麻雀法。在总体中选择最具有普遍性特征的单位作为典型单位进行调查,也称为挑选中等典型法。典型单位具有总体的普遍性特征,"麻雀虽小,五脏俱全",通过分析典型单位,可以认识总体的内部构成、一般水平和发展变化规律。

(3) 抓两头法。选择先进或落后的典型单位进行调查,可以总结经验教训。在新生事物还处在萌芽状态时,作为典型调查,抓住苗头,深入研究,探索事物的发展方向,总结经验,以便推广。

（四）典型调查的适用条件和方法

1. 典型调查的适用条件

典型调查适用于调查总体同质性比较大的情形。典型调查要求调查者有丰富的经验，在划分类别、选择典型上有较大的把握。典型调查法具有省时、省力的优点，但也有不够准确的缺点。典型调查一般用于调查总体太大，调查者对总体出现的新情况、新问题比较了解，同时又能比较准确地选择有代表性单位的情况。

2. 典型调查的方法

进行典型调查的具体方法有直接观察法、个别访问和开调查会，其中开调查会是典型调查最常用的方法。调查之前应事先拟好调查提纲，做好充分准备，以便取得更好的调查效果。

五、抽样调查

（一）抽样调查的含义

抽样调查是按照随机原则，在调查对象中抽选一部分单位作为样本，根据样本数据推断调查对象总体特征的一种非全面调查方法。

（二）抽样调查的特点

（1）样本单位是按随机原则抽取的，排除主观因素对样本的影响。在总体中每一个单位被抽取的机会是均等的，避免了主观倾向性误差，代表性强。

（2）以样本的信息推断总体数量特征。根据数理统计原理，抽样调查中样本估计量与总体参数之间存在着内在联系，以抽取的全部样本单位组成一个"代表团"，用整个"代表团"来推断总体的数量特征。

（3）抽样误差可以事先计算并加以控制。抽样误差可以根据调查样本数量和总体中各单位之间的差异程度进行计算，并控制在允许范围以内，调查结果的准确程度较高。

（三）抽样调查的适用条件

（1）对产品进行破坏性和消耗性的质量检查。通过质量检查后的产品失去了使用价值，显然不能对所有的产品都进行质量检查，只能抽取很少的部分进行检查。

（2）对于时效性强、又难以进行全面调查的现象。如农作物生长情况调查。

（3）对普查资料进行修正。由于普查涉及面广、工作量大，容易产生登记误差。在普查之后，通常进行抽样调查，将结果与普查资料进行核对，计算出差错比率，作为修正系数，对普查资料进行必要的修正。

 任务分析

采用哪种组织方式进行调查，首先应搞清楚国内生产总值核算的对象。对国内生产总值进行核算通常采用生产法，即一定时期内所有生产者向社会提供的最终产品的总价值。所有生产者是很庞大的群体，对所有生产者进行统计是一项全面调查；调查单位数量巨大，在组织方式上必须有专门的组织才可以进行；国内生产总值是社会经济发展状况的常用监测指标，需要经常进行调查。所以综合以上特点，国内生产总值用统计报表的组织方式比较适合。可以通过逐级安排，以报表的方法将数据提交给上级，较系统较全面地获得各项数据。

复习思考题

一、填空题

1. 常用的统计调查方式有_____、_____、_____、_____、_____等。
2. 统计调查的要求是_____、_____、_____。
3. 统计调查按调查对象包括的范围不同可分为_____、_____。
4. 统计调查的组织方式包括_____、_____、_____、_____、_____等。
5. 重点调查是在调查对象中选择一部分_____进行调查的一种_____调查。
6. 调查表一般由_____、_____和_____三部分组成。

二、单项选择题

1. 下列调查中,调查单位与报告单位一致的是(　　)。
   A. 企业设备调查　　B. 工业普查　　C. 人口普查　　D. 农村牲畜调查
2. 某地区有 200 家工业企业,现要调查这些企业的生产设备状况,调查单位是(　　)。
   A. 200 家企业　　B. 每一家工业企业　C. 全部生产设备　　D. 每件生产设备
3. 对全国各铁路交通枢纽的货运量、货物种类进行调查以了解全国铁路货运概况,这种调查属于(　　)。
   A. 普查　　　　　B. 重点调查　　　C. 典型调查　　　D. 抽样调查
4. 抽样调查与典型调查都是非全面调查,二者的根本区别在于(　　)。
   A. 调查范围、目的不同　　　　　B. 选取调查单位的方法不同
   C. 组织方式不同　　　　　　　　D. 作用不同
5. 调查对象与调查单位具有一定的对应关系,如果调查对象是全部商业企业,则调查单位是(　　)。
   A. 每一件商品　　　　　　　　　B. 每一个商业企业
   C. 每一个商业企业领导　　　　　D. 每一个销售班组
6. 抽样调查抽取样本时必须遵循的原则是(　　)。
   A. 随机性原则　　B. 灵活性原则　　C. 可靠性原则　　D. 准确性原则
7. 统计调查方案的首要问题是(　　)。
   A. 确定调查目的　B. 确定调查对象　C. 确定调查项目　D. 确定调查时间
8. 下列调查中属于全面调查的是(　　)。
   A. 普查　　　　　B. 重点调查　　　C. 典型调查　　　D. 抽样调查
9. 下述调查中属于经常性调查的是(　　)。
   A. 对 2017 年大学毕业生就业状况的调查
   B. 我国的人口普查
   C. 按月上报的钢铁产量
   D. 对物价变动情况进行一次摸底调查
10. 对百货商店工作人员进行普查,调查对象是(　　)。
    A. 各百货商店　　　　　　　　　B. 各百货商店的全体工作人员
    C. 一个百货商店　　　　　　　　D. 每位工作人员

11. 全国人口普查中,调查单位是(　　)。
    A. 全国人口　　　B. 每一个人　　　C. 每一户　　　D. 工人工资
12. 某城市拟对占全市储蓄额80%的几个大储蓄所进行调查,以了解全市储蓄的一般情况,则这种调查方式是(　　)。
    A. 普查　　　B. 典型调查　　　C. 抽样调查　　　D. 重点调查
13. 某市2017年工业企业经济活动成果的统计年报的呈报时间为2018年1月31日,则调查期限为(　　)。
    A. 一年　　　B. 一年零一个月　　　C. 一个月　　　D. 一天
14. 人口普查规定统一的标准时间,是为了(　　)。
    A. 避免登记的重复和遗漏　　　B. 确定调查范围
    C. 确定调查单位　　　D. 登记方便
15. 某市进行工业企业生产设备普查,要求在7月1日至7月10日全部调查完毕,则这一时间规定是(　　)。
    A. 调查时间　　　B. 调查期限　　　C. 标准时间　　　D. 登记期限

三、多项选择题

1. 统计调查方案的内容包括(　　)。
    A. 确定调查对象和调查单位　　　B. 确定调查目的
    C. 确定调查时间　　　D. 设计调查表和问卷
    E. 统计调查的组织工作
2. 统计调查按调查对象包括的范围不同,可分为(　　)。
    A. 全面调查　　　B. 一次性调查　　　C. 专门调查　　　D. 非全面调查
    E. 经常性调查
3. 调查单位是(　　)。
    A. 调查中所要调查的具体单位
    B. 负责向上报告调查内容的单位
    C. 调查项目的承担者
    D. 需要调查的社会经济现象总体的每个单位
    E. 所需调查的那些社会经济现象总体
4. 普查属于(　　)。
    A. 全面调查　　　B. 一次性调查　　　C. 经常性调查　　　D. 专门调查
    E. 非全面调查
5. 自中华人民共和国成立以来,已经进行过7次人口普查,第一次与第二次间隔11年,第二次与第三次间隔18年,第三次与第四次间隔8年,第四次、第五次、第六次、第七次间隔均为10年,这种调查是(　　)。
    A. 全面调查　　　B. 一次性调查　　　C. 经常性调查　　　D. 专门调查
    E. 定期调查
6. 全面调查包括(　　)。
    A. 重点调查　　　B. 典型调查
    C. 抽样调查　　　D. 经常性的统计报表

E. 普查
7. 重点调查适用于（　　）。
    A. 调查任务要求掌握研究对象基本状况
    B. 调查任务要求掌握事物的发展趋势
    C. 调查任务要求掌握详细资料
    D. 总体中存在重点单位
    E. 总体中都是一般单位
8. 对某校在校大学生学习状况进行调查，则（　　）。
    A. 调查对象是该校全部大学生　　B. 调查对象是该校每位大学生
    C. 调查单位是该校每位大学生　　D. 调查单位是学生的成绩
    E. 调查项目是学生的成绩
9. 我国第七次人口普查的标准时间是 2020 年 11 月 1 日零时，下列情况应统计人口数的有（　　）。
    A. 2020 年 11 月 2 日 1 时出生的婴儿　　B. 2020 年 10 月 30 日 6 时出生的婴儿
    C. 2020 年 10 月 30 日 14 时死亡的人　　D. 2020 年 11 月 1 日 1 时死亡的人
    E. 2020 年 10 月 29 日出生，11 月 1 日 3 时死亡的婴儿
10. 下列各调查中，调查单位和填报单位一致的是（　　）。
    A. 企业设备调查　　B. 人口普查　　C. 工业企业普查　　D. 商业企业调查
    E. 商品价格水平调查

四、判断题

1. 统计报表是我国定期取得统计资料的一种重要方式。　　　　　　　　　（　　）
2. 抽样调查在我国统计调查方法体系中处于主体地位。　　　　　　　　　（　　）
3. 我国的人口普查每 10 年进行一次，因此，它是一种经常性调查方式。　　（　　）
4. 统计报表有全面报表和非全面报表之分。　　　　　　　　　　　　　　（　　）
5. 抽样调查中存在抽样误差，因此，抽样推断是不准确的。　　　　　　　（　　）
6. 重点调查的重点单位是根据当前的工作重点来确定的。　　　　　　　　（　　）
7. 调查时间是指进行调查工作所需的时间。　　　　　　　　　　　　　　（　　）
8. 调查单位同时又一定是填报单位。　　　　　　　　　　　　　　　　　（　　）
9. 调查对象就是统计总体，而统计总体不都是调查对象。　　　　　　　　（　　）
10. 在统计调查中，调查对象可以同时又是调查单位，调查单位可以同时又是总体单位。　　　　　　　　　　　　　　　　　　　　　　　　　　　　　　　（　　）

五、简答题

1. 统计调查的方法有哪些？
2. 调查对象、调查单位与报告单位的关系是怎样的？
3. 重点调查中，怎么选择重点单位？
4. 一个完整的科学的调查方案应该包括哪些内容？

六、案例分析题

中央二台财经频道《消费主张》栏目在 2019 年和 2022 年有如下两个主题。
1. 2019 年 10 月 18 日主题是秋冬服装流行调查；

2. 2022年8月26日主题是中国夜市全攻略：内蒙古呼伦贝尔。

（秋冬服装流行调查）　　　（中国夜市全攻略：内蒙古呼伦贝尔）

扫码观看以上两个栏目主题并做思考：对你生活的城市开展两个主题的调查，你认为应怎么设计调查方案，请分别设计下调查方案及调查问卷。

3. 某手机生产厂家想通过市场调查了解：企业手机的知名度；企业手机的市场占有率；用户对手机质量的评价和满意程度。

（1）你认为应该采取什么样的调查方式进行该项调查？

（2）设计一份调查问卷。

项目三　掌握统计整理方法

项目说明：

在对实际问题进行研究的过程中，研究人员需要大量的数据，可以通过统计调查搜集数据。但是，统计调查获得的是原始资料，这些数据只能反映总体各单位的具体情况。例如民意测验收集到每张调查者填写的调查表格、每一个顾客反馈给企业的调查表格等都是无序的、杂乱的、反映个体情况的无规律的数据。为了充分利用搜集到的统计信息进行统计分析，必须将杂乱无章的资料理顺。例如，为了解市民对某项政策的态度，就必须对民意调查表格进行整理，将"满意""一般""反对"的人数分别统计进行比较得出结论；企业只有将顾客调查表格进行整理分析，才能知道消费者的知识结构、收入水平、消费倾向，进而制订企业的生产、销售等计划。可见，统计整理是统计工作中的不可缺少的重要环节。

本项目主要介绍统计整理的基本理论，包括统计整理的含义和内容、统计分组的类型和方法、分配数列的类型和编制方法、统计表的构成和编制方法等。通过学习，能够掌握统计整理的基本知识，学会统计数据整理的基本操作，能根据原始数据编制合理的分配数列，并在此基础上编制统计表、绘制统计图。

统计资料整理是统计工作的第三个阶段，它在整个统计工作过程中起着承前启后的作用，它既是统计调查的继续和深化，又是统计分析的基础和前提，是从感性认识上升到理性认识的过渡阶段，是统计调查和统计分析的连接点。

能力目标：

1. 能熟练运用数据整理技术进行数据整理和分组。
2. 能够根据不同的统计原始数据编制相应的分配数列。
3. 能利用所学的知识对经济现象特征进行准确的描述和表达。
4. 能利用实际资料和分组结果熟练地编制统计表和绘制统计图。
5. 合理使用统计图和统计表。

知识目标：

1. 了解统计整理的含义、重要性及程序。
2. 了解数据整理的内容、数据分组的意义。
3. 掌握分组标志的选择原理和方法。
4. 掌握分组体系的类型和方法、经济统计中的常用分类。
5. 理解分配数列的含义、类型和作用。
6. 掌握变量数列的编制及统计图表的绘制方法。

任务一 了解统计整理的作用和程序

任务引导

要评析统计学考试成绩,在完成采分之后,我们的数据要整理成什么样的形式,才能对考试成绩进行评析呢?为了对某班40位学生的成绩进行了解,现在学校对此班级进行调查,发现40名学生统计学考试成绩分别如下:

```
68  89  88  84  86  87  75  73  72  68
75  82  97  58  81  54  79  76  95  76
71  60  90  65  76  72  76  85  89  92
64  57  83  81  78  77  72  61  70  81
```

思考:如何整理以上数据,才能便于分析学生考试情况呢?

任务分解

(1) 思考进行数据整理的意义。
(2) 进行统计学考试成绩分析需要哪些步骤?

相关知识

一、统计整理的概念与作用

(一) 统计整理的概念

统计资料整理,简称统计整理,是指根据统计研究的目的和任务,对统计调查所获得的原始资料进行科学的分类和汇总;或对已初步加工的次级资料进行再加工,使其系统化、条理化、科学化,以反映所研究的现象总体特征的工作过程。

统计调查取得的原始资料是分散的、杂乱的、不系统的,只能表明各个被调查单位的具体情况,反映事物的表面现象或一个侧面,不能说明事物的全貌、总体情况。因此,只有对这些资料进行加工整理才能认识事物的总体及其内部联系。

(二) 统计整理的作用

(1) 通过统计调查搜集得到的资料,只能反映总体各单位的具体情况,是分散、零碎、表面的。要说明总体情况,揭示总体的内在特征,还需要对这些资料进行加工整理,使之系统化,以便通过综合指标对总体做出概括性的说明。例如,人口普查中搜集到的人口资料,只能说明每个人的具体情况,诸如每个人的性别、年龄、文化程度等。必须通过对人口总体中每个人的资料进行整理、分组、汇总等加工处理后,才能得到人口总体的综合情况,从而了解人口总体的规模、结构、增减变动状况等,达到对人口总体的全面系统的认识。

(2) 统计整理是实现由对个别现象的认识过渡到对总体现象的认识、由对事物表象的认识过渡到对其本质及内在联系的认识、由感性认识上升到理性认识的过程,是达到统计研究目的的重要环节。统计调查所搜集到的资料,只有通过科学的审核、分类、汇总等整理工作,才能使统计在认识社会的过程中,实现由个别到全体、由特殊到一般、由现象到本质、由感性到理性的转化,才能从整体上反映事物的数量特征。否则统计调查所获得的资料再丰富、再完备,其作用也发挥不出来,统计调查就将徒劳无益,统计分析也将无法进行。

(3)统计整理是积累历史资料的必要手段。统计研究中经常要使用动态分析,这就需要有长期累积的历史资料,而根据积累资料的要求,对已有的统计资料进行筛选,以及按历史的口径对现有的统计资料重新进行调整、分类和汇总等,都必须通过统计整理工作来完成。

二、统计整理的程序

统计整理是一项细致的工作,需要有计划、有组织地进行。从完整的工作程序来看,统计整理的基本步骤如下。

(一)设计和编制统计整理方案

统计整理方案是根据统计研究的目的和要求,事先对整个工作做出全面的计划和安排。其主要内容包括确定汇总的指标与综合统计表,确定分组方案,选择资料汇总形式,确定资料审查的内容与方法,确定与历史资料的衔接方法,对整理各工作环节做出时间安排和先后顺序安排等。统计资料整理方案是保证统计整理工作按时、按质、按量完成的指导性文件,方案设计是否合理直接关系到统计整理工作的质量。

(二)对调查资料进行审核

在对统计资料进行整理前,首先需要对其进行严格的审核,以保证数据的质量,为进一步的整理和分析打下基础。审核的内容主要包括调查资料的准确性、及时性和完整性等几个方面。

项目三-1

(1)审核调查资料的准确性是汇总前审核的重点。审核的方法主要有逻辑性审核和计算审核两种。逻辑性审核是利用逻辑理论检查调查资料内容是否符合客观实际、调查表或报表中的内容是否合理。计算审核是审核调查表或报表中各项数字指标的口径、计算方法、计量单位、计算结果是否有误。

(2)审核调查资料的及时性就是审核调查资料是否按规定的时间报送、是否及时报送,如未按规定时间或未及时报送要检查其原因。

(3)审核调查资料的完整性就是审核所有被调查单位的调查资料是否齐全、是否有重复和遗漏;另外,还要审核调查表中应填写的项目是否填写齐全。

(三)对调查资料进行分组、汇总和计算

根据统计整理方案的要求,按已确定的汇总组织形式和具体方法,依照一定的标志,对调查资料进行分组。按分组的要求,对各项数字进行汇总,计算分组单位数、总体单位数、分组标志总量和总体标志总量。在统计整理过程中,对大量的原始资料进行分组、汇总和计算是一项主要的工作。

(四)编制统计表,绘制统计图

把整理好的统计资料用统计表或统计图的形式表现出来,以简明扼要地表现社会经济现象在数量方面的具体特征和相互关系。

任务分析

（1）统计资料整理是统计工作的第三个阶段，它在整个统计工作过程中起着承前启后的作用，它既是统计调查的继续和深化，又是统计分析的基础和前提，是从感性认识上升到理性认识的过渡阶段，是统计调查和统计分析的连接点。

（2）统计整理是一项细致的工作，需要有计划、有组织地进行。从完整的工作程序来看，统计整理的基本步骤如下：设计和编制统计整理方案→对调查资料进行审核→对调查资料进行分组、汇总和计算→编制统计表，绘制统计图。

任务二　掌握统计分组方法

任务引导

某班40名学生统计学考试成绩分别如下：

```
68  89  88  84  86  87  75  73  72  68
75  82  97  58  81  54  79  76  95  76
71  60  90  65  76  72  76  85  89  92
64  57  83  81  78  77  72  61  70  81
```

学校规定：60分以下为不及格，60～70分为及格，70～80分为中，80～90分为良，90～100分为优秀。要求：

（1）根据学校规定进行统计分组。

（2）指出分组标志及类型、分组方法的类型并分析本班学生考试情况。

任务分解

（1）根据学校规定，将该班同学统计学成绩为不及格、及格、中、良、优五个等级，请根据等级要求编制一份分组表。

（2）根据分组标志指出分组类型、分组方法，并分析本班学生考试情况。

相关知识

一、统计分组的概念与作用

（一）统计分组的概念

统计分组是根据统计研究的目的和研究对象的特点，将统计总体按照一定的标志划分为若干组成部分的一种统计方法。总体中的这些组成部分称为"组"，也就是大总体中的小总体。统计分组是在统计总体内部进行的一种特定分类，它同时具有两方面的含义：对总体而言是"分"，即将总体分为性质相异的若干部分；对个体而言是"合"，即将在某些方面性质相同的个体组合起来。能够对统计总体进行分组,是由统计总体中各单位所具有的差异性的特点决定的。统计总体中各单位,一方面,在某一个或几个标志上具有相同的性质,可以被结合在同一性质的总体中;另一方面,又在其他标志上具有彼此相异的性质,从而又可以被区分为性质不同的若干组成部分。例如,2021年末我国总人口数为141 260万人,对这一总体进行分组时,可以按性别这一标志进行,分组结果见表3-1。

表3-1 2021年末中国人口数及构成情况

性　别	人口数	
	绝对数/万人	相对数/%
男	72 311	51.19
女	68 949	48.81
合计	141 260	100.00

资料来源:2022年2月28日,国家统计局发布2021年国民经济和社会发展统计公报.

统计分组是基本的统计方法之一,在统计资料的整理和分析中都要广泛地应用分组。而分组的好坏直接关系到统计整理质量,关系到统计分析的结论是否正确。

(二)统计分组的作用

1. 可以划分现象的类型

统计分组的主要作用是划分现象的类型。社会现象是复杂多样的,有着各自不同的表现和发展规律。认识社会现象若仅仅从总体上把握,那只是概括的、表面的,难以深入下去,不能了解现象内部的数量构成、相互间关系及变化和规律。运用统计分组法把现象总体划分为不同类型组之后进行研究,才能知道该现象总体由哪些类型构成,各类型的状态、关系及变化等问题,才能真正地认识社会现象,研究才得以深入。例如:我国经济分为公有经济和非公有经济两大类型,公有经济包括国有及国有控股经济和集体经济,非公有经济包括个体经济、私营经济、外资经济等,工业划分为重工业和轻工业两大类型;社会产品划分为生产资料和消费资料两大类;人口划分为城镇人口和农村人口。

2. 可以分析总体内部结构和总体结构特征

结构即事物内部的组织形态。现代科学早已证明研究对象的性质和特点、发生和发展的规律性均源于其现象内部的结构。事物的结构不同、性质不同、功能不同,发展变化的规律也不同。所以,研究问题必须研究其结构,而现象的内部结构在量的方面就体现为部分在整体中所占比重和部分与部分之间的比例,其科学的计算当然必须建立在统计分组之上。在社会经济问题的分析和研究中,我们经常分析研究的结构有:经济类型结构,产业结构,产品结构,投资结构,消费结构,技术结构,人才结构,农业生产活动中的种植业、林业、畜牧业和渔业结构,畜牧业生产中的畜群结构等。例如,2002—2006年我国按三次产业分类就业人员构成情况见表3-2。

表3-2 2002—2006年我国按三次产业分类的就业人员构成情况　　　单位:%

年　份	2002年	2003年	2004年	2005年	2006年
第一产业	50.0	49.1	46.9	44.8	42.6
第二产业	21.4	21.6	22.5	23.8	25.2
第三产业	28.6	29.3	30.6	31.4	32.2

资料来源:中国统计年鉴2007.北京:中国统计出版社,2007:130.

以上资料表明,2002—2006年我国第二、第三产业就业人员的比重不断上升,而第一产业就业人员数在不断下降,这是我国大力发展第二、第三产业的结果,也是建设小康社会、不断提高人民生活水平的需要。

3. 可以揭示现象之间的依存关系

一切社会经济现象都不是孤立存在的,而是相互联系、相互依存、相互制约的整体。要揭示和研究现象之间的关系及其影响与作用程度,可以首先将总体按某个标志分组,同时观察和分析另外的标志在这种分组下的实际情况,以揭示现象之间的联系、依存和制约的关系。

例如,某地区农作物的施肥量与单位面积产量之间的关系见表3-3。

表 3-3 某地区农作物施肥量与单位面积产量关系

化肥施用量/(公斤/公顷)	公顷产量/公斤
232.5	5 655.0
267.0	6 249.0
291.0	6 792.0
307.5	7 216.5
327.0	6 966.0

表3-3中的分组资料,反映了化肥施用量与农作物单位面积产量之间的依存关系,一般来讲随着化肥施用量的增加,农作物单位面积产量也在增加,但当化肥施用量为327公斤/公顷时,农作物公顷产量则减少到6 966公斤。因此,过少或过多的施用量都可以使农作物产量降低。

二、统计分组的种类

(一) 按分组的任务和作用不同,可以分为类型分组、结构分组和分析分组

类型分组是指将复杂的现象总体划分为若干不同性质的部分。一般认为,现象总体按主要的品质标志分组,多属于类型分组。类型分组的目的是划分现象的类型。如某省工业企业按大中小型分组,见表3-4。

表 3-4 某省工业企业产值表

按大中小型分	2019年		2020年	
	产值/亿元	比重/%	产值/亿元	比重/%
大型工业企业	38 303.21	0.45	44 815.99	0.47
中型工业企业	10 689.81	0.12	12 542.41	0.13
小型工业企业	36 680.64	0.43	38 090.58	0.40
全省总计	85 673.66	100.00	95 448.98	100.00

结构分组是指在总体分组的基础上计算出各组对总体的比重。一般认为,按数量标志分组为结构分组,结构分组的目的是揭示现象内部结构。如将某班学生按考试成绩分组,见表3-5。

表 3-5　某班学生成绩分布表

成绩/分	人数/人
60(不含)以下	2
60(含)~70(不含)	10
70(含)~80(不含)	18
80(含)~90(不含)	12
90(含)以上	3
合计	45

分析分组的目的是研究现象之间的依存关系。如商业企业按营业额分组后,再计算各组商业企业的平均商品流通费用率(表 3-6),就可以分析商品营业额和流通费用率之间的关系。

表 3-6　某集团公司所属连锁商店商品流通费用率

营业额/万元	企业数/个	流通费用率/%
50(不含)以下	20	13.4
50(含)~100(不含)	42	11.8
100(含)~200(不含)	125	10.5
200(含)~400(不含)	38	9.7
400(含)~600(不含)	6	8.3
600(含)以上	2	6.5

(二) 按分组标志的多少,可分为简单分组和分组体系

统计分组按分组标志的多少及其排列形式可分为简单分组和分组体系。在现实经济生活中,这两种形式都有广泛的应用价值。

1. 简单分组

简单分组就是对被研究现象总体仅按一个标志所进行的分组。这种分组比较简单,它只能说明社会经济现象某一方面的状况。例如,人口按性别或年龄分组,企业按所有制或规模大小进行分组等。

2. 分组体系

在统计整理中,为了全面认识被研究现象总体,常常需要运用多个分组标志对总体进行分组,形成一系列相互联系、相互补充的分组体系。例如,对国民经济总体进行统计研究,必须通过按经济类型、部门、产业、地区、管理系统等多种分组,形成国民经济分组体系。在我们所要研究现象总体中,总是可以选择一系列标志进行分组,所以分组体系是客观存在的,组与组之间层层深入、相互联系、相互补充。

1) 平行分组体系

对同一总体同时选择两个或两个以上的标志分别进行简单分组,然后并列在一起就形成了平行分组体系。例如,为了认识我国工业企业的一些基本情况,可以按所有制、轻重工业、企业规模等分组,得到如表 3-7 所示的分组体系。

平行分组体系的特点是,每一分组只能固定一个因素对差异的影响,不能固定其他因素

表 3-7 某厂工人按技术等级和性别分组

分组标志		人数/人
按技术等级分	高级	8
	中级	64
	初级	147
按性别分	男	156
	女	63

对差异的影响。应用平行分组体系,其多种分组相互独立而不重叠,既可以从不同的角度、不同方面对某一社会经济现象做出比较全面的说明、反映事物的多种结构,又不至于使分组过于烦琐,故这种分组被广泛采用。上面的分组从多方面反映了我国企业类型的状况,给人以全面的认识。

2) 复合分组体系

复合分组体系就是将总体按两个或两个以上的标志结合起来进行层叠分组,形成复合分组体系。具体地说,它是先按一个标志分组,再按另一个标志对已经分好的各个组进行再分组。例如,对我校学生先按专业分组,再按性别分组;工业企业先按经营组织形式分组,然后再按规模大小进行分组,见表 3-8。

表 3-8 某厂工人按技术等级和性别分组

技术等级	性别	人数/人
高级	男	6
	女	2
中级	男	48
	女	16
初级	男	102
	女	45
合计		219

复合分组体系的特点是:第一次分组只固定一个因素对差异的影响,第二次分组同时固定两个因素对差异的影响,以此类推,当最后一次分组时,则所有的分组标志对差异的影响已全部被固定。使用复合分组体系可以更深入细致地研究总体的内部结构,反映问题全面深入。但其组数会随着分组标志的增加而成倍地增加,使各组的单位数减少,次数分布不集中,不易揭示总体的本质特征。因此复合分组体系不宜采用过多的分组标志,也不宜对较小总体进行复合分组。

项目三-2

三、统计分组的原则和方法

(一) 统计分组的原则

科学的统计分组,应该遵循以下原则。

(1) 同一性原则。同一性原则即要求分组后,每组的分组标志只能有一个,不能同时采纳两个或多个标志作为划分的依据。这是统计分组的基本原则。

(2) 穷尽性原则。所谓穷尽性,是指所有总体单位都能参加分组,每个总体单位都能归到某一组,无一遗漏。

(3) 互斥性原则。所谓互斥性,是指每一个总体单位只能归属于一个组,不能同时归属于两个或两个以上的组。

(二)统计分组的方法

统计分组的关键在于正确选择分组标志和划分各组界限。它们不仅直接影响统计分组的科学性和统计资料整理的准确性,而且也影响统计分组结果的真实性。

1. 选择分组标志

选择分组标志,就是要确定将统计总体区分为各个性质不同的组的标准或依据。任何事物都有很多标志,标志选择不当,分组结果必然不能正确反映总体的性质特征。对同一统计资料用不同的标志分组,往往会反映出不同的甚至相反的结果。为使统计分组具有科学性、保证统计整理的准确性,在选择分组标志时,必须遵循以下基本原则。

(1) 根据统计研究的目的和具体任务选择分组标志。对于同一总体,由于统计研究的目的和任务不同,需要采用的分组标志也就不同。例如对某地区的劳动力总体进行研究,如果要分析该地区劳动力的文化素质,则应选择文化程度作为分组标志;若要分析该地区劳动力的性别比例,则应选择性别作为分组标志;若要分析劳动力的年龄结构,则应选择年龄作为分组标志。可见分组标志的选择是随研究目的不同而变化的。

(2) 选择最能反映研究对象本质特征及内在联系的标志作为分组标志。在研究对象的若干标志中,有的能揭示总体的本质特征,是具有决定意义的标志;有的则是非本质的、次要的标志。因此,必须围绕统计研究的目的和任务,在对现象进行科学分析的基础上,选择最重要、最能反映现象本质特征及内在联系的标志作为分组标志。例如要研究国民经济的发展和平衡关系时,按经济类型分组、按国民经济各部门分组是最基本的分组;如果要研究我国人民的生活水平,按城镇居民和农村居民分组是最重要的分组。

(3) 根据现象所处的历史条件、具体时间、地点选择分组标志。在可供选择的标志中,最能反映总体特征的标志往往随着时间、地点、条件变化而有所不同。例如,在研究工业企业规模时,可以反映企业规模的标志很多,有工业总产值、职工人数、生产能力、固定资产价值等,究竟用什么标志来反映企业规模,要看研究对象所处的历史条件。例如,在技术不发达的情况下,用职工人数表示企业规模比较合适;而在技术进步的情况下,则采用固定资产价值或生产能力分组比较合适。

2. 划分各组界限

划分各组界限,就是要在分组标志的变异范围内,划定各相邻组间的性质界限和数量界限。任何事物的标志下都包含着许多变异,都可任意从中划定界限,如果划分不当,就会混淆各组的性质差别。这就要求根据统计研究的目的,在广大的变异范围内仔细划定确实能区分各组性质差别的界限。

根据分组标志的特征不同,统计总体可按品质标志分组,也可按数量标志分组。两种分组情形下划分各组界限的方法也不同。

1) 按品质标志分组

按品质标志分组是指选择反映事物属性差异的品质标志作为分组标志进行的分组,并在品质标志的变异范围内划定各组界限,将总体划分为若干个性质不同的组成部分。例如,人口按性别、民族、职业分组;工业企业按所有制经济部门分组等。

按品质标志分组比较简单。例如,人口按性别分为男、女两组;企业按所有制分组,分为全民所有制、集体所有制、中外合资、外资经营、个体经营等组。这些组界限明确,易于划分。在我国的统计工作实践中,对重要的品质标志分组,往往编有标准的分类目录以统一全国的分组口径。如《工业部门分类目录》《工业产品目录》《商业目录》等。

2) 按数量标志分组

按数量标志分组是指选择反映事物数量差异的数量标志作为分组标志,并在数量标志下的变异范围内划定各组界限,将总体划分为性质不同的若干组成部分,如企业按固定资产价值分组、人口按年龄分组、工人按技术等级分组等。

与品质标志不同,数量标志具体表现为许多不等的变量值,这些变量值能准确地反映社会经济现象数量上的差异,却不能明确地反映社会经济现象性质上的区别。因此,在进行统计分组时,应当根据研究的目的,首先确定总体已选定的数量标志的特征下有多少种性质不同的组成部分,然后再研究确定各组成部分的数量界限,使分组的数量界限能够区分现象性质上的差别。

 任务分析

(1) 按学校规定:60(不含)分以下为不及格,60(含)~70(不含)分为及格,70(含)~80(不含)分为中等,80(含)~90(不含)分为良,90(含)~100分为优秀。某班统计学学生成绩分布见表3-9。

表3-9 某班统计学学生成绩分布表

成绩/分	人数/人
60(不含)以下	2
60(含)~70(不含)	10
70(含)~80(不含)	18
80(含)~90(不含)	12
90(含)以上	3
合计	45

(2) 该班统计学成绩是以数量标志分组为依据的结构分组,揭示了学生的成绩的结构分布。

任务三　制作分配数列

 任务引导

某企业共有职工55名,2021年12月完成计件产品的情况如下:

59	73	87	65	89	85	77	94	69	97	56	80	68	95	96
50	63	88	91	90	96	92	93	79	74	65	74	89	83	51
74	79	94	67	92	92	93	70	87	86	54	87	86	54	62
76	86	73	86	70	100	110	108	102	112					

要求对这些工人按完成产品情况进行统计分组,并编制组距数列。

任务分解

(1) 了解分配数列的概念和种类。
(2) 掌握组距数列的编制方法和程序。

相关知识

一、分配数列的概念

在统计分组的基础上,把总体的所有单位按组归类整理,形成总体单位在各组间的分布,称为分配数列或分布数列。分配数列实质上是把总体单位数按组进行分配,所以又称为次数分配数列或次数分布数列。

分配数列在统计研究中具有重要的意义,它是统计整理结果的一种重要表现形式,也是统计分析的一种重要方法。它表明总体所有单位在各组内的分布状态和分布特征,并在这一基础上进一步研究总体的构成、一般水平以及变动的规律性。

次数分配数列主要由两部分构成:各组名称(或各组变量值)和各组的单位数。其中各组的单位数叫作次数或频数,各组单位数与总体单位总数之比叫作比率或频率。有时也可把比率列入分配数列中。各组的频率大于 0,所有组的频率之和等于 1 或 100%。

二、分配数列的种类

根据分组标志的性质不同,分配数列可分为品质分配数列和变量分配数列。

(一) 品质分配数列

按品质标志分组形成的分配数列称为品质分配数列,简称品质数列。如表 3-10 所示,它表明我国第五次人口普查时,中国(大陆)人口在性别上的分布情况。

表 3-10 中国(大陆)人口性别构成情况(第五次人口普查)

性 别	人口数/万人	频率/%
男	72 311	51.19
女	68 949	48.81
合计	126 583	100

品质数列的编制比较简单,但要注意分组时,应包括分组标志的所有表现,不能有遗漏,各种表现相互独立,不得相融。

（二）变量分配数列

变量数列是将总体按数量标志分组，将分组后形成的各组变量值与该组中所分配的单位次数或频数，按照一定的顺序相对应排列所形成的分配数列。如表 3-6、表 3-7 所示都是变量数列。变量数列有单项变量数列和组距变量数列两种。

三、变量数列的编制

（一）单项变量数列

单项变量数列是按数量标志分组后，用一个变量值代表一个组形成的数列，如表 3-11 所示。

表 3-11　某社区家庭户拥有孩子数情况

孩子数/个	户数	百分比/%
0	150	30
1	200	40
2	100	20
3	50	10
合计	500	100

一般地，当离散变量的取值不多且变量值的变动范围不大时，适宜编制单项数列。单项数列的编制是把所有变量值按大小顺序排列，再将各组单位数经过汇总后填入各组相应的次数栏中。

（二）组距变量数列的编制

用连续变量分组来编制分配数列时，或者虽是离散变量，但数值很多、变化范围很大时，单项数列就不能适用，而应考虑采用组距数列的形式。组距数列是指以一定范围的变量值为一组，按变量值的大小顺序排列而成的数列。组距数列中各组的变量值采用"由多少到多少"的形式来表示，不是具体的一个变量值，如表 3-5、表 3-6 即为组距数列。

1. 组距数列的基本概念

（1）组数：组的数目。

（2）组限：表示各组界限的变量值叫作组限。组内变量最大的值称为上限，变量最小的值称为下限。组限有不重叠组限和重叠组限两种表示方法。不重叠组限即本组上限与下一组的下限不重合，适用于变量个数少的离散变量；重叠组限即本组上限与下一组的下限重合，适用于变量个数多的离散变量或连续变量。如表 3-6、表 3-7 均为重叠组限。

（3）组距：组上限与下限之差称为组距。即

$$组距 = 组上限 - 组下限 \tag{3-1}$$

$$全距 = 总体中最大的变量值 - 最小的变量值 \tag{3-2}$$

组距的大小和组数的多少成反比，二者关系如下：

$$组距 = \frac{全距}{组数} \tag{3-3}$$

（4）等距数列和异距数列：组距变量数列根据各组的组距是否相等可以分为等距数列和异距数列。在等距数列中，各组的组距均相等，如表 3-5、表 3-6 所示。而在异距数列中，各组组距并不相等，如表 3-12 所示。

表 3-12 某地区人口分布状况

人口按年分组	人口数/万人
1 岁以下(婴儿组)	1
1～7 岁(幼儿组)	6
7～17 岁(学龄儿童组)	12
18～55 岁(有劳动能力的人口组)	24.6
55 岁以上(老年组)	8.1
合计	51.7

(5) 组中值：组距数列掩盖了分配在各组内的单位的实际变量值。为了反映分配在各组中个体单位变量值的一般水平,统计工作中往往用组中值来表示。计算公式如下：

$$组中值 = \frac{组上限 + 组下限}{2} \tag{3-4}$$

分组中,在编制组距式变量数列时,使用"……以上"或"……以下"这样不确定组距的组,称为开口组。通常对第一组和最后一组运用开口组,例如表 3-5、表 3-6 中的第一组都是缺下限的开口组,最后一组都是缺上限的开口组。其组中值的计算公式如下：

$$缺下限的开口组组中值 = 组上限 - \frac{邻组组距}{2} \tag{3-5}$$

$$缺上限的开口组组中值 = 组下限 - \frac{邻组组距}{2} \tag{3-6}$$

2. 组距数列的编制过程

下面以等距变量数列的编制方法为例,说明编制组距变量数列的过程。

某企业共有职工 55 名,2021 年 12 月完成计件产品的情况如下：

59　73　87　65　89　85　77　94　69　97　56　80　68　95　96
50　63　88　91　90　96　92　93　79　74　65　74　89　83　51
74　79　94　67　92　92　93　70　87　86　54　87　86　54　62
76　86　73　86　70　100　110　108　102　112

项目三-3

要求对这些工人按完成产品情况进行统计分组,并编制组距数列。

(1) 对原始资料进行排序。

50　51　54　54　56　59　62　63　65　65　67　68　69　70　70
73　73　74　74　74　76　77　79　79　80　83　85　86　86　86
87　87　87　87　88　89　89　90　91　92　92　92　92　93　94
94　95　96　96　97　100　102　108　110　112

(2) 求全距。计算公式如下：

$$全距 = 最大值 - 最小值 = 112 - 50 = 62$$

(3) 确定组距和组数。组距和组数有密切的关系,组距的大小与组数的多少互为制约,成反比例关系。当全距一定时,组距越大,组数就越少；组距越小,组数则越多。在组距数列中,究竟怎样分组,美国学者斯特斯基于 1926 年提出了一种计算组数 K 的公式,在总体单位数不是太多或太少时,可供参考使用。公式为 $K = 1 + \dfrac{\lg N}{\lg 2}$, N 为总体单位数。上述的公式仅供参考,组数和组距的确定应以能够显示数据的分布特征和规律为目的,采取组数的多少应依据所研究数据的特性和研究的目的而确定。在实际工作中,我们一般是先确定组距,再根据全距和组距确定组数。组距往往确定为 5 或 10 的整数倍,本例组距取 10,则组数 = 全距÷组距 = 62÷10 = 6.2,组数取整数 7。

(4) 确定组限。本例按重叠组限,各组组限可为:50~60 60~70 70~80 80~90 90~100 100~110 110~120。

(5) 计算确定各组出现的次数,最后统计出各组出现的总次数。对于连续型变量,在确定组限时,有一原则可循,即"上组限不在内"原则:各组只包括本组下限变量值的单位,不包括本组上限变量值的单位。

(6) 编制次数分布表。参见表 3-13。

表 3-13　某企业职工 2021 年 12 月完成计件产品的情况

按完成产品计件分组/件	组中值	工人数/人	比重/%
50~60	55	6	10.91
60~70	65	7	12.73
70~80	75	11	20.00
80~90	85	13	23.64
90~100	95	13	23.64
100~110	105	3	5.45
110~120	115	2	3.64
合计	—	55	100

通过编制变量数列,可以看出这个企业职工每月完成产品的中游水平在 80~100 件。

四、累计次数表

在研究频数和频率分配的时候,常常还需要编制累计次数(频数)数列和累计频率数列。

将各组频数和频率由变量值低的组向变量值高的组累计,称为向上累计。向上累计频数表明该组上限以下的各组单位数之和是多少;向上累计频率表明某组上限以下的各组单位数之和占总体单位数的比重。向下累计频数(或频率)分布,其方法是先列出各组的下限,然后由变量值大的组向变量值小的组依次累计。向下累计频数表明该组下限以上的各组单位数之和是多少;向下累计频率表明某组下限以上的各组单位数之和占总体单位数的比重。表 3-14 是企业职工完成计件产品的累计次数表。

表 3-14　累计次数表

按完成产品计件分组/件	次数		向上累计		向下累计	
	人数/人	频率/%	人数/人	频率/%	人数/人	频率/%
50~60	6	10.91	6	10.91	55	100.00
60~70	7	12.73	13	23.64	49	89.09
70~80	11	20.00	24	43.64	42	76.36
80~90	13	23.64	37	67.27	31	56.36
90~100	13	23.64	50	90.91	18	32.72

续表

按完成产品计件分组/件	次数		向上累计		向下累计	
	人数/人	频率/%	人数/人	频率/%	人数/人	频率/%
100~110	3	5.45	53	96.36	5	9.09
110~120	2	3.64	55	100.00	2	3.64
合　计	55	100	—	—	—	—

五、次数分布的主要类型

由于社会经济现象性质的不同,各种统计总体都有不同的次数分布,形成各种不同类型的分布特征。概括起来,各种不同性质的社会现象的次数分布主要有以下三种类型。

(一) 钟形分布

钟形分布的特征是"两头小、中间大",即靠近中间的变量值分布的次数多,靠近两端的变量值分布的次数少,如果将变量值与其对应的频数在直角坐标系中对应的点连接起来绘制成曲线图,宛如一口钟。例如,人的身高、体重、职工工资,农作物亩产量,市场价格等现象都属于钟形分布。

钟形分布又可细分为以下两种。

1. 正态分布

在社会经济现象中,钟形分布许多表现为对称分布。对称分布的特征是中间变量值分布的次数最多,以标志变量中心为对称轴,两侧变量值分布的次数随着与中间变量值距离的增大而渐次减少,并且围绕中心变量值两侧呈对称分布。这种分布在统计学中称为正态分布(图3-1)。社会经济现象中许多变量分布属于正态分布类型。如农作物的单位面积产量、工业产品的物理化学质量指标(如零件公差的分布、细纱的拉力、尼龙丝的口径、青砖的抗压强度等)、商品市场价格等。

2. 偏态分布

偏态分布是相对于正态分布而言的非对称钟形分布。当变量值存在极大值时,次数分布曲线会较正态分布向右延伸,这种分布称为右偏分布,如图 3-2 所示;当变量值存在较小极端值时,次数分布曲线就会较正态分布向左延伸,这种分布称为左偏分布,如图 3-3 所示。

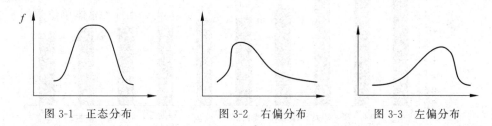

图 3-1　正态分布　　　　图 3-2　右偏分布　　　　图 3-3　左偏分布

(二) U 形分布

U 形分布是与钟形分布图形相反的分布,其特点是:靠近中间的变量值分布次数较少,靠近两端的变量值分布的次数较多,形成"两头大、中间小"的 U 形分布,如图 3-4 所示。人口死亡现象按年龄分布就是 U 形分布。

（三）J 形分布

在社会经济现象中，也有一些统计总体分布曲线呈 J 形，分配次数是随着变量值的增大而增多或者是次数分布随着变量值的增大而减少。例如，投资按利润率大小分布和人口总体按年龄大小分布，如图 3-5 所示。

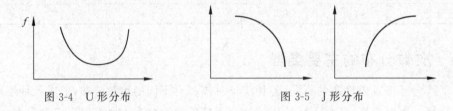

图 3-4　U 形分布　　　　　　　　图 3-5　J 形分布

任务分析

见组距数列的编制举例。

任务四　统计数据的显示

任务引导

统计数据经常用统计图表来展示，其中统计图是一种重要的数据分析工具，它通过几何图形、事物形象和地图等绘制的各种图形来展示统计数据，使复杂的统计数字简单化、通俗化和形象化，便于人们直观地理解和比较，清晰地显示数据之间的关系、变化趋势和数量特征，帮助用户快速获取和理解数据中的信息，在科学管理和决策支持中发挥关键作用。例如通过图 3-6 统计图可以及时了解汽车、手机等的销售情况。

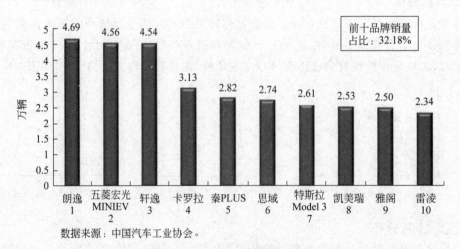

(a) 2021年11月轿车品牌销量TOP 10

图 3-6　常见统计数据图

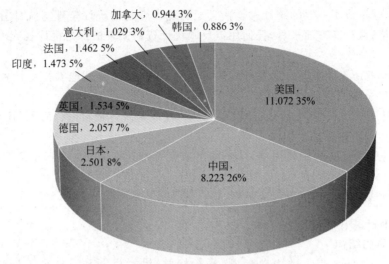

(b) 2021年上半年全球GDP TOP 10国家占比

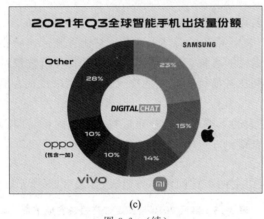

(c)

图 3-6 （续）

 任务分解

（1）数字是统计的语言。统计研究社会经济现象的数量关系，主要是通过数字资料来表现的。统计表和统计图都是系统地表述数字资料的基本形式。其中，表现统计资料最形象的是统计图。请同学们进一步了解统计图除图 3-6 所示的三种形式外还有哪些种类？

（2）弄清饼图和环形图的区别。

 相关知识

一、统计表

（一）统计表的概念及作用

1. 概念

把经过大量调查得来的统计资料，经过汇总整理以后，按照一定的规定和要求填列在相应的表格内,就形成了一定的统计表。狭义上的统计表是指统计整理与统计分析研究阶段所使用的表格;从广义方面来看,任何用以反映统计资料的表格都是统计表。

2. 作用

(1) 统计表是统计整理的重要形式。它利用表格形式,合理地安排统计资料,清晰、简明地反映现象总体的特征。

(2) 统计表通过科学、合理地表现统计资料,便于对统计资料进行对照、比较和分析,有利于计算统计分析指标。

(3) 在统计分析报告中使用统计表,能节省文字叙述篇幅,达到简明易懂、紧凑有力的分析效果。

(4) 统计表是汇总和积累统计资料,进行统计分析的重要工具。

(二) 统计表的结构及内容

1. 统计表的结构

从外形上看,统计表主要由总标题、横行标题、纵栏标题和指标数值四部分组成,如表 3-15 所示。

总标题是统计表的名称,简要说明全表的内容,一般写在表的上端中部。横行标题是横行的名称,用来说明统计资料反映的总体及分组,它代表统计表所要说明的对象,一般写在表的左方。纵栏标题是纵栏的名称,是用来说明总体及其各组数量特征的指标名称,一般写在表的上方。指标数值列在各横行和纵栏的交叉处,是用来说明总体及其组成部分数量特征的各种统计数字。

此外,有些统计表在表的下端还列有补充资料、注解、附记、资料来源、指标解释、填表说明、填表单位、填表人等表脚。

2. 统计表的内容

从内容上看,统计表由主词和宾词两部分组成,如表 3-15 所示。

表 3-15 某区 2010 年固定资产投资完成情况

经济类型	投资额/亿元	比上年增长/%
国有经济	5 612.59	13.61
非国有经济	1 263.04	14.32
合 计	6 875.63	13.73

主词是统计表所要说明的对象总体,它可以是总体、总体各单位或总体各分组。主词一般列在横行标题的位置。

宾词是说明总体及其各组数量特征的统计指标,包括指标名称和指标数值两部分,即宾词包括纵栏标题和指标数值两部分。

(三) 统计表的种类

(1) 按用途分为调查表、整理表(汇总表)、分析表。

(2) 按主词是否分组以及分组的程度,分为简单表、分组表和复合表。

简单表是指主词未经任何分组的统计表。简单表的主词只是按总体各个单位简单排列或只按时间顺序简单排列。它既可以用来直接反映总体及各单位的基本特征,还可用于分析经济现象的发展趋势或规律。例如,主词由各总体单位组成的一览表,主词由地区、国家、城市等目录组成的区域表,主词由时间顺序组成的编年表等,学生的成绩单也是一个简单表。

分组表是指主词按一个标志分组的统计表。可以按品质标志分组,也可以按数量标志分组。利用分组表可以揭示现象不同类型的不同特征,研究总体的内部构成,分析现象之间的依存关系,参见表3-11。

复合表是指主词按两个或两个以上标志重叠分组的统计表。在一定分析任务的要求下,复合表可以把更多的标志结合起来,更深入地分析社会经济现象的特征和规律性,参见表3-8。

(四) 统计表的设计

为使统计表能科学反映研究对象的本质和特点,充分发挥其说明和分析问题的作用,同时为了标准化和美观,统计表编制时要遵循科学、实用、简练、美观的原则,要符合以下要求。

(1) 统计表的各种标题,特别是总标题的表述应能十分简明、确切地概括表的内容。另外,还应写明表内资料所属的时间和空间范围。

(2) 统计表的内容应简明扼要,且具有系统性。强调简明扼要是要避免庞杂,使人一目了然;强调系统性是要求统计表的内容要有整体性、层次性和逻辑性。

(3) 统计表中主词各行及宾词各栏的排列,应有一个合理的顺序。一般应按先局部后整体的原则进行排列,即先列各分组,后列总计。当没有必要列出所有各组时,可以先列总计,而后列出其中一部分重要数值。

(4) 将复合分组列在横行标题时,应在第一次分组的各组组别下退一字填写第二次分组的组别。此时,第一次分组的组别就成为第二次分组的各组小计,以此类推。若复合分组列在纵栏标题时,应先按第一次分组的组别列为各大栏,再按第二次分组的组别将各大栏分别分为各小栏。

(5) 统计表纵栏较多时,为便于阅读,可编栏号。习惯上在主词和计量单位各栏用(甲)(乙)(丙)(丁)等文字标明,宾词各栏用(1)(2)(3)(4)等数码编号。各栏统计数字间有一定关系的,也可用数学符号表示。

(6) 国际上规范的统计表是"三线表",统计表上、下两端应以粗线或双线绘制,表中其他线条应以细线绘制。统计表左、右两端习惯上均不画线,采用"开口"表示。统计表通常设计成长方形表格,长宽之间应保持适当的比例,过于细长、过于粗短的表格均应尽量避免。

(7) 文字应书写工整、字迹清晰;数字应填写整齐,数位对准。当数字为"0"时应写出来,如不应有数字要用符号"—"表示;当缺某项数字或可略而不计时用符号"…"表示;当某项资料应免填时,用符号"×"表示。统计表中的数字部分不应留下空白。当某数值与相邻数值相同时,仍应填写,不应用"同上""同左""〃"等字样或符号代替。

(8) 统计表中的数字资料都要注明计量单位。计量单位应按统计制度的规定填写,不得另设不同的计量单位。为使统计表阅读方便,计量单位应按如下方法表示:当各指标数都以同一单位计量时,就将计量单位写在统计表的右上角;当同栏指标数值以同一单位计量,而各栏的计量单位不同时,则应将单位标写在各纵栏标题的下方或右方;当同行统计资料以同一单位计量,而各行的计量单位不同时,则可在横行标题后添列一计量单位栏,用以标明各行的计量单位。

(9) 对于某些需要特殊说明的统计资料,应在统计表的下方加注说明。例如,统计资料的来源、填表时间、制表人、审核人等。

二、统计图

通过几何图形或具体事物的形象和符号表现社会经济现象数量关系的图形称作统计图。用统计图表现统计资料,具有鲜明醒目、富于表现、易于理解的特点。统计图可以揭示现象的内部结构和依存关系、显示现象的发展趋势和分布状况,有利于进行统计分析与研究。因此,统计图被广泛应用于社会、经济生活中,发挥着重要的作用。

(一)条形图

条形图是用宽度相同的条形的高度或长短来表示数据变动的图形。条形图可以横置或纵置,纵置时也称为柱形图。此外,条形图还有单式(图3-7)、复式(图3-8)等形式。

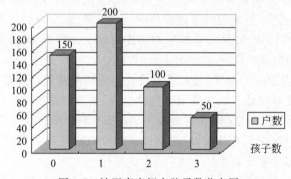

图3-7 社区家庭拥有孩子数分布图

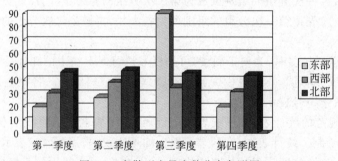

图3-8 离散型变量次数分布条形图

条形图用于显示离散型变量的次数分布,在表示分类数据的分布时,是用条形图的高度来表示各类别数据的频数或频率。绘制时,各类别可以放在纵轴,称为条形图;也可以放在横轴,称为柱形图。

图3-7是根据表3-6绘制的关于社区家庭拥有孩子数的柱形图。横轴表示各组的代表值,纵轴表示频数或频率,依据各组组距的宽度和频数(频率)的高度绘成柱状形。从图3-7的图例中可以看出,纵轴为户数,表示社区家庭拥有孩子数的频数,其中拥有1个孩子的家庭户为200户,频数最高。

(二)圆形图(饼图)

圆形图(饼图)(图3-9)是用圆形及圆内扇形的面积来表示数值大小的图形。在绘制饼图时,总体中各部分

图3-9 饼图

所占的百分比用圆内的各个扇形面积表示,这些扇形的中心角度,是按各部分比占所占360°的相应比例确定的。饼图主要用于表示总体中各组成部分所占的比例,对于研究结构性问题十分有用。由于其具有简单直观的特点在市场占有率的分析中运用较广。饼图适用于任何分组数据,但更多地应用于定类和定序尺度的数据。

(三)环形图

环形图与饼图类似,但又有区别。环形图中间有一个"空洞",总体或样本中的每一部分数据用环中的一段表示。饼图只能显示一个总体和样本各部分所占的比例,而环形图则可以用于同时绘制多个总体或样本的数据系列,每一个总体或样本的数据系列为一个环。因此环形图可显示多个总体或样本各部分所占的相应比例,从而有利于我们进行比较研究。例如根据表 3-16、表 3-17 绘制的环形图如图 3-10 所示。

表 3-16　甲城市家庭对住房状况满意程度的频数分布

	A	B	C	D	E	F	G
1		甲城市					
2				向上累计		向下累计	
3	满意程度	户数/户	百分比/%	户数/户	百分比/%	户数/户	百分比/%
4	非常不满意	24	8	24	8	300	100
5	不满意	108	36	132	44	276	92
6	一般	93	31	225	75	168	56
7	满意	45	15	270	90	75	25
8	非常满意	30	10	300	100	30	10
9	合　计	300	100	—	—	—	—

表 3-17　乙城市家庭对住房状况满意程度的频数分布

	A	B	C	D	E	F	G
1		乙城市					
2				向上累计		向下累计	
3	满意程度	户数/户	百分比/%	户数/户	百分比/%	户数/户	百分比/%
4	非常不满意	21	7	21	7	300	100
5	不满意	99	33	120	40	279	93
6	一般	78	26	198	66	180	60
7	满意	64	21.3	262	87.3	102	34
8	非常满意	38	12.7	300	100	38	12.7
9	合　计	300	100	—	—	—	—

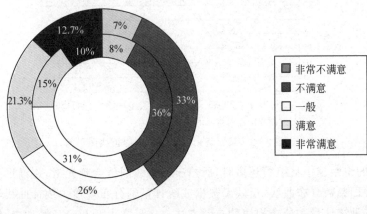

图 3-10　环形图

(四)直方图

直方图是用直方形的宽度和高度来表示频数分布的图形。直方图的绘制是在平面直角坐标系中进行的,横轴表示各组组限,纵轴表示频数或频率,依据各组组距的宽度和频数(频率)的高度绘成直方形。直方图实际上是用矩形的面积来表示各组的频数分布,直方图的总面积之和等于1。

直方图与柱形图存在细小的差异,直方图的长条形紧密地排列在一起,而柱形图的长条形是分散地排列,原因就在于我们前面提到的离散数据与连续数据之间的差别。图3-11表示了等距分组数列的次数分布情况。

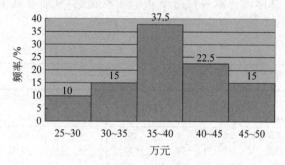

图3-11 某百货公司商品销售额分布图

(五)折线图

折线图也称为频数多边图,是以线段的起伏表示数量分布的特征。绘制时,横轴表示变量值,纵轴表示频数或频率。先根据变量值和其频数在坐标轴上绘出相应的点,再用折线将所有的点连接起来,直观地表现数量分布的变动规律。可以用单变量频数分布数列来绘制,也可以用分组数据来编制,分组数据各组用其组中值作为代表值,在直方图的基础上绘制,将直方图顶部的中点(组中值)用直线连接起来形成多边形图。如图3-12直观地反映出商品销售额分布的特征,销售额在35万~40万元的天数最多,高于40万元和低于35万元的销售额的天数逐渐下降。

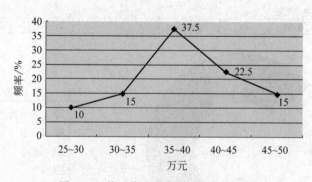

图3-12 某百货公司商品销售额折线图

当所观察的组距越小且组数越多时,所给出的折线图就会越光滑,逐渐形成一条光滑的曲线,这种曲线即频数分布曲线,反映了数据或统计量的分布规律。统计曲线在统计学中很重要,是描述各种统计量和分布规律的有效方法。在日常生活和经济管理中,较常见的有四种曲线,即正态分布曲线、偏态曲线、J形曲线和U形曲线,此处不再详述。

 任务分析

我们在日常工作生活中常用的统计图类型除了文中讲到的条形图、直方图、扇形图、折线图等还有散点图、茎叶图有、雷达图、股价图等;饼图只能显示一个总体和样本各部分所占的比例,而环形图则可以同时绘制多个总体或样本的数据系列,每一个总体或样本的数据系列为一个环,因此环形图可显示多个总体或样本各部分所占的相应比例,从而有利于我们进行比较研究。

延伸拓展　Excel在统计整理中的应用

在Excel的统计函数中有一个专用于统计分组的FREQUENCY函数。在数据分析工具中有一个"直方图"工具,可以一次完成分组、计算频数和频率、绘制直方图和累计频数折线图等全部操作。下面分别说明其使用方法。

一、利用Excel中的FREQUENCY函数进行统计数据的分组整理

用各种方法取得的统计数据,必须经过加工整理,使之系统化、条理化,才能符合统计分析的要求。在Excel的统计函数中有一个专门用于统计分组的FREQUENCY函数,可以用以完成分组、计算频数和频率等操作。下面说明其使用方法。

例如,某班40名学生的英语考试成绩如下:

89　88　76　99　74　60　82　60　89　86
93　99　94　82　77　79　97　78　95　92
87　84　79　65　98　67　59　72　84　85
56　81　77　73　65　66　83　63　79　70

现准备将这40名学生的英语考试成绩分为5组,分别为60(不含)以下、60(含)~70(不含)、70(含)~80(不含)、80(含)~90(不含)、90(含)~100。

具体操作步骤如下:

(1) 将40名学生英语考试成绩输入A1至A40单元格,并选定C3:C7单元格作为放置分组结果的区域(选定后反白显示),如图3-13所示。

图3-13　输入成绩数据

(2) 从"插入"菜单中选择"函数"命令,在弹出的对话框中的"函数类别"列表中选择"统

计",在"选择函数"列表中选择 FREQUENCY,按 Enter 键,打开 FREQUENCY 函数参数对话框(图 3-14)。

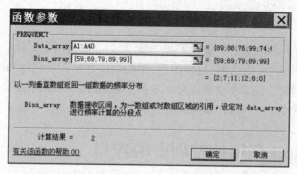

图 3-14 FREQUENCY 函数参数对话框

(3) 在 FREQUENCY 函数参数对话框中填写 Data_array 和 Bins_array,在 Data_array 中输入待分组计算频数分布原数据,本例可输入 A1:A40;在 Bins_array 中输入分组标志。FREQUENCY 要求按组距的上限分组,不接受非数值字符的分组标志(如"××以下"或"不足××"之类),因此,断开的分组标志可以直接输入各组上限数值,而重叠的分组标志则以各组上限减 1 的方式确定分组标志,这样上限数值自动计入下一组。本例的分数分段区间为 50(含)~60(不含)、60(含)~70(不含)、70(含)~80(不含)、80(含)~90(不含)、90(含)~100,因此可输入 59、69、79、89、99。由于分组结果要给出一组频数,因此必须以数级公式的形式输入,即在输入数据的两端加大括号{},各数据之间用分号隔开,即输入{59;69;79;89;99}。需要注意的是,如果分组变量为连续变量,而且变量值中有小数的话,那么分组标志应以各组上限减 0.1、减 0.01 或减 0.001 等的方式确定,至于减多少要看变量值的小数位数。

输入完毕,即在框下看到频数分布 2;7;11;12;8(后面的 0 表示没有其他)。

(4) 按 Shift+Ctrl+Enter 组合键,即将频数分布 2;7;11;12;8 记入指定的 C3:C7 单元格内(注意:按 Enter 键无效)。

(5) 取得频数分布后,可按图 3-15 所示将横行标题和纵栏标题填写齐全。

	A	B	C	D	E	F	G	H	I
1					向上累计		向下累计		
2		成绩(分)	人数(人)	频率(%)	次数	频率(%)	次数	频率(%)	
3		50(含)~60(不含)	2	5.0	2	5.0	40	100.0	
4		60(含)~70(不含)	7	17.5	9	22.5	38	95.0	
5		70(含)~80(不含)	11	27.5	20	50.0	31	77.5	
6		80(含)~90(不含)	12	30.0	32	80.0	20	50.0	
7		90(含)~100(不含)	8	20.0	40	100.0	8	20.0	
8		合计	40	100.0					
9									

图 3-15 某班学生英语考试成绩频数分布表输入图

(6) 取得频数分布后,再列表计算频率以及累计频数和频率。

① 人数合计,可单击 C8 单元格,输入"=SUM(C3:C7)",按 Enter 键,得出结果为 40 人(SUM 是求和函数)。

② D 列频率,可先单击 D3 单元格,输入"=C3/40*100"(*是乘法符号)(除数要直接输入数字 40,否则无法使用填充柄功能),按 Enter 键,得出结果为 5%;然后利用填充柄功能按住鼠标左键向下拖曳,至 D8 单元格放开鼠标,即得出 D4~D8 单元格的频率。

③ E 列向上累计次数可先单击 E3 单元格,输入"=C3",再单击 E4 单元格,输入"=E3+C4",然后利用填充柄功能按住鼠标左键向下拖曳,至 E7 单元格放开鼠标,即得出 E5～E7 单元格的累计次数。F 列引用 E 列公式即可得到累计频率。G 列、H 列可仿照此法计算。

二、利用 Excel 中的图表向导绘制统计图

利用上例整理出的次数分布表,选中 B3:C7,单击图表向导,在图表向导对话框(图 3-16)的图表类型中选择需要的图表类型,如柱形图、饼形图等,在子图表类型中选择适当的类型(此处以直方图为例)。

按 Enter 键,填写数据区域:"=Sheet1!$C$3:$C$7"(即选中 C3:C7 区域),产生列。然后打开"序列"选项卡,输入分类 x 轴标志:"=Sheet1!$B$3:$B$7"(即选中 B3:B7 区域),再按 Enter 键,填写分类轴、数值轴标题,根据需要设置网格线、图例、数据标志等。单击"完成"按钮即可完成统计图的绘制,如图 3-17 所示。

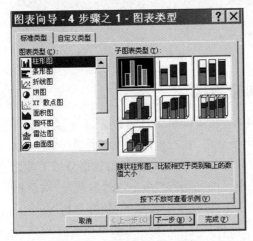

图 3-16 "图表向导"对话框

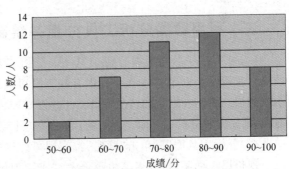

图 3-17 某班学生英语考试成绩次数分布图

图 3-17 的格式可以调整,如果要消除各个分类间距(即各个直方形中间的间距),则双击直方形,打开"数据系列格式"对话框(图 3-18)或"数据点"对话框,选择"选项"选项卡,将

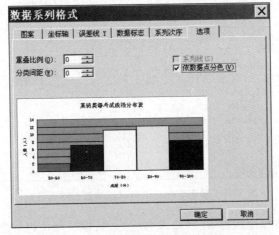

图 3-18 "数据系列格式"对话框

"分类间距"调整为0,如果希望将各组数据用不同颜色表示,也可以选中"依数据点分色"复选框。

单击"确定"按钮,调整图表大小即可(图 3-19)。

饼图结果如图 3-20 所示。

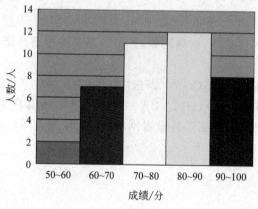

图 3-19　某班学生英语考试成绩频数分布直方图　　图 3-20　某班学生英语考试成绩饼图

三、利用数据分析工具分组并绘制直方图

Excel 提供了一组数据分析工具——分析工具库,利用该组工具可以在建立复杂统计或进行工程分析时节省步骤。其中有些工具可以用于分组,在产生输出表格的同时,还可以绘制图表。由于在默认的情况下,Excel 并没有安装分析工具库,因此在使用数据分析工具之前,必须先安装分析工具库。方法是:单击"工具"菜单下的"加载宏"命令,在"加载宏"对话框中选择"分析工具库"后单击"确定"按钮即可。这样"工具"菜单中就多了"数据分析"命令。

现仍以上面某班 40 名学生英语考试成绩为例,准备将这 40 名学生的英语考试成绩分为 5 组,分别为 60(不含)以下、60(含)~70(不含)、70(含)~80(不含)、80(含)~90(不含)、90(含)~100。

具体操作步骤如下。

(1) 将 40 名学生英语考试成绩输入 A2 至 A41 单元格(图 3-21)。

	A	B	C	D	E	F
1	成绩(分)					
2	89					
3	88					
4	76					
5	99					
6	74					
7	60					
8	82					
9	60					
10	以下省略					

图 3-21　某班学生英语考试成绩数据输入界面

(2) 为将样本单位按组归类,还需输入分组标志;但只能按组的"边界值"(即组距分组的上限)分组,不能有非数值的字符(如"××以下""不足××"之类)。本例分为 59、69、79、

89、100 五组，输入 B 列第 2～6 行。数据表显示如图 3-22 所示。

	A	B	C	D	E	F
1	成绩（分）	成绩（分）				
2	89	59				
3	88	69				
4	76	79				
5	99	89				
6	74	100				
7	60					
8	82					
9	60					
10	以下省略					

图 3-22　某班学生英语考试成绩分组标志输入

(3) 在“工具”菜单中单击“数据分析”命令，从弹出的“数据分析”对话框中的“分析工具”列表框中选择“直方图”(图 3-23)。

(4) 在“直方图”对话框(图 3-24)的“输入区域”文本框中输入“＄A＄1：＄A＄41”(即选中 A1：A41 区域)。由于第 1 行是标志项，还需选中“标志”复选框。“接收区域”实际是要求输入分组标志所在的单元格区域，本例可输入“＄B＄1：＄B＄6”(即选中 B1：B6 区域)。如果在此框中不输入分组标志所在的区域，系统将在最小值和最大值之间建立一个平滑分布的分组。在“输出区域”文本框中输入输出表左上角的单元格行列号，本例为 D1。如要同时给出次数分布直方图，可选中“图表输出”复选框。如要同时给出“累计％”(通常称“累计频率”)，可选中“累计百分率”复选框，系统将在直方图上添加累计频率折线。

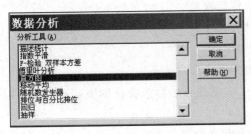

图 3-23　“数据分析”对话框

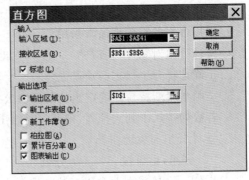

图 3-24　“直方图”对话框

(5) 以上各项均选定后，按 Enter 键，即在 B 列右侧给出一个 3 列的分组表和一个直方(图 3-25)。在给出的表和图中，“频率”实际是频数，“累计％”实际是累计频率。

	A	B	C	D	E	F
1	成绩（分）	成绩（分）		成绩（分）	频率	累计 %
2	89	59		59	2	5.00%
3	88	69		69	7	22.50%
4	76	79		79	11	50.00%
5	99	89		89	12	80.00%
6	74	100		100	8	100.00%
7	60			其他	0	100.00%
8	82					
9	60					
10	89					
11	86					
12	93					

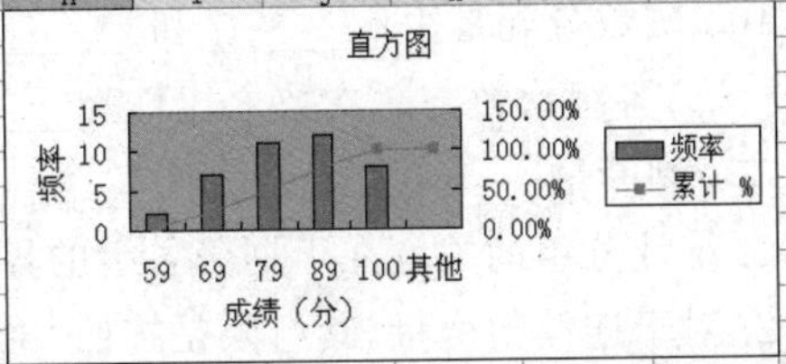

图 3-25　某班学生英语考试成绩分组结果及直方图

在分组表中将多余的"其他"一组删除,修改各组组限,并按上述方法将分类间距调节为0,修改合适字体,即可得到合适的结果(图 3-26)。

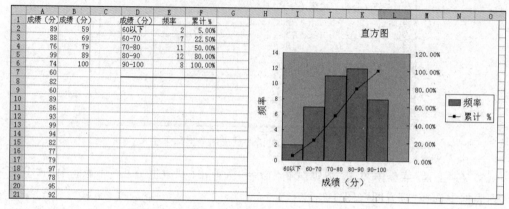

图 3-26　某班学生英语考试成绩分组结果及直方图

复习思考题

一、填空题

1. 统计整理在整个统计工作中起着_____的作用,它既是统计调查的_____,又是统计分析的_____,是从_____认识上升到_____认识的过渡阶段,是从对事物_____的观察到对事物_____的认识的连接点。

2. 审核资料的准确性通常采用_____和_____两种方法。

3. 统计分组对总体而言是"_____",对个体而言是"_____"。

4. 正确选择分组标志必须遵循_____原则、_____原则和_____原则。

5. 美国学者斯特吉斯确定组数的经验公式为_____。

6. 若数列按从小到大排列,则开口组组中值的确定公式如下:_____、_____。

7. 统计分组的关键在于_____和_____。根据分组标志特征的不同,统计总体可按_____分组,也可按_____分组。

8. 对同一总体采用两个以上的分组标志重叠起来分组称为_____,分别对各个标志单独进行分组就形成一个_____。

9. _____变量可以作单项式分组或组距式分组;而_____变量只能作组距式分组,其组限表示方式必须是_____。

10. 次数分配是由_____和_____两个要素构成。表示各组单位数的次数又称_____,各组次数与总次数之比称为_____。

二、判断题

1. 统计分组的关键在于划分各组的界限。　　　　　　　　　　　　　　　(　　)
2. 对于连续型变量,其组限是按照"上限不包括在内"的原则进行汇总的。　(　　)
3. 统计资料的整理不仅是对原始资料的整理,还包括对次级资料的整理。　(　　)
4. 连续型变量的分组只能采取组距式形式。　　　　　　　　　　　　　　(　　)

5. 统计整理的关键步骤在于统计分组。 (   )

6. 在确定组限时,最大组上限必须大于或等于最大变量值,最小组下限必须小于或等于最小变量值。 (   )

7. 分布数列是统计整理的重要表现形式。 (   )

8. 离散型变量既可以作单项式分组,也可以作组距式分组。 (   )

9. 连续型变量在进行分组时,其组限可以采取"不重叠"式表示。 (   )

10. 对统计总体进行分组是由于总体各单位的"同质性"所决定的。 (   )

三、单项选择题

1. 统计整理主要是针对(   )进行加工的过程。
   A. 综合统计数据　　B. 历史数据资料　　C. 统计分析数据　　D. 原始调查数据

2. 某连续型变量的组距数列,其末组为开口组,下限为600,其邻组的组中值为550,则末组的组中值为(   )。
   A. 550　　B. 650　　C. 700　　D. 750

3. 对一个总体选择三个标志作复合分组,按各个标志所分的组数分别为3、4、5,则所分的全部组数为(   )。
   A. 60　　B. 12　　C. 30　　D. 6

4. 如果对某企业职工先按年龄分组,在此基础上再按收入水平分组,这是(   )。
   A. 再分组　　B. 简单分组　　C. 复合分组　　D. 分类

5. 某小区居民人均月收入最高为5500元,最低为2500元,据此分为6组,形成等距数列,其组距应为(   )。
   A. 500　　B. 600　　C. 550　　D. 650

6. 统计资料整理的首要环节是(   )。
   A. 编制统计报表　　B. 审核汇总资料　　C. 审核原始资料　　D. 设计整理方案

7. 某年收入变量数列,其分组依次为10万元以下、10万~20万元、20万~30万元、30万元以上,则有(   )。
   A. 10万元应归入第一组
   B. 20万元应归入第二组
   C. 20万元应归入第三组
   D. 30万元应归入第三组

8. (   )属于按品质标志分组。
   A. 雇员按受教育年限分组
   B. 职工按就业领域分组
   C. 企业按资产存量分组
   D. 住户按人口多寡分组

9. 组数与组距的关系是(   )。
   A. 组数越多,组距越小
   B. 组数越多,组距越大
   C. 组数与组距无关
   D. 组数越少,组距越小

10. 在进行组距分组时,以组中值作为该组数据的代表值的假定前提条件是(   )。
    A. 各组变量值均相等
    B. 各组数据在本组内呈均匀分布
    C. 各组组距均相等
    D. 各组频数均相等

四、多项选择题

1. 统计分组的作用在于(   )。
   A. 保证统计整理的准确性
   B. 划分现象的类型

C. 保证统计分析结果的真实性　　D. 揭示现象的内部结构
E. 分析现象的依存关系

2. 下列适宜编制组距式变量分配数列的有（　　）。
   A. 公司实现利润总额　　B. 企业产值计划完成程度
   C. 学校的学生人数　　D. 职工的文化程度
   E. 居民的家庭人口数

3. 下列属于变量数列的有（　　）。
   A. 按大学生所学专业分配　　B. 按运动员年龄分配
   C. 按企业利润分配　　D. 按工人的劳动生产率分配
   E. 按劳动者的职业分配

4. 采用不等距分组时，（　　）。
   A. 各组频数的分布受组距大小的影响
   B. 各组频数的分布不受组距大小的影响
   C. 各组频数的多少不能反映频数分布的情况
   D. 需要用频数密度反映频数分布的情况
   E. 各组频数的分布与频率的分布完全一致

5. 采用组距分组时，（　　）。
   A. 第一组下限应小于或等于最小变量值
   B. 第一组下限应大于或等于最小变量值
   C. 最后一组上限应大于或等于最大变量值
   D. 最后一组上限应小于或等于最大变量值
   E. 数列应按升序排列

6. 分组标志按其表现有（　　）。
   A. 品质标志　　B. 数量标志　　C. 属性标志　　D. 不变标志
   E. 可变标志

7. 影响次数分布的要素是（　　）。
   A. 变量值的大小　　B. 组距与组中值　　C. 组限与组中值　　D. 变量性质不同
   E. 选择的分组标志

8. 统计表按分组情况不同，可分为（　　）。
   A. 简单表　　B. 汇总表　　C. 分组表　　D. 分析表
   E. 复合表

9. 单项式分组适用于（　　）。
   A. 连续型变量　　B. 离散型变量
   C. 变量值变动幅度较大　　D. 变量值变动幅度较小
   E. 标志值的项数很多

10. 在分配数列中，（　　）。
    A. 各组的频数之和应等于100
    B. 各组的频率之和应等于100%
    C. 某组频率越大，则该组标志值所起的相对作用就越大

D. 某组频数越大,则该组标志值所起的绝对作用就越大

E. 若总次数一定,则频数与频率成正比

五、简答题

1. 简述统计整理在统计研究中的重要性。
2. 简述统计分组在统计研究中的重要性。
3. 简述等距数列和异距数列的应用条件。
4. 如何正确确定数量标志分组的分组界限?
5. 组距和组数的关系如何?如何正确地确定组距和组数?

六、实训题

某集团公司下属的40个子公司2001年商品销售收入(单位:万元)数据如下:

98　109　106　105　89　108　120　128　124　137　96　116　121　117
93　121　138　88　105　160　105　104　103　114　111　119　118　147
108　144　130　114　109　129　125　129　115　122　120

要求:根据上述资料编制组距数列,绘制次数分布直方图、折线图,说明数据分布的特征。

七、案例分析题

对于本章的案例,通过调查统计,我们把学生的成绩按照成绩这个数量标志分组,形成组距数列,并且经过统计整理,可以选择将及格的学生按照组距为10划分成等距数列,得到如表3-18的结果。

表3-18　成绩分组

成绩/分	学生人数/人	频率/%	累计次数		累计频数/%	
			向上累计	向下累计	向上累计	向下累计
60(不含)以下	3	7.50	3	40	7.50	100.00
60(含)~70(不含)	6	15.00	9	37	22.50	92.50
70(含)~80(不含)	15	37.50	24	31	60.00	77.50
80(含)~90(不含)	12	30.00	36	16	90.00	40.00
90(含)~100	4	10.00	40	4	100.00	10.00
合计	40	100.00	—	—	—	—

从以上的资料,可以看出这个班级40名学生,大部分的学生成绩集中在70~90分,不及格的学生有3人,占总人数的7.5%;80分以上的学生有16人;占总人数的40%;90分以上的学生有4人,占总人数的10%。

此外,同学们也可以试着按照成绩等级制来划分各组组距,得到异距数列,每组组名分别为"60分以下"为不及格、"60~75分"为及格、"75~85分"为良好、"85分以上"为优秀。

项目四　掌握总量指标和相对指标的分析描述

项目说明：

国家统计局 2022 年 10 月 8 日发布的党的十八大以来经济社会发展成就系列报告显示，2021 年，我国单位国内生产总值（GDP）能耗比 2012 年累计降低 26.4%，年均下降 3.3%，相当于节约和少用能源约 14 亿吨标准煤。

报告显示，我国能源生产结构加速转变，清洁能源占比持续提升。2021 年非化石能源发电装机首次超过煤电，装机容量达到 11.2 亿千瓦，占发电总装机容量的比重为 47%。水电、风电、太阳能发电装机均超过 3 亿千瓦，连续多年稳居世界首位。

天然气、水电、核电、新能源发电等清洁能源在能源生产结构中的占比持续上升。2021 年，天然气占一次能源生产总量的比重达 6.1%，比 2012 年提高 2 个百分点，一次电力及其他能源比重上升到 20.3%，提高 9.1 个百分点；而原煤比重为 67%，较 2012 年下降 9.2 个百分点。

能源消费清洁低碳加快推进。2021 年，煤炭占能源消费总量的比重由 2012 年的 68.5% 降低到 56%，下降 12.5 个百分点；石油占比由 17% 上升到 18.5%，提高 1.5 个百分点；天然气占比由 4.8% 上升到 8.9%，提高 4.1 个百分点；一次电力及其他能源占比由 9.7% 上升到 16.6%，提高 6.9 个百分点。

人均用能水平不断提高。2020 年，我国人均能源消费量 3 531 千克标准煤，比 2012 年增长 18.9%，年均增长 2.2%。民生用能保障有力。2020 年，我国人均生活用能 456 千克标准煤，比 2012 年增长 46.2%，年均增长 4.9%；人均生活电力消费量年均增长 7.3%，人均生活天然气消费量年均增长 8.1%。

根据报告，2021 年，全国能源消费总量 52.4 亿吨标准煤，比 2012 年增长 30.4%，以年均 3% 的能耗增速支撑了年均 6.6% 的 GDP 增速。

通过统计整理，将大量反映总体单位特征的原始资料进行加工汇总，可以得到反映社会经济现象总体特征的综合资料。为了揭示社会经济现象的一般特征及其规律性，有必要从相关指标中去分析其发展变化。本章主要介绍的指标有总量指标和相对指标。

能力目标：

1. 在实践工作中能熟练地计算和应用总量指标。
2. 掌握各种相对指标的特点，区分不同点。
3. 掌握总量指标、相对指标结合运用原则和多个指标运用原则，对所遇到的实际问题进行分析计算。

知识目标：

1. 了解总量指标的含义、种类和作用。

2. 理解标志总量与总体单位总量、时期指标与时点指标的含义与区别。
3. 了解相对指标的概念、作用以及几种常用相对指标的性质。

任务一 认识总量指标

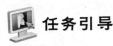

任务引导

随着我国经济的快速发展,对国家和社会发展的监测与评估的需求也迅速增长。因此,我国政府逐步建立了一个中国式的现代化统计指标体系。

中国式现代化统计指标体系凸显了政府对宏观经济发展的重视。例如,GDP作为衡量国家经济总量的重要指标,在该体系中占据了至关重要的地位。此外,财政收入、固定资产投资、出口和消费支出等指标也被广泛使用,以监测宏观经济的增长态势和发展质量。中国式现代化统计指标体系也重视社会经济领域发展的多个方面。例如,劳动力市场指标如就业率、失业率和劳动力参与率,以及社会保障指标如医疗保险和养老保险覆盖率等,都在该体系中得到了充分的考虑。此外,教育、文化、科技和环保等领域的指标也得到了广泛的关注。

中国式现代化统计指标体系是一个完整和系统的框架,涵盖了宏观经济、社会、民生和全球化等方面,反映了中国经济和社会发展的最新趋势和特征。近年来,随着中国经济全球化的进一步加深,该体系也逐步向国际化的方向发展,以满足中国与其他国家的比较和评估需求。

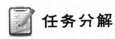

任务分解

任务引导中提到的GDP、财政收入、固定资产投资、出口和消费支出等指标,你能知道这些指标是什么类型指标吗?文中提到的劳动力市场指标如就业率、失业率和劳动力参与率,通过查找有关资料了解这些指标属于哪种类型指标?

相关知识

一、总量指标的概念和作用

(一)总量指标的概念

总量指标是反映一定时间、地点和条件下某种现象总体规模或水平的统计指标。它的表现形式是绝对数,因此也被称为绝对指标或绝对数。如一定时期某一国家的国民生产总值、人口总数、工业企业数、固定资产数、社会总产值等,都是总量指标。有时总量指标也表现为经济现象总体在不同时间、条件下数量发展变化的绝对差值。如2010年上半年我国实现工业增加值24 681.84亿元;社会商品零售总额25 249.2亿元,比2009年同期增加2 856.5亿元等,都是总量指标。

只有有限总体才能计算总量指标,指标的数值随着研究范围的大小而增加或减少。

(二)总量指标的作用

(1)总量指标是对社会经济现象总体认识的起点。由于社会经济现象基本情况的数量首先都表现为一定的总量,因此总量指标能反映一个国家的国情、国力和建设的规模、水平,以及各地区、部门、单位的经济活动成果和工作总量。例如,掌握了一个国家或地区在一定时间的土地面积、人口总数、年末职工总人数、劳动力数量、国民生产总值、国内生产总值、钢产量、粮食产量、社会消费品零售总额等总量指标,就能对这个国家或地区有一个基本的认识。

(2) 总量指标是实行社会经济管理的依据。总量指标是国家制定政策、编制和检查计划不可或缺的基本数据,是实行经营管理的主要依据。因为各项政策和计划,都是从客观实际出发来反映客观情况的,需要用总量指标来说明。例如,掌握了我国人口的现状和物质产品消费水平等总量指标,才能制定符合我国国情的人口政策。编制计划时一般是以总量指标的形式来规定具体数字,这些总量的确定必须以基期达到的总量为依据。检查生产任务的完成情况也是首先从总量入手的。所以,总量指标是实行社会经济管理的基本数量依据。

(3) 总量指标是计算相对指标和平均指标的基础。相对指标和平均指标一般是由两个总量指标对比得来的,因此,相对指标和平均指标是总量指标的派生指标。总量指标计算的科学性、合理性,必将直接影响到相对指标和平均指标的准确性。例如,通过对某企业工业总产值和全部职工人数两个总量指标进行对比,得到该企业的全员劳动生产率指标。

二、总量指标的分类

从不同的角度出发,总量指标有不同的分类方法。

项目四-1

(一) 按说明总体内容不同分类

总量指标按其说明总体内容不同,分为总体单位总量和总体标志总量。

总体单位总量简称单位总量,它表示总体本身的规模大小,是统计总体单位的合计数;总体标志总量简称标志总量,是反映总体单位某种标志值总和的总量指标。在一个确定的总体内,总体单位总量只能有一个而总体标志总量可以有若干个,从而产生一系列的统计指标。例如,研究某市国有企业的经营情况,则该市国有企业总数是单位总量,该市国有企业的利税总额、职工人数、工资总额等是标志总量。

需要指出的是,单位总量和标志总量并不是固定不变的,两者随着研究目的和研究对象的变化而变化。当以工业企业为总体时,职工人数是标志总量;当以全部职工为总体时,职工人数是单位总量。

(二) 按反应的时间状况不同分类

总量指标按其反应的时间状况不同,分为时期指标和时点指标。

时期指标是社会经济现象在一段时间内发展过程的累计总量。时期指标主要用来反映时期现象的总量,如产品产量、人口出生数、总成本、税收总额、国民收入等指标都是时期指标。时期指标有三个特点:第一,指标数值是对经济现象在一段时间内发展变化过程进行连续登记而计算的累计数。第二,指标数值具有可加性,即不同时期的指标数值相加有实际意义。如将 1—12 月每个月的产量连续相加就得到了年产量。第三,时期指标数值的大小与时期的长短有直接关系,一般地,时期越长,指标数值越大。

时点指标是社会经济现象在某一时点(瞬间)所表现的数量特征的总量。时点指标主要用来表现时点的现象的总量,如人口总数、耕地面积、物资库存量、固定资产原值、设备台数等。其特点是:第一,指标数值是间隔一段时间对经济现象在某一时点的数量表现进行一次性登记而得到的。因为时点指标的数值在发展过程中既有增加又有减少,短期内数量一般变化不大,所以通常是隔一段时间登记一次。第二,指标数值不具有可加性,即不同时点的指标数值相加没有实际意义。第三,时点指标数值的大小与时点之间的间隔长短没有直接关系。

(三) 按计量单位不同分类

总量指标按其计量单位不同,分为实物指标、价值指标和劳动量指标。

实物单位是依事物的自然属性和特点而采用的计量单位,通常有自然计量单位、度量衡单位、标准实物单位、复合计量单位、双重或多重计量单位几种形式。

(1) 自然计量单位。自然计量单位是按客观现象的自然属性来度量其数量的一种计量单位,如人口数以人、汽车以辆、电视机以台、鞋以双为计量单位等。

(2) 度量衡单位。度量衡单位是以长度、面积、体积、重量等度量衡制度为度量客观事物数量的一种计量单位,如粮食按吨、布匹按米、鸡蛋按千克、建筑面积按平方米等。

(3) 标准实物单位。标准实物单位是按照统一的折算标准来度量被研究现象数量的一种计量单位。这主要是针对那些性质和用途相同而品种规格不同的同类产品的计量而使用的。例如,将不同功率的拖拉机都以 15 马力(1 马力＝0.735 499kW)的拖拉机作为一个标准台折算,硫酸、烧碱、氨肥量以 100% 的含量为标准单位折算为标准量等。

(4) 复合计量单位。把两种单位并列使用时称为复合计量单位,即用两种计量单位乘积表示。例如,货物周转量就是货物吨数乘运输里程,用吨公里表示;发电量用千瓦时表示等。

(5) 双重或多重计量单位。同时采用两种或两种以上计量单位上下结合使用来表明某一种事物的数量,例如,发动机用"千瓦/台"表示,属双重单位;高炉生产能力用"吨/立方米/座/年"表示,属多重单位。

实物指标是反映国情国力,研究各行业投入产出、资源条件、生活环境、经济活动过程等最基础的指标,它能具体反映社会经济现象实际存在的实物数量,体现具体的使用价值量。但其综合性能比较差,如对计量单位和使用价值不同的产品,无法直接汇总,而需要价值指标。

价值指标是以货币作为价值尺度来计量社会物质财富和劳动成果的总量指标,如增加值、产品销售收入、工商税收等。价值指标充分弥补了实物指标不能跨实物状态而综合的缺点,可以综合说明不同使用价值量的总水平、总规模,具有最广泛的综合性和概括性。但价值指标不能表现事物的使用价值和实物内容。因此,将价值指标和实物指标结合起来使用,才能全面地认识问题。价值一般要通过价格体现出来,因此,价值指标和实物指标存在一个换算关系:价值指标＝实物指标×价格。

劳动量指标是采用劳动量单位计量的总量指标,用于反映企业的基层生产单位生产各种产品的工作总量。劳动量单位是用劳动时间来表示的计量单位。在劳动统计中通常采用工时、工日、工月、工年等来计量工作总量,把不能直接相加的实物产量变换成可以相加的劳动时间数量。

由于具体条件不同,不同企业的劳动量指标不具有可比性,因此劳动量指标多限于企业内部确定劳动定额、计算劳动生产率、编制和检查生产作业计划等使用。

三、总量指标的运用原则

正确计算和应用总量指标绝不是一个简单加总的技术问题,要保证所计算的总量指标能正确反映社会经济现象总体的数量特征,就必须遵循以下原则。

(一) 科学性

必须以科学的理论来确定总量指标的含义、范围和计算方法。例如,对工业企业数的统计,表面看来是比较简单的,但是首先要对"工业企业"的含义加以明确的规定,明确了工业与农业、建筑业等的区别,才能统计准确的工业企业数。再如,计算国内生产总值时,不仅要明确国内生产总值是反映常驻单位生产活动成果的指标,还要明确指出常驻单位是一国经济领土内具有经济利益中心的经济单位,并确定经济领土的具体范围和经济利益中心的确切含义,只有这样,才能将国内生产总值与国民生产总值区别开来,才能进行准确的统计计算。

(二) 可比性

(1) 计算和应用总量指标应注意历史条件变化对指标内容和范围的影响,使不同时期的指标具有可比性,有利于进行动态研究。例如,在研究我国税收改革前后时期的各种税收总量的变化时,就要注意其含义和范围的变化情况。

(2) 总量分析应注意经济现象的同类性,只有同类的经济现象才能直接比较分析。

(3) 进行总量分析要注意事物的总体范围是否一致。由于总量指标的大小直接决定着现象的总体范围和规模,因此,在根据总量指标进行比较评价时,要保证相比较现象的总体范围的一致性,否则,就不能使用总量分析。如比较一个大型企业与一个小型企业工人的工作情况时,因为企业的规模不同,就不能直接比较两个企业的总产量、总产值等总量指标,采用工人人均产量或劳动生产率等质量指标进行对比更具科学性。

(三) 一致性

计算总量指标要注意计算口径、计算方法和计量单位的一致性。不同时期、不同国家(或地区)的同一经济现象,在计算总量指标时,常会出现计算口径、计算方法不一致的情况。例如,在不同地区或不同系统,常因行政区划的变动或管理体制的改变,使该地区或系统的人口、土地和各种社会经济指标的技术口径前后不一致,在计算这样的总量指标或对它们进行动态分析时,就必须调整为统一的口径,才能汇总计算,便于对比研究。

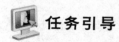

任务分析

GDP、财政收入、固定资产投资、出口和消费支出等是衡量一个国家经济总量的重要指标,都属于总量指标;就业率、失业率和劳动力参与率是劳动力市场指标,都属于相对指标。

任务二 认识相对指标

任务引导

2021年中华人民共和国国民经济和社会发展统计公告节选

初步核算,全年国内生产总值1 143 670亿元,比上年增长8.1%,两年平均增长5.1%。其中,第一产业增加值83 086亿元,比上年增长7.1%;第二产业增加值450 904亿元,增长8.2%;第三产业增加值609 680亿元,增长8.2%。第一产业增加值占国内生产总值比重为

7.3%，第二产业增加值比重为39.4%，第三产业增加值比重为53.3%。全年最终消费支出拉动国内生产总值增长5.3个百分点，资本形成总额拉动国内生产总值增长1.1个百分点，货物和服务净出口拉动国内生产总值增长1.7个百分点。全年人均国内生产总值80 976元，比上年增长8.0%。国民总收入1 133 518亿元，比上年增长7.9%。全员劳动生产率为146 380元/人，比上年提高8.7%，如图4-1～图4-3所示。

图4-1　2017—2021年国内生产总值及其增长速度

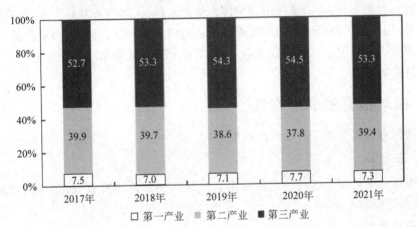

图4-2　2017—2021年三次产业增加值占国内生产总值比重

图4-3　2017—2021年全员劳动生产率

任务分解

在以上资料中,你能知道上述数字分别是什么指标类型吗?这些指标都是用来反映什么数据特征的?

 相关知识

一、相对指标的概念和作用

相对指标是两个或两个以上相互联系的有关指标数值对比计算的一种比值(或比率),其结果表现为相对数,故也将相对指标称为相对数。

统计分析的前提是事物或现象具有差异性,而差异性要通过比较才能表现出来,只有通过比较,才能说明事物的优劣、高低、多少、强弱。因此,统计因比较而存在,比较的方法也就成为统计的基本方法。相对指标比总量指标有着更广泛的应用领域,它通过不同指标数值的对比,将现象总体数量上的绝对差异抽象化,可以使那些规模、条件不同,无法直接对比的现象找到对比的基础。例如,比较国家或地区间的经济实力不能使用生产总值、产品产量等总量指标进行直接对比,而应该使用人均国内生产总值、人均主要产品产量、发展速度、经济效益指标等,用消除了规模影响的相对指标来进行对比才科学。同时,相对分析比绝对分析更能深刻地揭示客观现象之间的数量联系,能更准确地反映现象之间的数量差异,是对总体数量特征分析的深化。

二、相对指标的表现形式

相对指标有无名数和有名数两种表现形式。

(一)无名数

相对指标一般是用无名数表示的。无名数是一种抽象化的数值,多用倍数或系数、成数、百分数和千分数等表示。

1. 倍数或系数

倍数或系数是将对比基数抽象为 1 而计算的相对数。当分子数值比分母数值大得多时,常用倍数表示,如 2010 年我国国内生产总值为 397 983 亿元,是 2001 年国内生产总值 95 933 亿元的 4.15 倍。当分子的数值与分母数值差别不大时,常用系数表示,系数可以大于 1,也可以小于 1。

2. 成数

成数是将对比基数抽象为 10 而计算的相对数。如粮食增产一成,即增长 1/10。

3. 百分数和千分数

百分数(%)是将对比基数抽象为 100 而计算的相对指标。百分数是相对指标中最常用的表现形式。当对比的两个指标数值不太悬殊时适合用百分数,如某企业本月产量计划完成程度为 105% 等。百分点是百分数的另一种表述形式,它是百分数中相当于 1% 的单位,即一个百分点相当于 1%,它在两个百分数相减的场合适用。例如,股票由 8 元涨到 12 元,就称股票价格上升了50个百分点。

千分数(‰)是将对比基数抽象为1000而计算的相对指标。一般在两个数值对比中,如果分子比分母的数值小很多时,用千分数表示,如人口的出生率、死亡率等都是用千分数表示的。

(二) 有名数

有名数将对比的分子指标和分母指标的计量单位结合使用,以表明事物的密度、普遍程度和强度等。例如,人口密度指标以"人/平方公里"为单位,人均国民生产总值用元/人等。但也有一些有名数既不使用分子的计量单位,也不使用分母的计量单位,如商品流转速度指标以"次"或"天"为单位。

三、相对指标的种类及计算方法

由于研究问题的目的不同,计算相对指标所选择的比较基数就不同,就产生了不同的相对指标。常用的相对指标有结构相对指标、比例相对指标、比较相对指标、动态相对指标、强度相对指标和计划完成程度相对指标六种,它们的作用各不相同。

(一) 结构相对指标

结构相对指标又称为结构相对数,是在分组基础上总体各部分数值与总体数值之比。它反映总体内部构成情况,表明总体中各部分所占比重的大小,所以又称为比重相对数。其计算公式为

$$结构相对指标 = \frac{总体中某一部分指标值}{总体全部数值} \times 100\% \tag{4-1}$$

结构相对指标一般用百分数或倍数表示,其分子分母可以是总体单位数也可以是总体标志数值。各部分所占比重之和必须等于1或100%。常用的结构相对指标有就业率、失业率、国民生产总值中三次产业的比重、增加值率等。结构相对数分子属分母的一部分,即分子分母是一种从属关系,所以分子分母不能互换。

利用结构相对指标可以研究总体内各组成部分的分配比重及其变化情况,从而深刻认识事物各个部分的特殊性及其在总体中所占的地位;反映人力、物力和财力的利益情况,表明工业和商业部门的工作质量。例如,工时利用率、设备利用率等结构相对指标能够反映企业的人力、物力和财力的利用状况。

【例 4-1】 2005年我国国内生产总值构成资料如表4-1所示。

表 4-1 我国国内生产总值构成情况

国民经济部门	增加值/亿元	结构相对数/%
第一产业	23 070.4	12.60
第二产业	87 046.7	47.55
第三产业	72 967.7	39.85
合计	183 084.8	100.00

(二) 比例相对指标

比例相对指标是同一总体中各组成部分之间的数量对比指标,它可以反映总体各组成部分之间的数量联系程度和比例关系。其计算公式为

$$比例相对指标 = \frac{总体中某一部分数值}{总体中另一部分数值} \tag{4-2}$$

比例相对指标一般以总体中数值小的那部分作为比较的基础,抽象为1或100,将其他部分作为比数,用百分数、几比几,也可以用连比的形式表示。如某高校职工人数为1 735人,其中,干部、教师、工人分别为245人、1 050人、440人,人数比例约为1∶4∶2。

比例相对指标一般用总量指标进行对比,依据分析任务和提供资料的情况,也可用现象总体各部分的相对数或平均数进行对比,例如农业居民与非农业居民平均生活费用水平对比、工业发展速度与农业发展速度对比等。

【例4-2】 我国第五次人口普查结果,总人口数为129 533万人,其中男性为65 355万人,女性为61 228万人,则

$$男女人口性别比 = \frac{65\ 355}{61\ 228} = 107\% \quad 或 \quad 1.07$$

计算结果是比例相对指标,它表明了2000年我国人口数中的性别比例。

利用比例相对指标,可以分析总体内各组成部分或各局部之间的数量关系是否协调一致。按比例发展是事物发展的客观要求,如人口的性别比例、物质生产部门中两大部类生产之间的比例、国民经济中各产业之间的比例、国民收入使用额中消费和积累的比例等都可以运用比例相对指标进行分析研究。

(三) 比较相对指标

比较相对指标是同一时期、同类现象在不同地区、部门、单位之间的对比,用来表明同类事物在不同空间条件下的数量对比关系。其计算公式为

$$比较相对指标 = \frac{某条件下的某类指标值}{另一条件下的同类指标值} \tag{4-3}$$

比较相对指标属于静态对比关系,也称为横向对比。既可以用百分数表示,也可以用倍数表示。用来对比的指标既可以是总量指标,也可以是相对指标或平均指标,但要注意对比的两个同类指标数值必须具有可比性,即指标含义、口径、计算方法、计量单位、所属时间等一致。比较相对指标比较的基数不固定,可以根据不同的研究目的而定。可以用于不同国家、地区、单位之间经济实力的比较,也可以用于先进与落后之间的比较,还可以用于实际水平与标准水平或平均水平的比较,从而找出差距、挖掘劳动潜力、提高工作量,以促进经济的发展。

【例4-3】 某年年底,甲省人口5 452万人,全省集市数有2 488个;乙省人口5 356万人,集市数1 696个,则

$$两省人口比较相对指标 = \frac{甲省人口数}{乙省人口数} = \frac{5\ 452\ 万人}{5\ 356\ 万人} = 101.8\%$$

$$两省集市比较相对指标 = \frac{甲省集市数}{乙省集市数} = \frac{2\ 488\ 个}{1\ 696\ 个} = 146.7\%$$

可见,甲省人口等于乙省人口的101.8%,而甲省集市数为乙省集市数的146.7%。从此例中可以看出,人口差不多的两个省,集市发展是不平衡的。

【例4-4】 某月份甲商业企业人均劳动效率为1 800元,乙商业企业为2 100元,则甲商业企业为乙商业企业的85.71%,乙商业企业为甲商业企业的1.167倍。

(四) 动态相对指标

动态相对指标又称为发展速度,是将同一事物在不同时间的指标数值进行对比而计算

的综合指标,用于反映社会经济现象在时间上发展变化的方向和程度。动态相对指标的计算公式为

$$动态相对指标 = \frac{报告期指标数值}{基期指标数值} \times 100\% \qquad (4-4)$$

式中,通常将所研究、所关注的时期称为报告期,又称为计算期;为研究报告期的发展状况而选作比较基础的时期称为基期。根据研究的任务和需要,基期可以是前期、上年同期或者是某个具有历史意义的时期。动态相对指标通常以百分数表示,当分子比分母大得多时,也用倍数表示。

动态相对指标在统计分析中应用广泛,意义重大,具体形式有很多,例如发展速度、增长速度等将在项目六"掌握时间数列分析"中详述。

(五) 强度相对指标

强度相对指标又称为强度相对数或密度相对数。它是指两个性质不同但有一定联系的总量指标之比,是用来表明现象的强度、密度和普遍程度,以表示不同现象之间依存关系的综合指标。其计算公式为

项目四-2

$$强度相对指标 = \frac{某一总量指标数值}{另一有联系而性质不同的指标数值} \qquad (4-5)$$

强度相对指标数值的表现形式一般为复合单位,它由分子指标和分母指标原有的计量单位组成,如人均国内生产总值用"元/人"、人口密度用"人/平方千米"来表示等。也有强度相对指标的数值用次数、倍数、系数、百分数或千分数等无名数表示,如货币流通速度用货币流通次数表示、流通费用率用百分数表示、人口出生率用千分数表示等。

【例 4-5】 2010 年年末我国某地区人口数为 1 250 万人,该地区土地面积 10 万平方公里,求强度相对指标。

解　　　　　　　　$人口密度 = \frac{1\ 250}{10} = 125 (人/平方千米)$

有些强度相对指标用作比较的两个总量指标,分子分母能够互换,从而形成了正指标和逆指标。正指标是指强度相对指标的数值大小与现象的发展程度或密度呈正向变化;逆指标是指强度相对指标的数值大小与现象的发展程度或密度呈反向变化。

【例 4-6】 某地 2021 年总人口为 280 万人,零售商店 5 200 个,则

$$商业网点密度 = \frac{地区零售商业机构数}{地区人口数} = \frac{5\ 200}{280} = 19 个/万人(正指标)$$

$$商业网点密度 = \frac{地区人口数}{地区零售商业机构数} = \frac{280}{5\ 200} = 538 人/个(逆指标)$$

上述结果为 19 个/万人,说明每 1 万人中有 19 个商店,数值越大,表示商业网点密度越大,所以是正指标;计算结果为 538 人/个,说明每个零售商店为 538 人服务,数值越大,表示 1 个商店服务的人口数越多,说明商业网点密度越小,所以是逆指标。

【例 4-7】 2021 年某地区有医院、卫生院 300 个,医生 1.22 万人,医院床位数为 1.8 万张,人口 426 万人,求强度相对指标。

解　　　　每千人口医生数 = 1.22 ÷ 426 × 1 000 = 2.86(人)
　　　　　每千人口医院床位数 = 1.8 ÷ 426 × 1 000 = 4.23(张)
　　　　　平均每个医院服务人口数 = 426 × 10 000 ÷ 300 = 14 200(人)

前两个指标计算结果,数值越大,说明医疗卫生条件越好,因此都是正指标,也可以分子分母互换位置,计算逆指标;平均每个医院服务人口数数值越大,说明医疗条件越差,因此是正指标,可以分子分母对换位置计算正指标。

必须指出,计算强度相对指标应注意社会经济现象之间内在的本质联系,这样两个总量指标的对比才会有现实的经济意义,如人口数与土地面积相比,能够说明人口密度,但若用钢产量和土地面积相比,就没有意义了。

强度相对指标在实际统计分析中相当重要,其作用如下。

首先,利用它可以测定一个国家的经济实力。例如,可计算人均国民收入、人均钢产量、人均粮食产量之类的指标,因为任何一种产品终归是为人类服务的,应当将它们与人口数联系起来,计算出每人平均分摊的产量。只有以这种指标体现一国经济力量的强弱,并进行国际对比才更有说服力。需要注意的是,强度相对指标带有"平均"的意义,但不是平均数,它们在表现上虽然很类似,但在实质上是有区别的。

其次,强度相对指标可以反映现象的密度或普遍程度,如人口密度、铁路网密度、森林密度等。

再次,强度相对指标可以反映社会服务状况,表明社会服务行业的负担情况和保证程度,如医疗网密度、商业网密度等。

最后,强度相对指标还能够反映社会生产活动的条件和效果,如百元积累增加的国民收入、每千元产值的利润、每名职工平均拥有的固定资产数额等。

(六) 计划完成程度相对指标

1. 计划完成情况相对指标的概念和计算

项目四-3

计划完成情况相对指标又称为计划完成百分比,是某一时期某一社会经济现象的实际完成数与计划数之比,借以表示计划的完成程度。它是计划管理的特有指标,是用来检查、监督计划执行情况的相对指标,一般用百分数表示。其计算公式为

$$计划完成情况相对指标 = \frac{实际完成数}{计划任务数} \times 100\% \quad (4\text{-}6)$$

计划完成情况相对指标中的分子分母在指标含义、计算口径、时间、空间范围等方面必须保持一致。由于计划数是衡量计划完成情况的标准,因此分子、分母不能互换。

由于计划任务数的表现形式有绝对数、相对数、平均数三种,因而计划完成情况相对指标在计算方法上有所不同。

(1) 计划数为总量指标。计划数为总量指标时,计算计划完成情况相对指标的公式为:

$$计划完成情况相对指标 = \frac{实际总量}{计划总量} \times 100\% \quad (4\text{-}7)$$

它一般适用于考核社会经济现象的规模或水平的计划完成程度。

【例 4-8】 某企业 2021 年 10 月份的计划产量为 9 500 台,实际完成的生产量为 9 800 台,求计划完成情况相对指标。

解 该企业计划完成情况相对指标 $= \frac{9\ 800}{9\ 500} \times 100\% = 115.3\%$

计算结果表明,该企业 2010 年 10 月超 15.3% 完成了计划生产任务。

(2) 计划数为相对指标。以这类指标检查计划完成情况，用于考核各种社会经济现象的降低率和提高率的计划完成程度。如产品成本降低率、劳动生产率提高率等。这时，计划完成程度相对指标不能用实际提高率（或降低率）除以计划提高率（或降低率）求得，而应包括基数（100%）在内，才符合计划完成程度的基本计算公式，即

$$计划完成情况相对指标 = \frac{实际完成数}{计划任务数} \times 100\%$$

$$= \frac{1+实际提高率(1-实际降低率)}{1+计划提高率(1-计划降低率)} \times 100\% \tag{4-8}$$

【例 4-9】 某厂 2021 年计划劳动生产率比 2020 年提高 10%，而实际劳动生产率提高了 15%；同时计划规定单位产品成本比 2020 年降低 4%，而实际降低 6%，求计划完成情况相对指标。

解

$$劳动生产率计划完成程度 = \frac{1+15\%}{1+10\%} \times 100\% = 104.5\%$$

$$单位产品成本计划完成程度 = \frac{1-6\%}{1-4\%} \times 100\% = 97.92\%$$

计算结果表明，该企业劳动生产率计划完成程度为 104.5%，超计划完成 4.5%；成本计划完成 97.92%，超计划完成 2.08%。这说明劳动生产率比计划提高了 5 个百分点，单位产品成本比计划降低了 2 个百分点。

(3) 计划数为平均指标

计划数为平均指标时，计算计划完成情况相对指标的计算公式为

$$计划完成情况相对指标 = \frac{实际平均水平}{计划平均水平} \times 100\% \tag{4-9}$$

它一般适用于考核以平均水平表示的技术经济指标的计划完成情况，如工业生产中的劳动生产率、单位产品原材料消耗量、职工的平均工资、粮食的平均亩产量、单位产品成本等计划的完成情况。

【例 4-10】 某化肥厂某年每吨化肥的成本计划为 310 元，实际成本为 290 元，求单位产品成本的计划完成情况相对指标。

解

$$单位成本计划完成情况相对指标 = \frac{290}{310} \times 100\% = 93.55\%$$

计算结果表明化肥生产的单位成本实际比计划降低 6.45%，即超额 6.45% 完成成本计划，单位成本节约 20 元。

2. 计划完成程度指标的评价标准

由于各个计划指标的情况有差异，因此对于计算结果的评价标准也就有所不同。一种计划指标，如产品产量、产值、商品销售额、劳动生产率、利润计划等属于成果收入性质的指标，只规定最低限额，计划完成程度指标以大于等于 100% 为好；超过 100% 部分，表示超额完成计划的程度；不足 100% 部分，表示未完成计划的程度。另一种计划指标，如单位产品成本、单位产品原材料消耗量、商品流通费率等属于消耗支出性质的指标，实际完成数比计划任务数越少越好；其计划完成程度指标以小于或等于 100% 为好，小于 100% 的部分为超额完成计划的程度，大于 100% 的部分表示未完成计划的程度。

3. 进度计划执行情况检查

分析计划完成情况，要检查计划执行进度，预计计划的可能完成情况，便于及时采取措施，保证完成或超额完成计划任务。无论长期计划还是短期计划，检查计划执行进度的方法都是用计划期中某一段时期的实际累计完成数与计划期全期计划数对比。其计算公式为

$$计划执行进度 = \frac{累计完成数}{本期计划数} \times 100\% \tag{4-10}$$

一般地，在正常情况下计划执行进度与时间进度应大体一致，如时间过半，任务也过半。

【例 4-11】 某贸易企业商品销售额年计划为 2 400 万元，1—6 月实际完成的商品销售额为 1 200 万元，则计划执行进度如何？

解
$$计划执行进度 = \frac{1\,200}{2\,400} \times 100\% = 50\%$$

计算结果表明，时间过半，完成任务也过半。如果按此进度，年底将保证完成计划。

4. 长期计划执行情况检查

长期计划的检查是指对国民经济 5 年或 10 年计划完成情况的考核，其中主要是 5 年计划完成情况的考核。根据客观现象的性质不同，5 年计划指标数值的规定有两种，一种规定计划期末应达到的水平，另一种规定全计划期应该完成的累计总数，因而有水平法和累计法两种不同的检查方法。

（1）水平法。在长期计划中，对某些在各年度之间有明显递增或递减的现象，一般只规定计划期最后一年应达到的水平，例如各种产品的产量计划、社会商品零售额、人口数等。用水平法检查 5 年计划执行情况的计算公式为

$$计划完成程度相对指标 = \frac{5\,年计划末年实际达到的水平}{5\,年计划规定的末年水平} \times 100\% \tag{4-11}$$

利用水平法检查计划的目的在于检查年度水平是否达到计划要求，若超额完成计划，计算提前完成的时间是有意义的。计算提前完成计划时间的方法是：如果掌握的是月度资料，在计划期内只要有连续 12 个月的实际完成数（可以跨年度）达到了计划规定的末年水平，就算完成了计划，剩余的时间就是提前完成计划的时间。

【例 4-12】 某钢铁公司 5 年计划规定钢产量达到年产钢材 630 万吨，计划的执行情况见表 4-2。

表 4-2 某钢铁公司计划执行情况　　　　　　　　　　单位：万吨

时间	2016年	2017年	2018年		2019年				2020年			
			上半年	下半年	一季度	二季度	三季度	四季度	一季度	二季度	三季度	四季度
产量	420	448	238	266	140	140	147	154	161	178	182	182
合计					602							
合计								640				
合计												703

解 该公司 2020 年共产钢材 703(161+178+182+182)万吨，所以其计划完成程度计算如下：

$$计划完成相对数 = \frac{703}{630} \times 100\% = 111.59\%$$

表明超额 11.59% 完成了计划。这类计划完成的时间是以整个计划期内连续一年(满 12 个月,可以跨年度)的实际完成数达到计划规定水平的时间为准,以后的时间即为提前完成计划的时间。如从 2019 年第三季度到 2020 年第二季度这四个季度里,钢总产量已达 640 万吨,表明到此已超额完成了计划,这就意味着提前期超过了两个季度,那么是两个季度零多少天呢?现假定多 x 天,则提前完成计划的时间为

$$两个季度 + x$$

$$\frac{x}{90} \times 140 + 147 + 154 + 161 + \frac{90-x}{90} \times 178 = 630$$

得 $x = 23$ 天。

(2) 累计法。计划指标若按计划期内各年的总和规定任务,如基本建设投资额、造林面积、新增生产能力等,要求用累计法计算计划完成程度。它的计算方法是将计划期内完成的累计数与计划规定的累计数进行比较,所得的比率,就是计划完成程度相对指标。其计算公式为:

$$计划完成程度相对指标 = \frac{5 年计划期间实际累计完成数}{5 年计划规定的累计数} \times 100\% \qquad (4-12)$$

用累计法计算的计划完成程度,若超额完成计划,计算提前完成计划时间的方法是:从计划期开始至某一时间,累计的实际完成数达到了计划数,就算完成了计划。将计划全部时间减去完成计划所需时间,就为提前完成计划的时间。

【例 4-13】 某钢铁公司 5 年计划规定钢产量达 2 400 万吨,计划的执行情况见表 4-3。

表 4-3 某钢铁公司计划执行情况   单位:万吨

时间	2016 年	2017 年	2018 年		2019 年				2020 年			
			上半年	下半年	一季度	二季度	三季度	四季度	一季度	二季度	三季度	四季度
产量	420	448	238	266	140	140	147	154	161	178	182	182
合计	2 474											
合计	2 656											

解 该公司 5 年期间共产钢材 2 656 万吨,其计划完成程度为

$$\frac{2\,656}{2\,400} = 11.67\%$$

其提前完成时间为

$$1 个季度 + x$$
$$x = (256 - 182) \div 182 \times 90 = 36.59 \approx 37(天)$$

四、计算和应用相对指标的原则

(一) 保持对比指标的可比性

相对指标是将相互联系的事物进行比较,以反映事物之间的数量对比关系。因此,可比性原则就成为计算和运用相对指标的前提。

相对指标的可比性主要指所对比指标的经济内容是否一致、计算范围是否相同、计算方法和计量单位是否可比等。例如,世界各国三次产业的划分标准不尽相同,如我国第一产业

中不包括采掘工业,而很多国家把采掘工业划分为第一产业,这样我国与这些国家的三次产业增加值是不能直接对比的。

(二) 相对指标和总量指标结合运用

在反映社会经济现象的联系和差异程度时,相对指标的特点是把现象的具体规模或水平抽象化,掩盖了现象绝对水平的差别。例如,我国 1949 年的原油产量为 12 万吨,1950 年的原油产量为 20 万吨;1950 年的原油产量是 1949 年的 166.7%。1991 年我国原油产量为 14 100 万吨,1992 年为 14 200 万吨;1992 年原油产量是 1991 年的 100.7%。从两个相对数的角度来看,前者大于后者,似乎 1992 年来原油生产发展缓慢了。但从绝对数来看,却是后者大于前者。因此在许多情况下,利用相对指标进行统计分析时,考虑到相对指标背后的绝对水平才能比较全面而又具体地认识事物。

(三) 根据需要将各种相对指标结合起来运用

每一种相对指标也都只是从某一方面说明问题,在分析研究复杂的现象时,应该将多种相对指标结合起来应用,这样才能把从不同侧面反映的情况结合起来进行观察分析,从而更深入、全面地分析和认识问题。

例如,在研究企业的经营效果时,我们不仅要看总产值、商品产值、增加值、产品产量、销售收入、利税总额等总量指标,还要结合企业的投入,观察产值利税率、资金利税率等相对指标,客观反映企业的经济效益。同时,我们还需要将这些指标与企业的计划任务相比较,检查企业计划的执行情况;利用动态相对指标,将当期指标数值与企业过去的同类指标数值进行纵向对比,可以总结经验和成绩,寻找事物发展变化的规律;通过计算各个比较相对指标,能够实现与其他同类企业的横向对比,发现自己的差距和不足,及时制定计划和措施,迎头赶上。

 任务分析

国内生产总值 1 143 670 亿元,第一产业增加值 83 086 亿元,第二产业增加值 450 904 亿元,第三产业增加值 609 680 亿元,都属于总量指标,用来反映总体规模、数据的大小,没有与任何数进行对比,以绝对数的形式表示,是有计量单位的。

第一产业增加值占国内生产总值比重为 7.3%,第二产业增加值比重为 39.4%,第三产业增加值比重为 53.3%。这些都属于结构相对指标,用来反映总体中某些部分占总体的比重,用百分数表示。

"第一产业增长 7.1%,第二产业增长 8.2%,第三产业增长 8.2%",这些都属于动态相对数,用来反映事物或现象的发展速度或规律,常用百分数表示。

全年人均国内生产总值 80 976 元,全员劳动生产率为 146 380 元/人,属于强度相对指标,利用它们可以测定一个国家的经济实力。可计算人均国民收入、人均钢产量、人均粮食产量之类的指标,因为任何一种产品终归是为人类服务的,应当将它们与人口数联系起来,计算出每人平均分摊的产量。需要注意的是,强度相对指标带有"平均"的意义,但不是平均数,它们在表现上虽然很类似,但在实质上是有区别的。

复习思考题

一、填空题

1. 总量指标是计算_____和_____的基础。总量指标按反映现象总体的内容不同可分为_____和_____；按其反映的时间状况不同可分为_____和_____。
2. 总量指标的计量单位有_____、_____和_____三种形式。
3. 相对指标数值有_____和_____两种形式。_____是一种抽象化的数值,多以_____、_____、_____、_____或_____表示。
4. 积累额与消费额的比例为 1/3,则积累额占国民经济收入使用额的 25%,前者为_____相对指标,后者为_____相对指标。
5. 强度相对指标数值大小有正指标和负指标之分,如果与现象发展程度或密度成正比例,则称为_____,反之则称为_____。
6. 某产品单位成本水平计划降低 3.5%,实际降低 5.5%,则计划完成程度为_____。
7. 相对指标中分子分母不能互换的有_____、_____和_____。
8. 实物单位有_____、_____和_____。
9. 结构相对数是_____与_____对比的结果,也叫_____。
10. 要了解某年山东和山西两省粮食平均亩产量的差异程度,应用_____指标。

二、判断题

1. 旅客运输量按人次计量,是一种双重单位。（   ）
2. 假设甲、乙、丙三个企业今年产量计划完成程度分别为 95%、100%、105%,则这三个企业产量平均计划完成程度为 100%。（   ）
3. 结构相对指标常用来揭示总体各组成部分的构成及其变动,说明不同部分地位的变化,以认识事物的类型特征。（   ）
4. 比较相对指标是将不同空间条件下同类指标数值进行对比的结果。（   ）
5. 同一总体时期指标的大小,必然与时期的长短成正比；时点指标数值的大小,必然与时点间的间隔成反比。（   ）
6. 某厂劳动生产率计划在去年的基础上提高 8%,计划执行结果仅提高了 4%,劳动生产率计划仅完成了一半。（   ）
7. 工人人数是时期指标,国民生产总值是时点指标。（   ）
8. 只有对有限总体才能汇总总量指标,无限总体不能汇总总量指标。（   ）
9. 总体单位总量和总体标志总量并不是固定不变的,而是随着统计研究目的的不同而变化。（   ）
10. 某地区某年人均工资 7 500 元,这是个相对指标。（   ）

三、单项选择题

1. 全国粮食产量与全国人口比较属于（   ）。
   A. 平均指标　　　　　　　　　　B. 强度相对指标
   C. 计划完成相对指标　　　　　　D. 比较相对指标
2. 按反映的时间状况不同总量指标又可分为（   ）。

A. 时间指标和时点指标　　　　　B. 时点指标和时期指标
C. 时期指标和时间指标　　　　　D. 实物指标和价值指标

3. 下列指标中有一个不是强度相对数,它是(　　)。
   A. 按人口平均计算的国民收入　　B. 单位产品成本
   C. 每百元产值利润　　　　　　　D. 商品流通费用率

4. 结构相对数是反映总体内部的(　　)。
   A. 密度关系　　B. 质量关系　　C. 数量关系　　D. 计划关系

5. 按反映的内容不同指标又分为(　　)。
   A. 总体单位总量指标与标志单位总量指标
   B. 总体单位总量指标与总体标志总量指标
   C. 总指标与标志
   D. 实物指标和价值指标

6. 下列属于结构相对数的是(　　)。
   A. 产品合格率　　　　　　　　B. 人均粮食产量
   C. 轻、重工业之比　　　　　　D. 中国与日本的钢产量之比

7. 如果我们所需研究的是整个工业企业职工人员的状况,则总体单位总量是(　　)。
   A. 工业企业的个数之和　　　　B. 职工工资总额
   C. 工业企业的职工人数之和　　D. 工业企业的总产值之和

8. 下列指标属于时期指标的是(　　)。
   A. 职工人数　　B. 工业总产值　　C. 银行存款余额　　D. 商品库存量

9. 将不同地区、部门、单位之间同类指标进行对比所得的综合指标称为(　　)。
   A. 动态相对指标　　B. 比较相对指标　　C. 比例相对指标　　D. 结构相对指标

10. 某市总人口50万,有商业零售网点1 000个,其商业网密度指标是(　　)。
    A. 500人/个　　B. 0.5个/千人　　C. 5个/人　　D. 500个/人

11. 下面的统计指标中,属于质量指标的是(　　)。
    A. 工业总产值　　B. 工人人数　　C. 劳动生产率　　D. 国民收入

12. 计划规定商品销售额较去年增长3％,实际增长5％,则商品销售额计划完成情况相对指标为(　　)。
    A. 166.67％　　B. 101.94％　　C. 60％　　D. 98.1％

13. 某商场2000年空调销售额为200万元,年末库存量为500台,这两个总量指标是(　　)。
    A. 时期指标　　　　　　　　　B. 时点指标
    C. 前者是时点指标,后者是时期指标　　D. 前者是时期指标,后者是时点指标

14. 用累计法检查长期计划的执行情况适用于(　　)。
    A. 规定计划期初应达到的水平　　B. 规定计划期内某一期应达到的水平
    C. 规定计划期末应达到的水平　　D. 规定整个计划期累计应达到的水平

四、多项选择题

1. 分子分母可以互换的相对指标有(　　)。
   A. 强度相对指标　　　　　　　B. 计划完成程度相对指标
   C. 比较相对指标　　　　　　　D. 结构相对指标

E. 动态相对指标
2. 对某地区居民的粮食消费情况进行研究时(   )。
   A. 居民的粮食消费总量是单位总量指标、时期指标
   B. 居民的"人口数"和"粮食消费总量"都是时期指标
   C. 居民的粮食消费总量是总体标志总量、时期指标
   D. 该地区居民人口数是总体标志总量、时期指标
   E. 该地区居民人口数是总体单位总量、时点指标
3. 相对指标的数值表现形式是(   )。
   A. 绝对数   B. 无名数   C. 有名数   D. 平均数
   E. 上述情况都存在
4. 比较相对指标可用于(   )。
   A. 不同时期的比较   B. 不同国家、地区、单位间的比较
   C. 实际水平与计划水平的比较   D. 落后水平和先进水平的比较
   E. 实际水平与标准水平的比较
5. 在相对指标中,属于不同总体数值对比的指标有(   )。
   A. 比较相对指标   B. 强度相对指标   C. 动态相对指标   D. 结构相对指标
   E. 比例相对指标
6. 下列指标中的强度相对指标有(   )。
   A. 工人劳动生产率   B. 人口死亡率
   C. 人均国民生产总值   D. 人均粮食消费量
   E. 人均粮食占有量
7. 下列指标中的结构相对指标是(   )。
   A. 2000 年某地区人均粮食产量 386 公斤
   B. 2000 年某地区农业生产总值比 1999 年增加 4%
   C. 2000 年某地区国有企业职工占职工总人数的 73%
   D. 2000 年某地区积累率为 30%
   E. 2000 年某地区固定资产投资总额为 1999 年的 2 倍
8. 下列统计指标为总量指标的有(   )。
   A. 人口密度   B. 工资总额
   C. 物资库存量   D. 人均国民生产总值
   E. 货物周转量
9. 下列统计指标属于时期指标的有(   )。
   A. 职工人数   B. 工业总产值   C. 人口死亡数   D. 粮食总产值
   E. 铁路货物周转量
10. 一个地区一定时期的商品零售额属于(   )。
    A. 时点指标   B. 时期指标   C. 总量指标   D. 质量指标
    E. 数量指标

五、简答题
1. 实物指标和价值指标各有什么特点?

2. 时期指标和时点指标的区别有哪些？

3. 强度相对指标和平均指标有什么区别？

六、实训题

1. 5年计划规定,某产品产量在计划期的最后一年应达170万吨,实际产量如表4-4所示。

表4-4 某产品实际产量

	第三年		第四年				第五年			
	上半年	下半年	第一季	第二季	第三季	第四季	第一季	第二季	第三季	第四季
产量/万吨	60	62	30	36	40	44	42	44	46	48

试计算该产品产量5年计划完成程度与提前多长时间完成5年计划。

2. 某公司下属三个企业有关资料如表4-5所示。

表4-5 三企业资料　　　　　　　　　　　　　　　　　　单位:万元

企业	计划额	实际额	计划完成相对指标(%)
甲	280	( )	104
乙	360	432	( )
丙	( )	420	120
合计			

要求：根据上述资料填空。

3. 某公司某种产品产量资料如表4-6所示。

表4-6 产品产量资料　　　　　　　　　　　　　　　　　　单位:万件

	2020年	2021年		重点企业产量
		计划	实际	
普通包装	6.4	8.8	9.4	4.3
精包装	5.1	5.7	6.1	2.3
合计	11.5	14.5	15.5	6.6

试计算所有可能计算的相对指标,并指出它们属于哪一种相对指标。

4. 某工厂2022年上半年进货计划执行情况如表4-7所示。

表4-7 2022年上半年进货计划

材料名称	单位	全年进货计划	第一季度进货		第二季度进货	
			计划	实际	计划	实际
生铁	t	2 000	500	500	600	618
钢材	t	1 000	250	300	350	300
水泥	t	500	100	80	200	180

计算和分析：①各季度进货计划完成程度；②上半年进货计划完成情况；③上半年累计计划进度执行情况。

项目五　描述数据的分布特征

项目说明：

通过整理，我们得到了总体或样本的统计指标，并用统计表和统计图的显示方式表述了统计数据的分布状况。然而，统计整理只是对数据的初步加工，频数分布表和频数分布图所反映的只是从表面上对统计数据的分布状况进行概括，如果要精确地对不同总体或样本数据的分布进行定量的描述，还需要使用一系列况则度数据分布特征的统计指标。用于测度数据分布特征的统计指标有很多，其中有测度数据集中趋势的统计指标，还有测度数据离散程度的统计指标。集中趋势是指数据向某一数值集中或靠拢的趋势，离散程度是指数据偏离集中值的程度。通过对数据的集中趋势、离散程度和分布形状的分析，就可以对总体或样本数据的分布特征进行全面定量的描述，从而研究数据的分布规律。

能力目标：

1. 掌握各种数据分布特征的测度方法。
2. 掌握集中指标的计算方法及应用。
3. 掌握离散趋势指标的计算方法。
4. 能正确地使用平均指标和变异指标解释经济现象的数量特征。
5. 在实践工作中能正确把握平均指标和变异指标的应用原则。

知识目标：

1. 了解集中指标（均值、中位数、众数）的含义、特点和适用范围。
2. 了解变异指标（极差、方差、标准差、变异系数）的含义、特点和适用范围。
3. 理解权数的意义和作用。
4. 明确平均指标与变异指标的区别与联系，并能运用标志变异指标说明平均指标的代表性。

任务一　认识平均指标

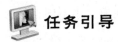
任务引导

现金流量管理是企业的一项重要的财务管理活动，能保证企业有足够的现金收入以满足其生产经营的正常周转使用，决定着企业经济活动的成败。通过对应收账款的平均账龄和价值的测度，管理人员可以对应收账款的变化进行分析和监控，以便采取有效的行动方案。某公司对应收账款管理设置的目标是：应收账款的平均账龄不得超过30天，超过45天的应收账款的价值不得超过所有应收账款价值的5%。

公司对某月的应收账款进行了分析,计算出这些应收账款账龄的描述性指标为:均值30天,中位数15天,众数16天。测度结果表明,一笔账款的平均账龄为30天,有为数一半的账款已超过了15天没有付款,并且一笔应收账款的最普通的账龄为16天。经过统计汇总还显示应收账款总价值中有4%超过了45天。

任务分解

(1) 了解上文中的均值、中位数和众数的含义及特点。
(2) 如何利用统计数据对均值、中位数和众数等集中程度指标进行测度?

相关知识

一、平均指标的概念和作用

(一) 平均指标的概念

在社会经济现象的同质总体中,同一标志在各单位的数量表现不尽相同,标志值大小各异,这就需要利用平均指标来代表总体的一般水平。总体各单位的同质性和某种标志值在各单位的差异性,是计算平均数的前提条件。

平均指标是同类社会经济现象总体内各单位某一数量标志在一定时间、地点和条件下数量差异抽象化的代表性水平指标,其数值表现为平均数。平均指标一般是一种具有单位名称的数,它的计量单位和标志值的计量单位是一致的。

平均指标的特点:它把同质总体内各单位在某一数量标志上的差异抽象化了,是对各单位具体数值的平均,是对各单位标志值差异的抽象;它不是某一单位的具体数值,而是代表总体某种数量标志的一般水平,是总体各单位的代表值。

(二) 平均指标的作用

(1) 利用平均指标,可以了解总体次数分布的集中趋势。因为就社会经济现象变量数列的分配情况看,通常是接近平均数的标志值居多,而远离平均数的标志值少;与平均数离差越小的数值的次数越多,而离差越大的标志值次数越少,形成正离差与负离差大体相等,整个变量数列以平均数为中心而波动的状况。所以,平均数反映了总体分布的集中趋势,它是总体分布的重要特征值。例如,从平均工资就可以看出某单位职工的收入水平。

(2) 利用平均指标,可以对若干同类现象在不同单位、地区间进行比较研究。例如,在评价工业企业和农业生产工作成绩时,如果用总量指标进行对比,因其规模大小不同,无法评价,如果用平均指标,则可消除这种影响,进行比较分析评价。

(3) 利用平均指标,可以研究某一总体某种数值的平均水平在时间上的变化,说明总体的发展过程和趋势。例如,我国劳动人民生活水平不断提高的趋势,可以从各年度人均收入的不断增长中反映出来。

(4) 利用平均指标,可以分析现象之间的依存关系。在对现象总体进行分组分类的基础上,应用平均指标可以观察现象之间存在的相互联系、相互制约的关系,如将耕地按自然条件、耕作深度或施肥状况等标志进行分组、计算单位面积产量,则可反映自然条件优劣、耕作深度或施肥状况对单位面积产量的影响。

(5) 平均指标可作为某些科学预测、决策和某些推算的依据。如企业的劳动定额、生产定额、物资消耗定额等都要依据相应的平均指标来确定,抽样推断中则依抽样平均数来推断总体平均数进而推断总体相应的总量指标。

二、平均指标的种类及其计算

在社会经济统计中常用的平均指标有算术平均数、调和平均数、几何平均数、中位数和众数等。算术平均数、调和平均数、几何平均数等是根据分布数列中各单位的标志值计算而来的,称为数值平均数;中位数和众数等是根据分布数列中某些标志值所处的位置来确定的,称为位置平均数。各种平均指标的计算方法不同,指标的含义、应用场合也有所不同,但它们都是总体各单位数量标志值的一般水平的代表值。

(一) 算术平均数

算术平均数是统计中最基本、最常用的一种平均数。它的基本计算形式是用总体的单位总数去除总体的标志总量。算术平均数的基本公式为

$$算术平均数 = \frac{总体的标志总量}{总体的单位总量} \tag{5-1}$$

在社会经济现象中,总体的标志总量常常是总体单位标志值的算术总和。例如,工人工资总额是各个工人工资的总和;粮食总产量是各块地播种面积产量的总和;等等。在掌握了标志总量和总体单位数的资料后,就可以按照上面的公式计算算术平均数。

例如,某企业某月的工资总额为372万元,工人总数是2 000人,则该企业工人的月平均工资为

$$月平均工资 = \frac{3\,720\,000}{2\,000} = 1\,860(元)$$

必须指出,平均数的计算方法,在形式上与强度相对指标的计算方法很相似,因而容易将二者混淆。在计算和识别平均数或强度相对指标时,必须注意二者之间的区别,它们对比的子项与母项的关系是不相同的。平均数是同一总体标志总量与总体单位总数之比,其标志总量随着总体单位总数的变动而变动,子项依存于母项,二者是相互对应的。而强度相对指标则是两个性质不同,但有联系的总量指标之比,作为分子的总量指标,并不随着作为分母的总量指标的变动而变动,二者在数量上没有依存关系。在利用基本公式计算算术平均数时,要特别注意子项(总体的标志总量)与母项(总体的单位总量)在总体范围上的可比性,也就是说,要注意二者必须要属于同一总体。

1. 算术平均数的分类

算术平均数根据资料不同和计算的复杂程度不同,可分为简单算术平均数和加权算术平均数。

1) 简单算术平均数

如果所掌握的资料是总体各单位的标志数值,则先相加得出标志总量,再用总体单位数去除,就得出算术平均数。这样计算出来的算术平均数称为简单算术平均数。

简单算术平均数的计算公式为

$$简单算术平均数 = \frac{各单位标志数值之总和}{总体单位总数}$$

用符号表示：

$$\bar{x} = \frac{x_1 + x_2 + \cdots + x_n}{n} = \frac{\sum x_i}{n} \tag{5-2}$$

式中，$\bar{x}$ 为平均数；x_i 为变量值，即各单位标志数值；n 为次数，即总体单位数；$\sum$ 为总和符号。

该公式用于未分组的资料。

【例 5-1】 某机械厂某生产班组有 10 名工人，生产某种零件，每个工人的日产量分别为 45 件、48 件、52 件、62 件、69 件、44 件、52 件、58 件、38 件、64 件。试用简单算术平均数法计算工人平均日产量。

解 工人平均日产量：

$$\bar{x} = \frac{45+48+52+62+69+44+52+58+38+64}{10} = \frac{532}{10} = 53.2 \text{(件)}$$

2）加权算术平均数

有时我们研究的统计总体包括许多单位，其中有些单位的标志值相同，另一些单位的标志值不同，在这种情况下计算平均数，就需要首先对总体各单位的标志值进行分组，编成单项变量数列或组距变量数列。这时就不能用简单算术平均数的方法，而要用加权算术平均数的方法。

【例 5-2】 某厂机械车间有 200 名工人，每人每日生产某种零件数的单项数列及计算见表 5-1，试求平均每个工人日产零件数。

表 5-1 日产零件数及其平均数计算表

按每人日产零件数分组 x/件	工人数		生产零件数 xf/件	日产零件数乘权重系数 $x \times f / \sum f$
	人数 f	权重系数 $f / \sum f$		
15	10	0.05	150	0.75
16	20	0.10	320	1.60
17	36	0.18	612	3.06
18	60	0.30	1 080	5.40
19	44	0.22	836	4.18
20	30	0.15	600	3.00
合计	200	1.00	3 598	17.99

解 平均每个工人日产零件数：

$$\bar{x} = \frac{15 \times 10 + 16 \times 20 + 17 \times 36 + 18 \times 60 + 19 \times 44 + 20 \times 30}{10 + 20 + 36 + 60 + 44 + 30} = \frac{3\ 598}{200} = 17.99 \text{(件)}$$

上例中，平均每个工人日产零件数（$\bar{x}$）不仅受各组日产零件数（x）多少的影响，而且也受各组工人数（f）多少的影响。人数多的组，其变量值对平均数的影响大；人数少的组，其变量值对平均数的影响小。也就是说，当标志值比较大的组次数（f）多时，平均数（$\bar{x}$）就接近标志值大的一方；当标志值比较小的组次数（f）多时，平均数（$\bar{x}$）就接近标志值小的一方。标志值的次数 f 多少对平均数（$\bar{x}$）大小的影响具有举足轻重的作用。因此，在统计中，通常把各组单位数（此例中就是各组工人数）称为权数，把每个变量值乘以权数的过程叫作加权，这样计算出来的算术平均数叫作加权算术平均数。

从上例中,我们可以归纳出计算加权算术平均数的一般公式为

$$\bar{x} = \frac{x_1 f_1 + x_2 f_2 + \cdots + x_n f_n}{f_1 + f_2 + \cdots + f_n} = \frac{\sum xf}{\sum f} \tag{5-3}$$

式中,f 为各组单位数;其他符号同前。

可见,加权算术平均数的大小,受两个因素的影响,即总体各单位标志值(X)的大小和各单位次数(f)的多少。必须指出,权数对于算术平均数的作用,就其实质而言,不是取决于各组单位数(次数或频数)的多少,而是取决于各组单位数(次数或频数)占总体单位数的比重(又称为权重系数)的大小。哪一组单位数所占比重大,哪一组标志值对平均数的影响就大。因此,当各组的单位数相等时,各组单位数所占的比重相等,权数的作用相等,也可谓权数作用消失,加权算术平均数就等于简单算术平均数。

加权算术平均数的另一个计算公式为

$$\bar{X} = \sum X \cdot \frac{f}{\sum f} \tag{5-4}$$

式中,$\dfrac{f}{\sum f}$ 为权重系数。此公式表明,加权算术平均数等于各标志值与其权重系数乘积的总和。通常在已知各标志值及其权重系数的情况下,可以直接利用此公式计算平均数,计算结果与用式(5-3)计算的结果相同。

现用例 5-2 的资料(见表 5-1)采用权重系数形式计算加权算术平均数如下:

$$\bar{x} = \sum x \frac{f}{\sum f}$$
$$= 15 \times 0.05 + 16 \times 0.10 + 17 \times 0.18 + 18 \times 0.30 + 19 \times 0.22 + 20 \times 0.15$$
$$= 17.99(件)$$

计算结果和例 5-2 计算的加权算术平均数完全相同。可见,总体单位数对平均数的影响并不是取决于次数的绝对量,而是取决于各标志值次数占总次数的比重(权重系数)。所以,用次数加权实质上是用权重系数相加。

上面所举的例子,是根据单项数列来计算算术平均数的。如果我们掌握的资料是组距数列,只要先计算出各组的组中值,以各组组中值作为标志数值,代入加权算术平均数公式即可。

【例 5-3】 某月某企业工人工资资料见表 5-2,求工人月平均工资。

表 5-2　某月某企业工人工资情况

按月工资额分组 /元	组中值 /元	工人人数 /人	各组工人工资额 /元
(甲)	x	f	xf
1 000 以下	750	180	135 000
1 000~1 500	1 250	350	437 500
1 500~2 000	1 750	900	1 575 000
2 000~2 500	2 250	520	1 170 000
2 500 及以上	2 750	50	137 500
合计	—	2 000	3 455 000

解 工人月平均工资：

$$\bar{x} = \frac{\sum xf}{\sum f} = \frac{3\,455\,000}{2\,000} = 1\,727.50(元)$$

应该指出，依据组距数列计算算术平均数的这种方法具有一定的假定性，即假定各组内部的标志值分布是均匀的。在此前提下，组距越小，计算得到的平均数越接近实际的平均数，即近似程度取决于组距大小。

在计算算术平均数时，如果变量值是绝对数，其次数就是权数。但是，在根据相对数或平均数资料来计算平均数时，权数的选择就不这么简单了，而要根据指标间的关系来确定权数，使加权结果有实际经济意义。

【例5-4】 某公司所属15个商店某月商品销售额计划完成程度见表5-3。

表5-3 商品销售计划完成程度检查表

按计划完成程度分组的百分比/%	组中值 x	商店数/个	计划销售额 f/万元	实际销售额 xf/万元
90 以下	85	1	100	85
90~100	95	2	150	142.5
100~110	105	5	200	210
110~120	115	4	250	287.5
120 以上	125	3	300	375
合计	—	15	1 000	1 100

$$\bar{x} = \frac{\sum xf}{\sum f} = \frac{1\,100}{1\,000} = 110\%$$

如用商店数作权数，则

$$\bar{x} = \frac{\sum xf}{\sum f} = \frac{0.85 \times 1 + 0.95 \times 2 + 1.05 \times 5 + 1.15 \times 4 + 1.25 \times 3}{1 + 2 + 5 + 4 + 3} = 109\%$$

本例是计算平均完成销售计划程度，用计划销售额作权数还是用商店数作权数，两者的计算结果是不同的，这是值得慎重考虑的问题。选择商店数为权数是不合理的，因为各商店的销售额大小不同；而选用计划销售额作权数，才符合计划完成程度相对指标的性质，分母是计划销售额，分子是实际销售额。

2. 算术平均数的性质

性质一：平均数与总次数之积，等于各变量与其次数积的和，即

$$n\bar{x} = \sum x \quad (简单算术平均数)$$

$$\bar{x} \sum f = \sum xf \quad (加权算术平均数)$$

这个性质说明，平均数是所有变量值的代表数值，并且根据平均数与次数可以推算出数量标志值的总和。

性质二：所有变量值与平均数的离差之和等于零，即

$$\sum (x - \bar{x}) = 0 \quad (简单算术平均数)$$

$$\sum (x - \bar{x})f = 0 \quad (加权算术平均数)$$

在理论上，这个性质说明，在算术平均数中，变量值之间高于或低于平均数的偏差可以相互抵消。

性质三：各个变量值与平均数离差平方之和为最小值，即

$$\sum(x-\bar{x})^2 = \min（最小值） \quad （简单算术平均数）$$

$$\sum(x-\bar{x})^2 f = \min \quad （加权算术平均数）$$

这样有助于理解方差和标准差的意义。

性质四：各单位标志值加或减一个任意常数，则平均数也要加或减该常数，即

$$\frac{\sum(x+x_0)}{n} = \bar{x} + x_0 \quad （简单算术平均数）$$

$$\frac{\sum(x+x_0)f}{\sum f} = \bar{x} + x_0 \quad （加权算术平均数）$$

性质五：各单位标志值乘以或除以一个任意常数，则算术平均数也要乘以或除以该常数，即

$$\frac{\sum cx}{n} = c\bar{x} \quad （简单算术平均数）$$

$$\frac{\sum cxf}{\sum f} = c\bar{x} \quad （加权算术平均数）$$

性质六：如果各单位标志值对应的权数均扩大或缩小同样的倍数，其平均数不变，即

$$\frac{\sum x(\mathrm{d}f)}{\sum \mathrm{d}f} = \mathrm{d}\bar{x}$$

（二）调和平均数

在实际工作中，经常会遇到只有各组变量值和各组标志总量而缺少总体单位数的情况，这时就要用调和平均数法计算平均指标。

调和平均数是被研究对象中各单位标志值倒数的算术平均数的倒数，因而也称为倒数平均数，用 H 表示。与算术平均数一样，由于掌握的资料不同，分为简单调和平均数和加权调和平均数。

1. 简单调和平均数

简单调和平均数是在资料未分组的条件下，各标志值倒数的算术平均数的倒数。其计算公式为

$$H = \frac{n}{\frac{1}{x_1} + \frac{1}{x_2} + \cdots + \frac{1}{x_n}} = \frac{n}{\sum \frac{1}{x}} \quad (5-5)$$

式中，H 为调和平均数；x 为各标志值；n 为项数。

【例 5-5】 某商品在淡季、平季、旺季的价格分别是 100 元、116 元、140 元，假设分别以淡季、平季、旺季的价格购买 1 元的这种商品，求该商品的平均价格。

解 $H = \dfrac{n}{\sum \dfrac{1}{x}} = \dfrac{3}{\dfrac{1}{100}+\dfrac{1}{116}+\dfrac{1}{140}} = \dfrac{3}{0.025\,76} = 116.46(元)$

从形式上看,调和平均数和算术平均数有明显的区别,但从计算内容上来看,两者是一致的,均为总体标志总量与总体单位总量的对比。

2. 加权调和平均数

如果掌握的资料是未分组的总体各单位的标志值和标志总量,则用简单调和平均数计算平均指标。其计算公式为

$$H = \dfrac{m_1+m_2+\cdots+m_n}{\dfrac{m_1}{x_1}+\dfrac{m_2}{x_2}+\cdots+\dfrac{m_n}{x_n}} = \dfrac{\sum m}{\sum \dfrac{m}{x}} \tag{5-6}$$

式中,m 代表各组标志总量,其余符号与前相同。

【**例 5-6**】 某种商品在三个农贸市场的单价和贸易额资料如表 5-4 所示。

表 5-4 某种商品在三个农贸市场的销售资料

农贸市场	单价 x /元	贸易额 $m=xf$ /元	贸易量 $f=m/x$ /kg
甲	1.00	2 500	2 500
乙	0.90	2 700	3 000
丙	0.80	4 000	5 000
合计	—	9 200	10 500

求该商品在三个农贸市场的平均价格。

解 该商品的平均价格

$$\dfrac{总贸易额}{总贸易量} = \dfrac{\sum m}{\sum \dfrac{m}{x}} = \dfrac{2\,500+2\,700+4\,000}{\dfrac{2\,500}{1.00}+\dfrac{2\,700}{0.90}+\dfrac{4\,000}{0.80}} = \dfrac{9\,200}{10\,500} = 0.88(元)$$

式中,m 为每个市场的贸易额,即权数;x 为变量值;分子是总贸易额,即总体标志总量;分母为贸易量之和,即总体单位总数。所以,调和平均数仍然是以总体标志总量除以总体单位总量来计算的;它在经济内容和计算结果上与算术平均数一致,只是由于计算时依据的资料不同,而在计算公式和计算过程方面有别于算术平均数。如设 $m=xf$,则将 $f=\dfrac{m}{x}$ 代入加权算术平均数公式,得

$$加权算术平均数 \bar{x} = \dfrac{\sum xf}{\sum f} = \dfrac{\sum m}{\sum \dfrac{m}{x}} = H(加权调和平均数)$$

可见,加权调和平均数实际上是加权算术平均数的变形。在实际工作中,经常会遇到只有各组标志值总量和各个组变量值,缺少总体单位数资料的情况,这时就需要用调和平均数计算。

(三) 几何平均数

几何平均数是 n 个单位标志值连乘积的 n 次方根,用 G 来表示。它反映的是某种特定

现象的平均水平,这种现象的标志总量不是各单位的标志值的总和,而是它们的连乘积。在统计分析中,几何平均数主要用来计算平均比率或平均发展速度。几何平均数也分为简单几何平均数和加权几何平均数。

1. 简单几何平均数

在资料未分组的情况下,其计算公式为

$$G = \sqrt[n]{x_1 \cdot x_2 \cdot \cdots \cdot x_n} = \sqrt[n]{\prod x} \tag{5-7}$$

式中,G 为几何平均数;x 为各个变量值;n 为变量值的个数;$\prod$ 为连乘符号。

【例 5-7】 某流水作业的装配线分三道工序,每道工序的废品率分别为 0.3%、0.2%、0.4%,求平均废品率。

解 由于三道工序废品率之和不等于整条装配线的总废品率,总废品率等于三道工序废品率的连乘积。必须采用几何平均法计算平均废品率,即

$$G = \sqrt[n]{\prod x} = \sqrt[3]{0.3\% \times 0.2\% \times 0.4\%} = 0.29\%$$

计算几何平均数,一般需要开高次方,计算起来很麻烦,有以下两种方法。

第一种方法是利用电子计算器直接开高次方根求解。

第二种方法是利用对数求解,即

$$\lg G = \frac{1}{n}(\lg x_1 + \lg x_2 + \cdots + \lg x_n) = \frac{\sum \lg x}{n}$$

求出几何平均数的对数后,再用对数表查出真数,即为几何平均数。

2. 加权几何平均数

当各个标志值出现的次数不同时,几何平均数的计算采用加权几何平均的形式。其计算公式为

$$G = \sqrt[f_1+f_2+\cdots+f_n]{x_1^{f_1} \cdot x_2^{f_2} \cdot \cdots \cdot x_n^{f_n}} = \sqrt[\Sigma f]{\prod x^f} \tag{5-8}$$

式中,f 为各标志值的次数(或权数);$\sum f$ 为次数(或权数)的总和。

对式(5-8)两边取对数,则

$$\lg G = \frac{1}{f_1 + f_2 + \cdots + f_n}(f_1 \lg x_1 + f_2 \lg x_2 + \cdots + f_n \lg x_n) = \frac{\sum f \lg x}{\sum f}$$

【例 5-8】 一笔钱存入银行,存期为 10 年,以复利计息。10 年的利率分别是:第 1~2 年为 5%;第 3~5 年为 8%;第 6~8 年为 10%;最后两年为 12%。求平均年利率。

项目五-1

解 计算平均年利率,必须先将各年的利率加上 100%,换算为各年的本利率,然后用加权几何平均法计算平均年本利率,再减 100%,得平均年利率,见表 5-5。

表 5-5 加权几何平均数计算表

本利率 x /%	年数 f /次数	本利率的对数 $\lg x$	次数×对数 $f \lg x$
105	2	0.021 2	0.042 4
108	3	0.033 4	0.100 2
110	3	0.041 4	0.124 2

续表

本利率 x /%	年数 f /次数	本利率的对数 $\lg x$	次数×对数 $f\lg x$
112	2	0.049 2	0.098 4
合计	10	—	0.365 2

$$\lg G = \frac{\sum f \lg x}{\sum f} = \frac{0.365\ 2}{10} = 0.036\ 5$$

$$G = 1.0877 \quad \text{或} \quad 108.77\%$$

平均年利率 $= 108.77\% - 100\% = 8.77\%$

算术平均数、调和平均数和几何平均数都是根据总体各单位的标志值计算的,属于数值平均数。数值平均数容易受极大值或极小值的影响,从而减弱了平均指标在总体中的代表性。众数和中位数不是根据各单位的标志值计算的,而是根据其在总体中所处的特殊位置上的个别单位的标志值或部分单位的标志值来确定的,是位置平均数,所以不受数列中极端值的影响。在某些特殊情况下,用位置平均数有时比数值平均数更能说明问题。

(四) 中位数

中位数是将总体各单位的标志值按大小顺序排列,处于中间位置的那个标志值。中位数处于中间位置,其数值不能太大也不能太小,所以可以用它来表示总体的一般水平,一般用 M_e 来表示。

中位数的计算方法根据所掌握的资料不同分为以下三种。

1. 根据未分组的资料计算中位数

其计算步骤如下。

(1) 将标志值按从小到大的顺序排列,设 $X_1, X_2, X_3, \cdots, X_n$。

(2) 确定中位数的位置,根据总体单位项数的奇偶来确定中位数的值。

若 n 为奇数,则第 $\frac{n+1}{2}$ 项的标志值为中位数;若 n 为偶数,则第 $\frac{n}{2}$ 项与第 $\frac{n}{2}+1$ 项标志值的简单平均数即为中位数,即

$$M_e = \frac{X_{\frac{n}{2}} + X_{\frac{n}{2}+1}}{2} \tag{5-9}$$

【例 5-9】 求 2,4,9,6,8,5,7 的中位数。

其计算步骤如下。

(1) 将标志值按大小顺序排列为:2,4,5,6,7,8,9。

(2) 确定中位数的位置: $\frac{7+1}{2} = 4$。

(3) 得出第四个位置上对应的标志值 6 为中位数。

若在上例中再加上一个数 11,则数列中共有 8 个标志值,中位数即为第四和第五个位置上标志值的算术平均数。即 $\frac{6+7}{2} = 6.5$ 为中位数。

2. 根据单项式分组数列计算中位数

其计算步骤如下。

(1) 按 $\dfrac{\sum f}{2}$ 确定中位数的位置。

(2) 根据位次确定相应的标志值为中位数。

【例 5-10】 某学院 2020—2021 学年共有 30 名同学获得奖学金,其分布情况见表 5-6。

表 5-6 学生获奖学金分布情况及计算表

奖学金金额 /(元/人)	人数/人	人 数 累 计	
		向上累计/人	向下累计/人
300	3	3	30
500	6	9	27
800	8	17	21
1 000	7	24	13
1 500	6	30	6
合计	30	—	—

其计算步骤如下。

(1) 按 $\dfrac{\sum f}{2}$ 确定中位数的位置,$\dfrac{30}{2}=15$。

(2) 根据位次确定相应的标志值为中位数。中位数在第 15 人的位置上,无论是向上累计法还是向下累计法,所选择的累计人数数值都应是含 15 人的最小数值。表中的 17 和 21 符合这一要求,它们对应的都是第三组,即 800 元就是中位数。

3. 根据组距式数列计算中位数

其计算步骤如下。

(1) 按 $\dfrac{\sum f}{2}$ 确定中位数的位置。

(2) 根据位置确定中位数所在的组。

(3) 按照下限公式或上限公式确定中位数的近似值。

下限公式: $$M_e = L + \dfrac{\dfrac{\sum f}{2} - S_{m-1}}{f_m} \cdot i \qquad (5-10)$$

上限公式: $$M_e = U - \dfrac{\dfrac{\sum f}{2} - S_{m+1}}{f_m} \cdot i \qquad (5-11)$$

式中,M_e 为中位数;L 为中位数所在组的下限;U 为中位数所在组的上限;f_m 为中位数所在组的次数;i 为中位数所在组的组距;$\sum f$ 为总次数;S_{m-1} 为向上累计至中位数所在组前一组的次数;S_{m+1} 为向下累计至中位数所在组后一组的次数。

【例 5-11】 对某市职工家庭收支情况进行调查,见表 5-7,求中位数。

解 其计算步骤如下。

(1) 计算累计次数。

表 5-7　某市职工家庭收支情况调查表

每人月均收入/元	职工户数/户	累计次数	
		向上累计	向下累计
100~200	80	80	1 570
200~300	240	320	1 490
300~400	900	1 220	1 250
400~500	200	1 420	350
500~600	100	1 520	150
600~700	50	1 570	50
合计	1 570	—	—

(2) 按 $\dfrac{\sum f}{2}$ 确定中位数的位置，即 $\dfrac{1\ 570}{2}=785$（户）。

(3) 根据位置确定中位数所在的组，即 300~400。

(4) 按下限或上限公式确定中位数的近似值。

下限公式：

$$M_e = L + \dfrac{\dfrac{\sum f}{2} - S_{m-1}}{f_m} \cdot i = 300 + \dfrac{\dfrac{1\ 570}{2} - 320}{900} \times 100 = 351.67（元）$$

上限公式：

$$M_e = U - \dfrac{\dfrac{\sum f}{2} - S_{m+1}}{f_m} \cdot i = 400 - \dfrac{\dfrac{1\ 570}{2} - 350}{900} \times 100 = 351.67（元）$$

可见，两种计算方法结果是一样的，中位数不受极端值的影响。

（五）众数

1. 众数的意义

众数是总体中各单位出现次数最多的那个标志值，也就是该总体各单位中最普通、最常出现的标志值，一般用 M_0 表示。用众数也可以表明社会经济现象的一般水平。

在实际工作中，众数是应用比较广泛的。例如，要说明消费者需要的服装、鞋帽等的普遍尺码，反映集贸市场某种蔬菜的价格等，都可以通过市场调查、分析、了解哪一尺码的成交量最大，哪一种蔬菜价格的成交量最大，人们的这种一般需求，即为众数。

只有在总体单位比较多，变量值分布又具有明显集中趋势的条件下确定的众数，才能代表总体的一般水平；在总体单位较少，或虽多但无明显集中趋势的条件下，众数的确定是没有意义的。如果在一个总体中，各变量值皆不相同，或各个变量值出现的次数皆相同，则没有众数；如果在一个总体中，有两个标志值出现的次数都最多，称为双众数。

2. 众数的确定方法

一般来说，众数的确定比较简单，不需要进行复杂的计算，只要大量观察就可得知；当掌握原始资料时，只要直接观察各数值出现的次数即可得知。如根据单项数列确定众数，只需要观察找出次数最多的那个变量值即为众数，如表 5-8 所示。

表 5-8　某商店某日羊毛衫销售量资料表

尺码/厘米	销售量/件
100	9
110	24
115	48
120	17
125	8
合计	106

从表 5-8 可以看出,115 厘米的羊毛衫销售量最大,即出现的次数最多,因此,该日销售羊毛衫尺码的一般水平为 115 厘米。

若是根据组距数列确定众数,则需计算众数的近似值。计算众数的步骤是:①根据次数的多少或比重的大小确定众数所在的组;②根据公式计算众数。由于组限有上限和下限之分,因此众数的计算公式有上限公式和下限公式两种。

下限公式:

$$M_0 = L + \frac{f_0 - f_{-1}}{(f_0 - f_{-1}) + (f_0 - f_{+1})} \cdot i = L + \frac{\Delta_1}{\Delta_1 + \Delta_2} \cdot i \quad (5\text{-}12)$$

式中,M_0 为众数;L 为众数所在组的下限;f_{-1} 为众数所在组前一组的次数;f_0 为众数所在组的次数;f_{+1} 为众数所在组后一组的次数;Δ_1 为众数组次数与前一组次数之差;Δ_2 为众数组次数与后一组次数之差;i 为众数所在组的组距。

上限公式:

$$M_0 = U - \frac{f_0 - f_{+1}}{(f_0 - f_{-1}) + (f_0 - f_{+1})} \cdot i = U - \frac{\Delta_1}{\Delta_1 + \Delta_2} \cdot i \quad (5\text{-}13)$$

式中,U 为众数所在组的上限。

【例 5-12】　参见表 5-8,试计算众数。

解　用下限公式计算:

$$M_0 = L + \frac{\Delta_1}{\Delta_1 + \Delta_2} \cdot i = 300 + \frac{660}{660 + 700} \times 100 \approx 348.53(元)$$

用上限公式计算:

$$M_0 = U - \frac{\Delta_1}{\Delta_1 + \Delta_2} \cdot i = 400 - \frac{700}{660 + 700} \times 100 \approx 348.53(元)$$

可见,用上限公式和下限公式计算的结果一致。

三、应用平均指标的基本原则

(1)平均指标必须应用于同质总体。总体同质性是计算和应用平均数的前提条件和基本原则。只有在同质总体中,总体各单位才具有共同的特征,从而才能按某一数量标志计算其平均数,这种平均数才具有很强的代表性,才能代表总体的一般水平。不在同质性基础上计算的平均数是没有实际意义的。

(2)用组平均数补充说明总平均数。总平均数反映现象的总体特征,往往会掩盖现象内部的差异,而分组基础上的组平均数则可进一步揭示现象内部的差异。

（3）用变量数列补充说明总平均数。平均指标代表现象的一般水平，是总体各单位标志值的抽象化，但它掩盖了总体各单位标志值间的差异，也掩盖了总体内单位的分布情况。所以只有用变量数列补充说明总平均数，才能更深入地揭示现象的本质。

（4）计算和运用平均数时，要注意极端值的影响。算术平均数受总体内极端数值的影响较大，为了正确反映总体的一般水平，当总体存在过大或过小的极端数值时，应予以剔除，然后用剩下的数求平均数。例如研究农民生活，大多数农户年收入在 5 000～20 000 元，而个别农户达到几十万元或不足千元，这就要剔除收入极高和极低的农户，再计算剩下农户的平均收入，这种去除极端值再平均的方法称为切尾平均法。

（5）必须注意一般与个别相结合，把平均数和典型事例结合起来。任何事物的发展都是不平衡的，在同一总体中，既有先进部分，也有后进部分，不能满足于一般状况。如果在分析研究时，只掌握一般情况而忽视个别情况，不注意发现先进、找出后进，促使后进转化，就会犯错误。所以为了全面深入地认识事物，在应用平均数时，需要结合个别的典型事物，研究先进和落后的典型，发现新生事物，加以总结和推广，推动事物的发展。

（6）平均指标要与变异指标结合运用。

 任务分析

通过对公司某月的应收账款进行分析，计算出这些应收账款账龄的描述性指标为：均值 30 天，中位数 15 天，众数 16 天。测度结果表明，一笔账款的平均账龄为 30 天，有为数一半的账款已超过了 15 天没有付款，并且一笔应收账款的最普通的账龄为 16 天。经过统计汇总还显示应收账款总价值中有 4% 超过了 45 天。符合公司对应收账款管理设置的目标：应收账款的平均账龄不得超过 30 天，超过 45 天的应收账款的价值不得超过所有应收账款价值的 5%。通过这些统计信息，财务管理人员感到满意，认为企业的应收账款管理正处于控制状态中。

任务二　认识标志变异指标

 任务引导

夏瑞每天去上班时，可以乘坐公交车或开私家车，下面是他收集这两种方式所花费时间的样本数据，时间以分钟计。

公交车：28 29 32 37 33 25 29 32 41 34。

私家车：29 31 33 32 34 30 31 32 35 33。

请用统计知识给夏瑞提供乘车方式建议。

 任务分解

（1）计算每种方式所花费时间的样本平均数。

(2) 计算每种方法的样本标准差。

(3) 根据两种方式的计算结果,用哪一种方式去上班更好?请解释。

相关知识

平均指标是统计总体中各单位某一数量标志值的一般水平,反映了总体各单位变量值分布的集中趋势,利用平均指标可以对同类现象在不同空间或时间条件下的数量表现进行对比,以反映现象的发展趋势或规律。但是,平均指标掩盖了总体各单位客观上存在的变异,而在有些情况下,对总体变异情况或平均数对总体各单位变量值的代表性进行研究又是非常必要的,这就需要计算统计变异指标。

一、标志变异指标的概念和作用

(一)标志变异指标的概念

标志变异指标是反映总体各单位标志值的变动程度或变异程度的综合指标,又称标志变动度,是测定标志变动程度、反映现象内部的数量变化情况的指标。

平均指标将总体中各单位标志值客观存在的差异抽象化了,以反映这些标志值的一般水平、集中趋势,即平均指标反映总体各单位标志值的共性。标志变异指标则反映总体各单位标志值的离散趋势,反映标志值之间的差异性。

(二)标志变异指标的作用

(1) 利用标志变异指标可以衡量平均数代表性的大小。平均指标作为总体内各单位某一数量标志的代表值,其代表性的大小与总体各单位标志值的差异程度有直接关系。理论与实践均证明了这种关系,其表现是:总体的标志变异指标值越大,平均数的代表性越小;反之,平均数的代表性就越大。

现以某工厂某车间两个班组各 7 名工人的每人日产某种零件(单位:件)为例,说明标志变异指标与平均指标之间的关系。

甲组:20,40,60,70,80,100,120。

乙组:67,68,69,70,71,72,73。

依图 5-1 的数据可以算出,这两个小组的平均日产量均为 60 件,但是,各组工人日产零件的差异程度却不同。甲组的各个工人之间日产零件数相差较大,最高与最低的相差了 100 件;乙组的各工人日产零件数差异较小,最高与最低相差 6 件。很明显,两组工人的平均日产量虽然都是 60 件,但对于甲组来说,其代表性要小得多,对于乙组,其代表性要高于

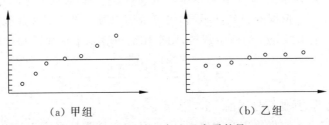

图 5-1 两班组每人日产零件量

甲组。

(2) 标志变异指标可以反映社会经济现象量变过程的均衡性和稳定性。一般来说,标志变异指标数值越大,总体各单位变量值分布的离散趋势越高、均衡性越低;反之,变量值分布的离散趋势越低、均衡性就越高。例如,物资供应是否按时按量有节奏地进行;产品质量是否稳定在允许范围之内;商品销售计划执行情况是否均衡,有无前松后紧或前紧后松的现象;等等,都可以用标志变异指标反映。

(3) 标志变异指标是抽样推断和回归分析的重要指标。标志变异指标的大小有助于确定必要的样本单位数,是计算抽样误差的重要方法,也是进行相关与回归分析中计算估计标准误差的重要方法。

二、标志变异指标的种类及其计算

标志变异指标主要有变异全距、平均差、方差和标准差、变异系数等,其中标准差的应用最为广泛。

(一) 变异全距

变异全距是指总体各单位标志值中最大值与最小值之差,简称全距,又称极差,一般用 R 表示。其计算公式为

$$\text{全距} = \text{最大标志值} - \text{最小标志值} \tag{5-14}$$

具体计算时,要依据资料而定,如果是未经整理的原始资料和单项变量数列,则可经直接观察找出最大值和最小值然后相减即可。

若是组距变量数列,其全距可通过下式计算:

$$\text{全距} = \text{最高组的上限} - \text{最低组的下限}$$

变异全距计算方法简单、易懂,在实际生活中,研究具体问题时除列出平均数外,再给出最大值和最小值以及差距可使人们感到符合实际,被广泛应用于检查产品质量的均匀性和稳定性,在质量管理中,它与平均数结合使用进行产品质量监控。但也存在一些缺点,其数值大小只受极端值的影响,没有考虑其他变量值的差异程度,因此,不能全面反映总体各单位标志值之间真实的差异程度。此外,在分组情况下,全距更难以真实准确地反映各变量值的差异程度,应当借助其他变异指标。

(二) 平均差

平均差是各标志值对其算术平均数的离差绝对值的平均数,用 $A.D$ 表示。由于各标志值对其算术平均数的离差总和恒等于零,即 $\sum(x-\bar{x})=0$,因此,在计算平均差时,采取离差绝对值的形式来计算,其实质是以算术平均数为中心,各标志值距平均数的平均距离。

平均差的计算由于依据资料条件不同,可分为简单算术平均式和加权算术平均式两种。

(1) 若掌握的是未经分组的原始资料,则采用简单算术平均式。其计算公式为

$$A.D = \frac{\sum |x-\bar{x}|}{n} \tag{5-15}$$

式中,$A.D$ 为平均差;其他符号同前。

【例 5-13】 某汽车销售代理商欲根据 1—6 月汽车销售情况在甲城和乙城中选择一处建立汽车销售总部,试计算平均差。销售量情况如下(单位:辆)。

甲城：120,125,128,130,135,142。

乙城：100,130,178,112,135,125。

解 $\bar{x}_甲 = \bar{x}_乙 = 130$（辆）

平均差计算参见表 5-9。

表 5-9 平均差计算表

甲 城			乙 城		
销售量 x/辆	$x - \bar{x}$	$|x - \bar{x}|$	销售量 x/辆	$x - \bar{x}$	$|x - \bar{x}|$
120	−10	10	100	−30	30
125	−5	5	112	−18	18
128	−2	2	125	−5	5
130	0	0	130	0	0
135	5	5	135	5	5
142	12	12	178	48	48
合计	0	34	合计	0	106

$$A.D_甲 = \frac{\sum |x - \bar{x}|}{n} = \frac{34}{6} \approx 5.67 (辆)$$

$$A.D_乙 = \frac{\sum |x - \bar{x}|}{n} = \frac{106}{6} \approx 17.67 (辆)$$

$\bar{x}_甲 = \bar{x}_乙$，而 $A.D_甲 < A.D_乙$，所以，甲城的汽车销售量的代表性高于乙城，说明甲城汽车销售情况比乙城更稳定和均衡。

（2）若掌握的资料是分组资料，则应采用加权算术平均式。其计算公式为

$$A.D = \frac{\sum |x - \bar{x}| f}{\sum f} \tag{5-16}$$

【例 5-14】 某跨国连锁店对其分布于世界各地的 600 家连锁店的月销售额进行调查，以分析销售额的一般水平和离散程度。销售额资料及计算过程如表 5-10 所示。

表 5-10 连锁店商品销售额平均差计算表

按销售额分组/千美元	频数 f/个	组中值 x	xf	$x - \bar{x}$	$|x - \bar{x}|$	$|x - \bar{x}| f$
80~100	20	90	1 800	−123	123	2 460
100~150	50	125	6 250	−88	88	4 400
150~200	120	175	21 000	−38	38	4 560
200~250	280	225	63 000	12	12	3 360
250 以上	130	275	35 750	62	62	8 060
合计	600	—	127 800	—	—	22 840

$$\bar{x} = \frac{\sum xf}{\sum f} = \frac{127\ 800}{600} = 213 (千美元)$$

$$A.D = \frac{\sum |x - \bar{x}| f}{\sum f} = \frac{22\ 840}{600} \approx 38.07 (千美元)$$

计算结果表明,各连锁店的销售额与总平均销售额的平均差为 38.07 千美元。

与全距相比,平均差计算很简便,但意义更明确,而且平均差是根据总体内全部标志值计算的,考虑了各个标志值的差异,具有充分的代表性,在某些质量检查中得到了应用,如纺织厂对棉纤维的长度进行检查。但是,由于平均差是通过取绝对值的办法来消除离差的正负,这不合乎统计上的数字处理,有碍于用它来做进一步的统计分析,因此在实际应用中受到很大的限制。

(三) 方差和标准差

方差(σ^2)是变量数列中各单位标志值与其算术平均数的离差平方的算术平均数。标准差 σ 是方差的平方根,故又称均方差,其计量单位与标志值的计量单位相同。

方差与标准差的意义和平均差基本相同,也反映数列中各单位标志值的平均差异程度,不同的是在数学处理方法上有所区别,方差和标准差是采用平方的方法来消除各标志值与其平均数离差的正负号,并通求其平方根予以还原,因而比平均差更符合数学处理的要求。并且其计算结果一般稍大于平均差,这对于在进行抽样估计时,提高推断的把握程度具有一定的意义,因此,标准差是应用最为广泛的标志变异指标。

由于掌握的资料不同,方差和标准差的计算分两类,一类是根据数量标志的标志值计算,另一类是根据是非标志的属性计算。

1. 数量标志的方差和标准差

根据数量标志计算方差和标准差,有简单平均法和加权平均法两种。

1) 简单平均法

根据未分组的资料计算方差和标准差采用简单平均法。其计算公式为

$$\sigma^2 = \frac{\sum (x - \bar{x})^2}{n} \tag{5-17}$$

$$\sigma = \sqrt{\frac{\sum (x - \bar{x})^2}{n}} \tag{5-18}$$

现以例 5-13 中的资料来说明标准差的计算方法,如表 5-11 所示。

表 5-11 汽车销售量标准差计算表

甲 城			乙 城		
销售量/辆 x	$x - \bar{x}$	$(x - \bar{x})^2$	销售量/辆 x	$x - \bar{x}$	$(x - \bar{x})^2$
120	−10	100	100	−30	900
125	−5	25	112	−18	324
128	−2	4	125	−5	25
130	0	0	130	0	0
135	5	25	135	5	25
142	12	144	178	48	2 304
合计	0	298	合计	0	3 578

$$\sigma_甲 = \sqrt{\frac{\sum (x - \bar{x})^2}{n}} = \sqrt{\frac{298}{6}} \approx 7.05(辆)$$

$$\sigma_乙 = \sqrt{\frac{\sum(x-\bar{x})^2}{n}} = \sqrt{\frac{3\,578}{6}} \approx 24.42(辆)$$

$\bar{x}_甲 = \bar{x}_乙$，而 $\sigma_甲 < \sigma_乙$，故甲城的汽车平均销售量代表性大。

2）加权平均法

根据分组资料计算方差和标准差采用加权平均法。其计算公式为

$$\sigma^2 = \frac{\sum(x-\bar{x})^2 f}{\sum f} \tag{5-19}$$

$$\sigma = \sqrt{\frac{\sum(x-\bar{x})^2 f}{\sum f}} \tag{5-20}$$

对于分组资料，应先求出组中值，然后按加权平均公式计算。现以表 5-10 中的资料来说明加权标准差的计算方法，如表 5-12 所示。

表 5-12　连锁店商品销售额标准差计算表

按销售额分组/千美元	频数 f/个	组中值 x	xf	$x-\bar{x}$	$(x-\bar{x})^2$	$(x-\bar{x})^2 f$
80～100	20	90	1 800	−123	15 129	302 580
100～150	50	125	6 250	−88	7 744	387 200
150～200	120	175	21 000	−38	1 444	173 280
200～250	280	225	63 000	12	144	40 320
250 以上	130	275	35 750	62	3 844	499 720
合计	600	—	127 800	—	—	1 403 100

$$\bar{x} = \frac{\sum xf}{\sum f} = \frac{127\,800}{600} = 213(千美元)$$

$$\sigma = \sqrt{\frac{\sum(x-\bar{x})^2 f}{\sum f}} = \sqrt{\frac{1\,403\,100}{600}} \approx 48.36(千美元)$$

2. 是非标志的方差和标准差

在对社会经济现象进行分析时，经常把某种经济现象的全部单位划分为具有某种属性和不具有某种属性的两组，即"是"与"非"两组。例如，将学生按照性别分为"男生"和"女生"，将产品按质量划分为"合格"与"不合格"两组。由于这些反映单位属性或性质的标志不是数量标志，而是品质标志，且只有"是"与"非"两种表现，因此称为"是非标志"，有时也称为"交替标志"。在进行抽样推断时，是非标志的标准差具有重要的意义。

1）成数（比例）

如前所述，是非标志只有两种表现，可以把总体中或样本中具有某种表现或不具有某种表现的单位数占全部单位数的比重称为成数，它反映了总体或样本中"是"与"非"的构成，并且代表着两种表现或性质各反复出现的程度，即频率。例如，某一批产品，合格品占 95%，不合格品占 5%。在这里，95% 和 5% 均为成数。

若以 N_1 表示总体中具有某种表现的单位数，N_0 表示总体中不具有某种表现的单位数，N 表示总体单位数，则成数可表示为

$$P = \frac{N_1}{N} \quad \text{或} \quad 1 - P = \frac{N_0}{N} \tag{5-21}$$

2）是非标志的平均数

是非标志是一种品质标志，其表现为文字。因此，在计算平均数时，首先需要将文字表现进行数量化处理。用"1"表示具有某种表现，用"0"表示不具有某种表现，然后以"1"和"0"作为变量值，计算加权算术平均数，即

$$\overline{X}_P = \frac{1 \times N_1 + 0 \times N_0}{N_1 + N_0} = \frac{N_1}{N} = P \tag{5-22}$$

由此可知，总体是非标志的平均数，即为被研究标志具有某种表现的成数 P。

3）是非标志的方差与标准差

将经过量化处理的是非标志的表现"1"和"0"作为变量值代入总体的方差计算公式：

$$\sigma_P^2 = \frac{\sum (x - \bar{x})^2 f}{\sum f} = \frac{(1-P)^2 N_1 + (0-P)^2 N_0}{N_1 + N_0} = P(1-P)$$

为区别于一般变量值的方差，我们将是非标志的方差记为 σ_P^2，即

$$\sigma_P^2 = P(1-P) \tag{5-23}$$

是非标志的标准差为

$$\sigma_P = \sqrt{P(1-P)} \tag{5-24}$$

【例 5-15】 从一批产品中随机抽取 100 件产品进行质量测试，测试的结果为 96 件合格，4 件不合格，试计算成数的方差和标准差。

解 根据所给资料可得

$$P = \frac{96}{100} = 96\%, \quad 1 - P = \frac{4}{100} = 4\%$$

$$\sigma_P^2 = 96\% \times 4\% = 3.84\%, \quad \sigma_P = \sqrt{96\% \times 4\%} \approx 19.6\%$$

是非标志的方差、标准差，当 $P = 0.5$ 时取得最大值，方差最大值为 0.25，标准差最大值为 0.5，也就是说，此时是非标志的变异程度最大。如某学生群体中男生数和女生数相等，即男女生的成数均为 0.5（或 50%），说明该学生群体性别差异程度最大。是非标志的方差、标准差的最小值均为 0。

标准差都是用有名数表示的平均差异程度，它们的数值大小除了受标志值差异程度影响外，还受平均指标数值大小和计量单位两个因素的影响。当总体平均指标数值比较大时，标准差的数值也会大，反之，标准差的数值就会小。因此，在比较不同平均水平总体的变异程度时，就不能使用标准差，而应使用变异系数。

项目五-3

（四）变异系数

变异系数是反映一组数据相对差异程度的指标，是各变异指标与其算术平均数的比值，也称为离散系数。变异系数是一个无名数，消除了计量单位不同和平均水平高低的影响，只反映标志值离散程度，可以用于比较不同数列的变异程度，其数值的大小与平均数的代表性成反比，通常用 V 表示。常用的离散系数有平均差系数和标准差系数，其计算公式分别为

$$V_{A.D} = \frac{A.D}{\overline{X}} \times 100\% \qquad (5-25)$$

$$V_\sigma = \frac{\sigma}{\overline{X}} \times 100\% \qquad (5-26)$$

【例 5-16】 甲、乙两组工人的平均工资分别为 138.14 元、176 元,标准差分别为 21.32 元、24.67 元。两组工人工资水平离散系数计算如下:

$$V_{\sigma甲} = \frac{21.32}{138.14} \times 100\% \approx 15.43\%$$

$$V_{\sigma乙} = \frac{24.67}{176} \times 100\% \approx 14.02\%$$

从标准差来看,乙组工人工资水平的标准差比甲组大,但不能断言,乙组平均工资的代表性小。这是因为两组工人的工资水平处在不同的水平上,所以不能直接根据标准差的大小作结论。而正确的方法要用消除了数列水平的离散系数比较。从两组的离散系数可以看出,甲组相对的变异程度大于乙组,因而乙组平均工资的代表性要大。

任务分析

(1) 通过计算平均指标可知:公交车和私家车平均时长都是 32 分钟。

(2) 通过计算两种乘车方式的标准差可知公交车的标准差大于私家车的标准差。

(3) 在获得有关数据资料后,人们一定会对数据的分布特征进行详尽的分析,包括对这些数据的集中程度、离散程度等内容进行分析和计算。在常用的统计分析方法中,人们比较习惯于通过计算平均指标、标志变异指标来描述数据资料的分布特征,这些指标各具特点,能从不同的角度反映所研究对象的数量特征,并进而帮助人们获得更为准确的分析结果。

延伸拓展 Excel 在平均指标中的应用

一、Excel 函数在求和、平均数运算中的运用

假设某人记录了某天某小时正点的气温值,如图 5-2 所示,利用 Excel 描述数据指标的各个特征。具体操作过程如下。

	A	B
1	时间	温度
2	1	24.2
3	2	25.2
4	3	25.2
5	4	25.9
6	5	25.5
7	6	26.3
8	7	27.5
9	8	28.7
10	9	29.2

图 5-2 某天某小时正点的气温值

(1) 打开 Excel，创建新文件，然后输入如图 5-2 的数据，并保存文件。

(2) 单击工具栏上的"数据分析"按钮，弹出相应的对话框，选择"描述统计"选项，单击"确定"按钮，如图 5-3 所示。

图 5-3　单击数据分析按钮显示对话框

(3) 在"描述统计"对话框中，根据图 5-4 进行设置，设置完成后单击"确定"按钮，得出如图 5-5 所示的结果，从中可以得出诸多描述统计指标，其中就有求和数和平均数。

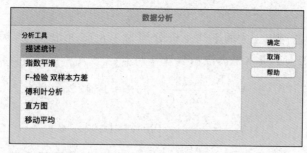

气温	
平均	26.41111111
标准误差	0.566775589
中位数	25.9
众数	25.2
标准差	1.700326766
方差	2.891111111
峰度	-0.780012547
偏度	0.644710529
区域	5
最小值	24.2
最大值	29.2
求和	237.7
观测数	9
最大(1)	29.2
最小(1)	24.2
置信度(95.0%)	1.306986851

图 5-4　"描述统计"对话框　　　　图 5-5　计算结果

二、Excel 在中位数计算中的运用

将样本数由小到大排列，中间的那个值即是中位数。例如样本中有 7 个值，排序后第四个值便是中位数；如果样本中有 8 个值，排序后第四个和第五个值的算术平均数便是中位数。

在 Excel 中可以利用函数 MEDIAN 计算中位数，例如输入"＝MEDIAN(10,20,30,40)"可得到 25。也可以不通过对数列排序，而是直接用函数表达式来计算。具体方法如下。

打开 Excel，把已知数据输入图 5-6 中。

然后在某单元格输入公式："＝MEDIAN(26.2,25.2,31.2,21.9,24.5,16.3,21.1,24.1,26.1)"，即可得到中位数。操作如图 5-7 所示，得出结果如图 5-8 所示。

	A	B
1	时间	气温
2	1	26.2
3	2	25.2
4	3	31.2
5	4	21.9
6	5	24.5
7	6	16.3
8	7	21.1
9	8	24.1
10	9	26.1

图 5-6　数据输入

	A	B	C
1	时间	气温	
2	1	26.2	
3	2	25.2	
4	3	31.2	
5	4	21.9	
6	5	24.5	
7	6	16.3	
8	7	21.1	
9	8	24.1	
10	9	26.1	
11		公式	计算结果
12		=MEDIAN(26.2,25.2,31.2,21.9,24.5,16.3,21.1,24.1,26.1)	

图 5-7　中位数计算

A	B	C
时间	气温	
1	26.2	
2	25.2	
3	31.2	
4	21.9	
5	24.5	
6	16.3	
7	21.1	
8	24.1	
9	26.1	
	公式	计算结果
		24.5

图 5-8　中位数计算结果

复习思考题

一、填空题

1. 算术平均数是统计中最常用的一种表示数据_____的代表值,它是_____除以

_____之商。

2. 在变量数列中,哪一组的频数所占比重大,则该组变量值对_____的影响就大。因此,当各组的频数所占比重相等时,加权算术平均数等于_____。

3. 若在一个变量数列中,各组频数均增减几倍,则频率_____,平均数也_____。

4. 极差也称_____,是变量分布中_____与_____之差,在组距数列中,可以用_____与_____之差。

5. 中位数是位于变量数列_____的那个标志值,众数是在总体中出现次数_____的那个标志值。中位数和众数也可以称为_____平均数。

6. 为了比较某校人数不等的两个班级学生的学习成绩的优劣,需要计算_____,而为了说明哪个班级学生的学习成绩比较整齐,则需要计算_____。

7. 在社会经济统计中,常用的平均指标有_____、_____、_____、_____、_____。

8. 简单算术平均数的大小只受一个因素的影响,即_____;而加权算术平均数的大小要受两个因素的影响,一个是变量数列中的_____,另一个是_____。

9. 当标志值较大而次数较多时,平均数接近于标志值较_____的一方;当标志值较小而次数较多时,平均数靠近于标志值较_____的一方。

10. 已知某数列的平均数是 200,标准差系数是 30%,则该数列的方差是_____。

二、判断题

1. 所有变量值与平均数的离差之和为最大。   (   )
2. 各变量值的次数相同时,众数不存在。   (   )
3. 平均差是各变量值对算术平均数的离差的平均数。   (   )
4. 标准差的实质与平均差基本相同,也是各个标志值对其算术平均数的平均距离。
    (   )
5. 平均数反映了总体分布的集中趋势,是总体分布的重要特征值。   (   )
6. 各个变量值与其平均数离差的平方之和为最小。   (   )
7. 已知一组数列的方差为 9,离散系数为 30%,则其平均数等于 30。   (   )
8. 是非标志的平均数等于 P。   (   )
9. 对同一数列,同时计算平均差和标准差,两者数值必然相等。   (   )
10. 平均差和标准差都表示标志值对算术平均数的平均距离。   (   )

三、单项选择题

1. 最容易受极端变量值影响的平均指标是(   )。
    A. 众数   B. 几何平均数   C. 中位数   D. 算术平均数
    E. 其不同的计算方法

2. 加权算术平均数的大小(   )。
    A. 主要受各组变量值大小的影响,而与各组频数多少无关
    B. 既受各组变量值大小的影响,也受各组频数多少的影响
    C. 主要受各组频数多少的影响,而与各组变量值的大小无关
    D. 既与各组变量值大小无关,也与各组频数多少无关

3. 权数对算术平均数的影响作用决定于(   )。

A. 频数本身数值的大小

B. 作为权数的频数占总体频数的比重大小

C. 各组变量值的大小

D. 权数的经济意义

4. 各项变量值皆不相同时（　　）。

A. 众数就是出现次数最多的那个变量值

B. 众数就是最大的那个变量值

C. 众数就是居于中间位置的那个变量值

D. 众数不存在

5. 下列离差程度数值中易受极端数值影响的是（　　）。

A. 全距　　　　　B. 标准差　　　　　C. 平均差　　　　　D. 标准差系数

6. 全距和标准差离差程度数值的计量单位（　　）。

A. 与各变量值的计量单位相同　　　　B. 与各变量值的频数的计量单位相同

C. 不存在计量单位　　　　　　　　　D. 通常以百分数作为计量单位

7. 甲、乙两厂职工工资的离散系数是甲厂大于乙厂，所以（　　）。

A. 不能说明两厂职工平均工资的代表性谁大

B. 乙厂职工平均工资的代表性大于甲厂

C. 甲厂职工平均工资的代表性大于乙厂

D. 乙厂职工工资的标准差大于甲厂

8. 有两个变量数列，甲数列：$\bar{x}_甲=80, \sigma_甲=12.6$；乙数列：$\bar{x}_乙=96, \sigma_乙=13.8$。此资料表明（　　）。

A. 甲数列平均数的代表性大于乙数列　　B. 乙数列平均数的代表性大于甲数列

C. 两数列平均数代表性相同　　　　　　D. 两数列平均数代表性无法比较

9. 有甲、乙两组工人加工同样的零件，甲组工人每人加工件数为 32,25,29,28,26；乙组每人加工件数为 30,25,22,36,27，变异大的组是（　　）。

A. 甲组　　　　　B. 乙组　　　　　C. 一样　　　　　D. 无法比较

10. 对比两个不同计量单位分布数列变量值的差异程度，应采用（　　）。

A. 算术平均数　　B. 全距　　　　　C. 离散系数　　　　D. 标准差

四、多项选择题

1. 一班同学的平均身高为 $\bar{x}_1$，标准差为 σ_1，二班同学的平均身高为 $\bar{x}_2$，标准差为 σ_2，如果（　　）。

A. $\bar{x}_1 > \bar{x}_2, \sigma_1 > \sigma_2$，则一班身高均值的代表性低

B. $\bar{x}_1 < \bar{x}_2, \sigma_1 > \sigma_2$，则一班身高均值的代表性低

C. $\bar{x}_1 = \bar{x}_2, \sigma_1 > \sigma_2$，则一班身高均值的代表性低

D. $\bar{x}_1 < \bar{x}_2, \sigma_1 < \sigma_2$，则一班身高均值的代表性低

E. $\bar{x}_1 < \bar{x}_2, \sigma_1 = \sigma_2$，则一班身高均值的代表性低

2. 简单算术平均数之所以简单是因为（　　）。

A. 所依以计算的资料已分组　　　　　B. 各变量值的频率相等

C. 各变量值的频率不等　　　　　　　D. 所依以计算的资料未分组

E. 各变量值的次数分布不同

3. 是非标志的标准差计算公式是（　　）。

A. $\sqrt{p(q-1)}$　　　B. $\sqrt{p(1-q)}$　　　C. $\sqrt{p(1-p)}$　　　D. pq

E. $\sqrt{p-q}$

4. 下列标志变异指标中用有名数表示的是（　　）。

A. 标准差系数　　　B. 变异全距　　　C. 平均差　　　D. 标准差

E. 离散系数

5. 加权算术平均数的大小（　　）。

A. 受各组次数多少的影响　　　B. 受各组标志值大小的影响

C. 受各组标志值和次数的共同影响　　　D. 不受各组标志值的影响

E. 与各组次数分布多少无关系

五、简答题

1. 强度相对指标和平均指标有什么区别？

2. $\bar{x}$、σ 和 $\dfrac{\sigma}{\bar{x}}$ 各反映什么问题？

3. 什么是几何平均数？在什么情况下使用？

六、实训题

1. 4 个市场某种商品某月平均价格及销售额资料如表 5-13 所示，试计算该种商品 4 个市场的平均价格。

表 5-13　4 个市场平均价格

市　场	商品平均价格/(元/kg)	商品销售额/元
甲	6	30 000
乙	7	21 000
丙	9	22 500
丁	10	10 000
合计	—	83 500

2. 某地甲、乙两村玉米生产情况资料如表 5-14 所示。

表 5-14　玉米生产情况

土地按自然条件分组	甲村				乙村			
	播种面积		总产量/吨	单产/吨	播种面积		总产量/吨	单产/吨
	绝对数/公顷	比重/%			绝对数/公顷	比重/%		
山地	100		300		170		540	
丘陵地	133.3		600		119		560	
平原地	100		525		51		285	
合计	333.3		1 425		340		1 385	

要求：

(1) 计算填列表中空格中的数字；

(2) 简要分析说明哪个村生产情况好,为什么?

3. 甲、乙两单位人数及月工资资料如表 5-15 所示。

表 5-15　单位人数及月工资

月工资/元	甲单位人数/人	乙单位人数比重/%
400 以下	4	2
400～600	25	8
600～800	84	30
800～1 000	126	42
1 000 以上	28	18
合计	267	100

根据表中资料:
(1) 比较甲、乙两单位哪个单位工资水平高;
(2) 说明哪个单位工资更具有代表性。

4. 某班级分甲、乙两个学习小组,在统计学考试中,甲小组平均成绩 75 分,标准差 11.5 分,乙小组成绩资料如表 5-16 所示。

表 5-16　两小组成绩资料

成绩/分	人数/人
60 以下	2
60～70	5
70～80	8
80～90	6
90 以上	4

要求:以尽可能精确的方法比较两个小组平均成绩的代表性。

5. 兹有某地区水稻收获量分组资料如表 5-17 所示。

表 5-17　水稻收获量分组

水稻收获量/(kg/亩)	耕地面积/亩	水稻收获量/(kg/亩)	耕地面积/亩
150～175	18	300～325	119
175～200	32	325～350	56
200～225	53	350～375	22
225～250	69	375～425	10
250～275	84	425～500	4
275～300	133	合计	600

要求:计算中位数和众数。

项目六　掌握时间数列分析

项目说明：

社会经济现象总是随着时间的推移而不断地发展变化的，我们可以对收集到的"过去"时间里大量的数据资料，通过采用科学方法，从中总结出规律性的结论，然后结合"目前"的客观现状，就可以对"未来"做出判断和预测。如何将有用的信息汇编成科学的时间数列？怎样描绘、分析数列中的指标？时间数列的数据是否具有规律性的变动特征，如何反映其发展趋势并据此对未来进行预测？本项目将介绍时间数列的理论和方法。

能力目标：

1. 掌握以时间数列为基础分析经济现象发展变化特点及其规律的方法。
2. 会对简单的社会经济现象使用长期趋势的测定方法。
3. 会计算时期数列的序时平均数、时点数列的序时平均数。
4. 能综合运用时间数列的水平指标和速度指标进行动态分析。

知识目标：

1. 了解动态数列的概念、种类及编制原则。
2. 熟练掌握现象发展的水平分析指标。
3. 掌握发展速度、增长速度、平均发展速度、平均增长速度指标。
4. 熟练掌握现象发展的速度分析指标。

任务一　认识时间数列

 任务引导

根据表 6-1 中数据思考问题，2011—2021 年我国国内生产总值数据如表 6-1 所示。

表 6-1　2011—2021 年我国国内生产总值数据　　　　　　　　单位：美元

年　份	GDP	年　份	GDP
2011	7.55 万亿	2017	12.31 万亿
2012	8.53 万亿	2018	13.89 万亿
2013	9.57 万亿	2019	14.28 万亿
2014	10.48 万亿	2020	14.69 万亿
2015	11.06 万亿	2021	17.73 万亿
2016	11.23 万亿		

任务分解

以组为单位,组员根据自身经历的或了解的生产生活中的现象,或通过网络搜索有关的经济数据,观察说明每年的GDP有何变化趋势。

要求:
(1) 把不同年份的数据进行对比能说明什么问题?
(2) 不同年份的数据对经济分析工作能起到什么作用?
(3) 预测未来GDP变化趋势。

 相关知识

一、时间数列的概念和作用

在许多情况下,仅仅对现象进行静态分析是不够的,因为社会经济现象的规模水平、发展速度和比例关系等,都随着时间的推移而处在变化之中,分析时需要收集现象的时间序列数据进行动态分析。动态分析是从动态的角度对现象的发展变化状态进行分析,揭示现象发展变化的过程和规律。

统计编制时间数列,分析社会经济现象在时间上的变动,即从动态上研究社会经济现象的发展过程和变化。通过动态分析可以认识事物发展变化的规律,以便科学地预测未来,有效地指导和控制生产经营和其他社会活动。

时间数列也称动态数列,是指社会经济现象的统计指标按时间先后顺序排列而形成的数列,如表6-2所示。

表6-2　2017—2021年度职工工资与职工人数统计

年份	2017	2018	2019	2020	2021
职工工资总额/亿元	3 939.2	6 656.4	8 100.0	9 080.0	9 405.3
年末职工人数/万人	14 792	14 849	14 908	14 845	14 668
国有经济单位职工工资总额所占比重/%	78.45	77.78	45.06	74.81	76.69
职工平均货币工资/元	2711	4 538	5 500	6 210	6 470

从表6-2中可以看出,时间数列由两个基本要素构成:一是被研究对象所属的时间,可以用年、季、月、日等表示,如表6-2中的2017年、2018年等;二是现象在各时间上的统计指标数值,也称为发展水平,如表6-2中的利润总额。发展水平可以是总量指标、相对指标或平均指标。

编制时间数列是计算动态指标、进行动态分析的基础,在统计研究中具有极为重要的作用。

(1) 通过时间数列的编制和分析,可以从事物在不同时间上的量变过程中,认识社会经济现象的发展变化方向、程度、趋势和规律,为制定政策、编制计划提供可行的依据。

(2) 通过对时间数列的研究,可以发现研究现象发展变化的规律和未来趋势,以便对经济现象进行预测分析。

（3）通过对比时间数列，可以对不同国家或地区的同类现象进行比较分析，揭示现象发展过程中的差距。

二、时间数列的种类

时间数列 6-1

时间数列根据其统计指标的表现形式不同，可分为总量指标（绝对数）时间数列、相对指标（相对数）时间数列和平均指标（平均数）时间数列三种。其中，总量指标时间数列是最基本的时间数列，相对指标时间数列和平均指标时间数列是在其基础上派生而成的时间数列，又称为派生数列。

（一）总量指标时间数列

总量指标时间数列又称绝对数时间数列，是指将一系列总量指标按时间先后顺序排列起来所形成的时间数列，如表 6-2 中所形成的时间数列即为总量指标时间数列。总量指标时间数列反映了社会经济现象总量在各个时期所达到的绝对水平及其发展变化过程，是计算与分析相对指标时间数列和平均指标时间数列的基础。

总量指标时间数列按其指标所反映的时间状况的不同，又分为时期时间数列和时点时间数列两种类型。

1. 时期时间数列

时期时间数列简称时期数列，是指由时期指标构成的数列，即数列中各项指标反映某现象在一段时期内发展过程的总量，如工业总产值、国民生产总值和国民收入等。如表 6-2 中第一列的时间数列即为时期数列，其中每项指标分别反映 2017—2021 年各年的职工工资总额的总量。

时期数列具有以下特点。

（1）时期数列的每一指标数值总是和一定的时期相对应，数列中各项指标数值可以相加，相加后的数值表示现象在一段时期内发展过程的总量。

（2）时期数列中各个指标数值大小与其所属的时期长短有直接关系，一般来讲，时期越长，指标数值越大，时期越短，指标数值越小。

（3）时期数列中每个指标数值，通常是通过经常性调查及连续不断地登记、汇总而取得的。

2. 时点时间数列

时点时间数列简称时点数列，是指由时点指标构成的数列，即数列中各项指标反映的是某现象在某一时点（时刻）所处的水平、状态，如职工人数、人口数、在校学生数、企业的固定资产数等。如表 6-3 中所列的数列即为时点数列。

表 6-3　某省 2015—2019 年年末全省就业人员情况

年份	2015	2016	2017	2018	2019
年末全省就业人员/万人	4 468.67	4 482.52	4 510.12	4 564.76	4 618.14

时点数列具有以下特点。

（1）时点数列中每个指标只表明社会经济现象在一定时点上的水平，各项数值不能相加。

(2) 时点数列中各个指标数值大小与其时间间隔长短没有直接关系。

(3) 时点数列中每个指标数值是通过一次性登记而取得的。

(二) 相对指标时间数列

相对指标时间数列又称相对数时间数列,是指由相对指标按时间先后顺序排列起来所形成的时间数列,它反映社会经济现象之间数量对比关系的发展变化过程及其规律。如表 6-4 中企业产量计划完成程度数列就是相对指标时间数列。在相对指标时间数列中,各个指标数值是不能相加的。

表 6-4　某企业 2015—2019 年的部分资料

年份	2015	2016	2017	2018	2019
产量计划完成程度/%	98	102	110	112	113
职工年平均工资/元	13 500	14 700	15 600	19 800	25 500

(三) 平均指标时间数列

平均指标时间数列又称平均数时间数列,是指由平均指标按时间先后顺序排列起来所形成的时间数列,它反映社会经济现象在一段时间内一般水平的发展变化过程。如表 6-4 中企业职工年平均工资数列就是平均指标时间数列。在平均指标时间数列中,各个指标数值也是不能相加的。

三、时间数列的编制原则

编制时间数列的目的,是通过各个时期指标数值的对比,来研究社会经济现象的发展变化及其规律性。因此,保证数列中各个指标数值的可比性,是编制时间数列应遵循的基本原则。具体来说,编制时间数列的原则主要有以下四点。

1. 时间长短应该统一

对于时期数列而言,时期数列中各个指标数值大小与其所属的时期长短有直接关系,因此,只有指标所属时期长短一致,才能保证各项指标数值之间的可比性,否则很难直接做出判断和比较。

对于时点数列而言,虽然各个指标数值大小与其时间间隔长短没有直接关系,但也要求各时点间隔尽可能保持一致,以便更准确地反映现象的发展趋势和变化规律。

2. 总体范围应该统一

时间数列中,各个指标所包括的总体范围前后应当一致。若被研究对象所属空间范围发生了变化,指标数值也将随之发生变化,则所形成的指标不可比。如研究某地区工业生产的发展情况,如果该地区的行政区划发生了变动,则前后指标数值就不能直接对比,必须对资料进行适当调整,统一总体范围后,再做动态分析。

3. 指标的经济内容应该统一

统计指标中,有时会出现名称相同、其含义内容却不完全相同的情况,因此,时间数列中各项指标所反映的经济内容应该一致。例如工业企业的工资总额,按费用要素分组的工资包括全部职工的工资,但按成本项目分组的工资只包括基本生产的工人的工资。如果不加区分地把这些指标数值编入同一个时间数列,由于二者的经济内容不同,没有可比性,就会导致错误的分析结论。因此编制时间数列时，不仅要看指标名称，更要注意指标所属的含义内容。随着我国经济体制改革的不断深化，某些指标的经济含义也在发生变化，保证各期指标经济内容的一致性就十分必要。

4. 指标的计算方法、计算价格和计算单位应该统一

时间数列 6-2

时间数列中，各项指标的计算口径、计算单位和计算公式应当一致，并在一定时期内保持不变。例如，要研究某企业劳动生产率的变化，产量用实物量还是价值量，人数用全部职工数还是生产工人数，前后应保持一致。再如，要对比不同时期的工业产值，应注意其价格水平的变化，采用统一的不变价格表示。如果价格标准不统一，就不能从指标的对比中正确反映工业产值的实际变化程度。

此外，同一时间数列中各项指标数值应当采用同样的计量单位。

 任务分析

我国经济已由高速增长阶段转向高质量发展阶段，同时也进入了微幅波动阶段。随着我国经济规模和 GDP 基数大幅提高，宏观经济对外部冲击的敏感性有所减弱。我国政府对经济调控的手段逐渐成熟，宏观把控能力日臻完善。若国家不出台强有力的刺激政策，那么我国经济实际增速将在其潜在增长轨迹上运行。美国、欧元区以及日本采取降息、扩表等措施，总体有利于我国外部需求的增加，从而带动我国出口增长；中美双方谈判取得阶段性进展，经贸摩擦导致的负面影响有所减缓。因此对于 GDP 的趋势分析需要结合当前国内外情势，总体对于 GDP 预测仍将保持平稳较快发展。

任务二　认识时间数列的水平分析指标

 任务引导

根据表 6-5 中的数据思考问题，该表展示了 2015—2018 年某地区冰箱产量。

表 6-5　某地区 2015—2018 年冰箱产量

年份	2015	2016	2016	2017	2018
产量/万台	768	918	980	1 044	1 060
逐期增长量		150	62	64	16
累计增长量		150	212	276	292

 任务分解

以组为单位，组员根据自身经历的或了解的生产生活中的现象，观察说明该地区冰箱产量逐年有何变化趋势。

要求：

(1) 理解逐期增长量与累计增长量有何关系。
(2) 通过各年份数据比较,得到该研究期内冰箱的平均产量。
(3) 结合课本内容,可以从哪些方面对这些数据进行发展水平分析?

 相关知识

在编制时间数列的基础上,为了分析研究社会经济现象在不同时间条件下的发展变化规律,需要计算各种动态分析指标。时间数列的分析指标包括水平指标和速度指标两大类。水平指标包括发展水平、平均发展水平、增长量和平均增长量;速度指标包括发展速度、平均发展速度、增长速度和平均增长速度。水平分析是速度分析的基础,速度分析是水平分析的深入和继续。

一、发展水平

发展水平是指时间数列中的每一项指标数值,具体反映某种社会经济现象在各个发展时期或时点上实际所达到的规模或程度。发展水平是计算其他动态分析指标的基础,一般用 a_i 表示。

发展水平一般是时期或时点总量指标,如销售额、利润总额等;也可以是平均指标,如平均工资、单位产品成本等;还可以是相对指标,如计划完成程度、劳动生产率等。

在时间数列中,由于发展水平所处的位置不同,有最初水平、中间水平和最末水平之分。最初水平是指数列中的第一项水平,最末水平是指数列中的最后一项水平,其余中间各项为中间水平。设时间数列各项为:$a_0, a_1, a_2, \cdots, a_n$,其中,$a_0$ 为最初水平,a_n 为最末水平,其余各项为中间水平。

发展水平根据其作用不同,有报告期水平和基期水平之分。报告期水平是所要计算分析的那个时期的发展水平,又称计算期水平,一般用 a_i 表示;基期水平是作为比较基础时期的发展水平,通常用 a_0 或 a_{i-1} 表示。

这些发展水平的概念不是一成不变的,它们会随着研究目的的不同而有所变化。今年是报告期水平,可能将来是基期水平;这一个时间数列的最末水平,可能是另一个数列的最初水平。

时间数列 6-3

在实际工作中,发展水平在文字说明上习惯用"增加到""增加为"或"降低到""降低为"表示事物"增加"或"降低"到某种水平。如 2018 年某高校在校学生人数 26 000 人,2019 年增加到 32 000 人。

二、平均发展水平

平均发展水平又称序时平均数或动态平均数,是将整个时间数列作为一个整体,从而反映这个整体的一般水平,即将时间数列不同时间上的发展水平加以平均而得到的平均数。

平均发展水平在动态分析中具有重要的意义,它可以把时间长短不等的总量指标由不可比变为可比,并消除现象在短期内波动的影响,便于观察现象的发展变化趋势和规律性。为此,平均发展水平指标在动态分析中被广泛运用。

(一)根据总量指标时间数列计算平均发展水平

根据总量指标时间数列计算平均发展水平的计算方法是最基本的,它是计算相对指标或平均指标时间数列平均发展水平的基础。总量指标时间数列分为时期数列和时点数列,由于它们具有不同的特点和性质,因而在计算平均发展水平时,需要采用不同的计算方法。

1. 根据时期数列计算平均发展水平

时期数列各项指标数值能直接相加,平均发展水平可采用简单算术平均法计算,即将数列中各项指标数值之和除以时期项数。其计算公式为

$$\bar{a} = \frac{a_1 + a_2 + \cdots + a_n}{n} = \frac{\sum a_i}{n} \tag{6-1}$$

式中,$\bar{a}$ 为序时平均数;a_i 为各时期的发展水平;n 为时期数列的项数。

【例 6-1】 某企业 2019 年各季度销售额资料见表 6-6。

表 6-6 某企业 2019 年销售额资料　　　　　　　　　单位:万元

时期	第一季度	第二季度	第三季度	第四季度
销售额	21.4	18.6	23.5	39.2

根据以上资料计算该企业 2019 年各季度平均销售额为

$$\bar{a} = \frac{a_1 + a_2 + \cdots + a_n}{n} = \frac{\sum a_i}{n}$$

$$\frac{21.4 + 18.6 + 23.5 + 39.2}{4} = 25.675(\text{万元})$$

2. 根据时点数列计算平均发展水平

由于时点数列中的各项指标数值都是社会经济现象在某一具体时点条件下的瞬间水平,要计算其平均数,就必须知道在每一时点上的指标数值,事实上这是不可能的,所以在实际中都是有一定的时间间隔。因此根据时点数列计算平均发展水平的方法比较复杂,而且随着掌握资料的详细情况不同而有所区别。时点数列有连续时点数列和间断时点数列之分,其计算方法也有差异。

1) 根据连续时点数列计算平均发展水平

时间数列 6-4

在实践中,通常将"天"作为最小的时点单位。所谓连续时点数列,是指按日登记取得资料的时点数列。连续时点数列有两种情况:一是数列中各项指标为逐日进行记录,并且是逐日排列的;二是数列中各项指标并非逐日进行记录,而只是在发生变化时进行记录。通常将前者称为间隔相等的连续时点数列,将后者称为间隔不等的连续时点数列。

(1) 间隔相等的连续时点数列(逐日登记)

间隔相等的连续时点数列,其平均发展水平的计算可采用简单算术平均法,即用各个时点数值之和除以时点个数(即天数)。其计算公式为

$$\bar{a} = \frac{\sum a}{n} \tag{6-2}$$

【例 6-2】 某公司某周周一至周五每日出勤人数见表 6-7,计算本周平均每日出勤人数。

表 6-7　某公司某周周一至周五每日出勤人数

时间	周一	周二	周三	周四	周五
人数/人	52	54	54	53	52

解　$\dfrac{52+54+54+53+52}{5}=53$（人）

(2) 间隔不等的连续时点数列（间隔登记）

间隔不等的连续时点数列的各项指标数值不是逐日变动的,而是每隔一段时间变动一次,其平均发展水平采用加权算术平均法计算。以指标数值每次变动结果持续的间隔时间为权数(t),计算公式为

$$\bar{a}=\dfrac{\sum at_i}{\sum t_i}$$

【例 6-3】某企业 4 月 1 日职工有 300 人,4 月 11 日新进厂 9 人,4 月 16 日离厂 4 人,则该企业 4 月份平均职工人数为

$$\bar{a}=\dfrac{\sum at_i}{\sum t_i}=\dfrac{300\times10+309\times5+305\times15}{10+5+15}=304（人）$$

2) 根据间断时点数列计算平均发展水平

所谓间断时点数列,是指按月末、季末或年末登记取得资料的时点数列。它也有两种情况:一是时点数列间隔相等,称为间隔相等的间断时点数列;二是时点数列间隔不等,称为间隔不等的间断时点数列。

(1) 间隔相等的间断时点数列

间隔相等的间断时点数列可采用简单算术平均法求各间隔内的期初和期末的平均值,并把各个平均值视为时期值来计算它们的平均发展水平。其计算公式为

$$\bar{a}=\dfrac{\dfrac{a_1}{2}+a_2+a_3+\cdots+a_{n-1}+\dfrac{a_n}{2}}{n-1} \tag{6-3}$$

式中,n 为时点数列的项数。

利用这种方法计算平均发展水平有一个前提条件,即假定现象在相邻两个时点之间的发展变动是均匀的。该方法称为"首尾折半法"或"首末折半法"。

【例 6-4】某企业 2019 年第二季度某种商品的库存量见表 6-8,试求该商品第二季度月平均库存量。

表 6-8　某企业 2019 年第二季度某商品库存量

时间	3 月末	4 月末	5 月末	6 月末
库存量/百件	66	72	64	68

解　第二季度月平均库存量 $=\dfrac{\dfrac{66}{2}+72+64+\dfrac{68}{2}}{4-1}\approx67.67$（百件）

(2) 间隔不等的间断时点数列

对于间隔不等的间断时点数列,首先应将相邻两个时点值相加后除以2,得出一系列时

点间的平均值,然后以间隔时间长度 t 为权数,对这些平均值进行加权算术平均,求得其平均发展水平。其计算公式为

$$\bar{a} = \frac{\frac{a_1+a_2}{2}t_1 + \frac{a_2+a_3}{2}t_2 + \cdots + \frac{a_{n-1}+a_n}{2}t_{n-1}}{t_1+t_2+\cdots+t_{n-1}} \qquad (6-4)$$

【例 6-5】 某农场 2018 年生猪存栏数如表 6-9 所示,计算该农场 2019 年生猪的月平均存栏数。

表 6-9 某农场 2018 年生猪存栏数

日期	1月1日	3月1日	8月1日	10月1日	12月1日
生猪存栏数/头	1 420	1 400	1 200	1 250	1 460

解

$$\bar{a} = \frac{\frac{1\,420+1\,400}{2} \times 2 + \frac{1\,400+1\,200}{2} \times 5 + \frac{1\,200+1\,250}{2} \times 2 + \frac{1\,250+1\,460}{2} \times 3}{12}$$

$$\approx 1\,319.58 (头)$$

(二) 根据相对指标时间数列或平均指标时间数列计算平均发展水平

由于相对数和平均数是由两个有联系的绝对数对比求得,因此,根据相对指标时间数列或平均指标时间数列计算平均发展水平时,不能直接根据该相对指标或平均指标时间数列中各项观察值简单平均计算,而应当先分别计算构成该相对指标或平均指标数列的分子数列和分母数列的平均发展水平,再将这两个平均发展水平对比求得。其计算公式为

$$\bar{c} = \frac{\bar{a}}{\bar{b}} \qquad (6-5)$$

式中,$\bar{a}$ 为分子的平均发展水平;$\bar{b}$ 为分母的平均发展水平。

在实际生活中,可能 a、b 都是时期指标或时点指标,也可能一个是时期指标,另一个是时点指标,但它们的平均发展水平都应该根据总量指标的相应计算公式计算。

【例 6-6】 某企业 2018 年第四季度职工人数资料见表 6-10,计算工人占职工人数的平均比重。

表 6-10 某企业 2018 年第四季度职工人数资料

时间	9月末	10月末	11月末	12月末
工人人数/人	342	355	358	364
职工人数/人	448	456	469	474
工人占职工比重/%	76.34	77.85	76.33	76.79

解 $\bar{c} = \dfrac{\bar{a}}{\bar{b}} = \dfrac{\dfrac{a_1}{2}+a_2+a_3+\cdots+\dfrac{a_n}{2}}{\dfrac{b_1}{2}+b_2+b_3+\cdots+\dfrac{b_n}{2}} = \dfrac{\dfrac{342}{2}+355+358+\dfrac{364}{2}}{\dfrac{448}{2}+456+469+\dfrac{474}{2}} \times 100\% = 76.91\%$

【例 6-7】 某企业 2018 年下半年劳动生产率资料见表 6-11,计算平均月劳动生产率和

下半年平均职工劳动生产率。

表 6-11　某企业 2018 年下半年劳动生产率资料

时间	6月	7月	8月	9月	10月	11月	12月
总产值/万元	87	91	94	96	102	98	91
月末职工人数/人	460	470	480	480	490	480	450
劳动生产率/(元/人)		1 948	1 957	1 979	2 000	2 103	2 021	1 957

解　从表 6-11 中可以看到，劳动生产率的分子总产值是时期指标，分母职工人数是时点指标，计算平均月劳动生产率应用下列公式：

$$\bar{c} = \frac{\bar{a}}{\bar{b}} = \frac{\dfrac{\sum a}{n}}{\dfrac{\dfrac{b_1}{2} + b_2 + b_3 + \cdots + \dfrac{b_n}{2}}{n-1}}$$

代入表中资料：

$$\bar{c} = \frac{\dfrac{91+94+96+102+98+91}{6}}{\dfrac{\dfrac{460}{2}+470+480+480+490+480+\dfrac{450}{2}}{7-1}} \approx 2\ 003.5(元/人)$$

三、增长量和平均增长量

(一) 增长量

增长量又称增减量，是时间数列中报告期水平与基期水平之差，是两个时期发展水平相减的差额，用以反映社会经济现象在一定时期内发展水平增减变化的绝对值。增长量的计算公式为

$$增长量 = 报告期水平 - 基期水平 \tag{6-6}$$

当报告期水平大于基期水平时，增长量为正值，表示现象水平的增加；当报告期水平小于基期水平时，增长量为负值，表示现象水平的下降。有些现象以正增长量为好，如产量增加；有些则以负增长量为好，如成本降低。

由于选择基期的不同，增长量分为逐期增长量和累计增长量。

逐期增长量是指报告期水平与前一期水平之差，表明本期比上一期增长的绝对数值。其计算公式为

$$逐期增长量 = a_i - a_{i-1} \quad (i=1,2,\cdots,n) \tag{6-7}$$

累计增长量是指报告期水平与某一固定时期(通常为最初水平)水平之差，表明本期比某一固定时期增长的绝对数值，即说明现象在某一较长的时期内总的增长量。其计算公式为

$$累计增长量 = a_i - a_0 \quad (i=1,2,\cdots,n) \tag{6-8}$$

逐期增长量与累计增长量之间有一定的数量关系，即累计增长量等于相应各个时期逐期增长量之和；相邻两个时期累计增长量之差等于相应时期的逐期增长量，即

$$a_n - a_0 = (a_n - a_{n-1}) + \cdots + (a_3 - a_2) + (a_2 - a_1) + (a_1 - a_0) = \sum a_i - a_{i-1}$$

$$a_i - a_0 - (a_{i-1} - a_0) = a_i - a_{i-1} \quad (i = 1, 2, \cdots, n)$$

实际工作中,为了消除季节变动的影响,常用本期发展水平与上年同期发展水平相减,计算年距增长量,以反映一报告期水平较上年同期水平增长的绝对数值。其计算公式为

$$年距增长量 = 本期发展水平 - 去年同期发展水平$$

时间数列 6-5

(二) 平均增长量

平均增长量是逐期增长量的序时平均数,用以说明社会经济现象在一定时期内平均每期比前期增长的绝对水平。其计算公式为

$$平均增长量 = \frac{逐期增长量之和}{逐期增长量个数} = \frac{累计增长量}{时间数列项数 - 1} \tag{6-9}$$

 任务分析

社会经济现象总是随着时间的推移而变化,呈现动态性。统计对社会经济现象的研究,不仅要从静态上揭示研究对象在具体时间、地点、条件下的数量特征和数量关系,而且要从动态上反映其发展变化过程及规律性。

本任务的方案可以比较该地区冰箱逐期增长量与累计增长量的数据;通过各年份数据比较,得到该研究期内冰箱的平均产量;通过已得数据计算该地区冰箱得发展水平、平均发展水平、增长量和平均增长量。

任务三 认识时间数列的速度分析指标

 任务引导

某高校 2016—2021 年间招生情况见表 6-12。

表 6-12 某高校 2016—2021 年间招生情况

年份	2016	2017	2018	2019	2020	2021
招生人数/人	1 883	1 990	2 056	2 200	2 378	2 526

 任务分解

以组为单位,组员根据实际工作生活中的现象,观察说明每年比前一年的招生数据有何变化,如何表示这种变化。

要求:

(1) 把逐年的数据进行对比,说明该高校招生的发展速度。

(2) 把逐年的数据与 2016 年进行对比,说明在长时期范围内该高校招生的发展速度。

(3) 两种发展速度之间有何种关系?

相关知识

时间数列的速度分析指标主要有发展速度、增长速度、平均发展速度和平均增长速度,其中发展速度是基本的速度分析指标。

一、发展速度

发展速度是指反映社会经济现象发展变化情况的动态相对指标,是报告期发展水平与基期发展水平之比,主要用来说明报告期的水平是基期水平的百分之几或若干倍,计算结果一般用倍数或百分数表示。其计算公式为

$$发展速度 = \frac{报告期水平}{基期水平} \tag{6-10}$$

若计算结果大于100%(或大于1),则表示为上升速度;若计算结果小于100%(或小于1),则表示为下降速度。

发展速度由于采用的基期不同,可以分为环比发展速度和定基发展速度。

(一)环比发展速度

环比发展速度是报告期水平与前一时期水平之比,说明现象逐期发展变化的程度。其计算公式为

$$环比发展速度 = \frac{a_1}{a_0}, \frac{a_2}{a_1}, \cdots, \frac{a_n}{a_{n-1}} \tag{6-11}$$

(二)定基发展速度

定基发展速度是报告期水平与某一固定时期水平之比,说明现象在一个较长时间内总的发展变化程度,又叫总发展速度。其计算公式为

$$定基发展速度 = \frac{a_1}{a_0}, \frac{a_2}{a_0}, \cdots, \frac{a_n}{a_0} \tag{6-12}$$

定基发展速度与环比发展速度之间存在着重要的数量关系。

第一,定基发展速度等于环比发展速度的连乘积,即

$$\frac{a_n}{a_0} = \frac{a_1}{a_0} \times \frac{a_2}{a_1} \times \cdots \times \frac{a_n}{a_{n-1}}$$

第二,两个相邻时期的定基发展速度之比等于相应环比发展速度,即

$$\frac{a_n}{a_0} \div \frac{a_{n-1}}{a_0} = \frac{a_n}{a_{n-1}}$$

二、增长速度

增长速度是报告期增长量与基期水平之比,用以说明现象的报告期水平比基期增长了百分之几或若干倍。其计算公式为

$$增长速度 = \frac{增长量}{基期发展水平} = \frac{报告期水平 - 基期水平}{基期水平} \tag{6-13}$$

增长速度与发展速度关系密切,通过发展速度也可以求得增长速度。

$$增长速度 = 发展速度 - 1$$

从上式可以看出,当发展速度大于 1 时,则增长速度为正值,表示社会经济现象的增长程度;当发展速度小于 1 时,则增长速度为负值,表示社会经济现象的减少程度。

由于采用的基期不同,增长速度也可分为环比增长速度和定基增长速度。

(一) 环比增长速度

环比增长速度是逐期增减量与前一时期水平之比,用于描述现象逐期的增长速度。其计算公式为

$$G_i = \frac{a_i - a_{i-1}}{a_{i-1}} = \frac{a_i}{a_{i-1}} - 1 \quad (i = 1, 2, \cdots, n) \tag{6-14}$$

环比增长速度与环比发展速度的关系用公式表示为

$$环比增长速度 = 环比发展速度 - 1$$

(二) 定基增长速度

定基增长速度是累计增长量与某一固定时期水平之比,用于描述现象在这一时期内总的增减程度。其计算公式为

$$G_i = \frac{a_i - a_0}{a_0} = \frac{a_i}{a_0} - 1 \quad (i = 1, 2, \cdots, n) \tag{6-15}$$

定基增长速度与定基发展速度的关系用公式表示为

$$定基增长速度 = 定基发展速度 - 1$$

需要注意的是,环比增长速度与定基增长速度这两个指标不能直接进行相互换算,如果要进行换算,须先将环比增长速度加"1"化为环比发展速度后,再连乘得定基发展速度,然后再减"1",才能求得定基增长速度。

三、平均发展速度和平均增长速度

(一) 平均发展速度

平均发展速度是时间数列中的各个环比发展速度的平均数,说明某种现象在一个较长时期内平均发展变化的程度。实际工作中,平均发展速度的计算方法主要有两种,即几何平均法和方程法。

1. 几何平均法

几何平均法又称水平法,是根据各期的环比发展速度采用几何平均法计算平均发展速度的方法。计算平均发展速度时,因为总速度不等于各期环比发展速度的算术总和,而等于各期环比发展速度的连乘积,所以不能应用算术平均法,而要应用几何平均法。其计算公式为

$$\bar{x} = \sqrt[n]{\frac{a_n}{a_0}} = \sqrt[n]{x_1 \cdot x_2 \cdots x_n} = \sqrt[n]{\prod x} \tag{6-16}$$

式中,$x_1, x_2, \cdots, x_n$ 为各期环比发展速度。

【例 6-8】 某公司 2016—2020 年电冰箱生产发展速度见表 6-13,计算该公司 2016—2020 年电冰箱生产的平均发展速度。

表 6-13　某公司 2016—2020 年电冰箱生产发展速度

年份	2016	2017	2018	2019	2020
产量/万台	768	918	980	1 044	1 060
环比发展速度/%	—	119.5	106.8	106.5	101.5
定基发展速度/%	100	119.5	127.6	135.9	138.0

解
$$\bar{x}=\sqrt[4]{\frac{1\,060}{768}}\approx\sqrt[4]{1.38}\approx1.084\approx108.4\%$$

或

$$\bar{x}=\sqrt[n]{x_1\cdot x_2\cdots x_n}=\sqrt[4]{1.195\times1.068\times1.065\times1.015}\approx\sqrt[4]{1.38}\approx1.084\approx108.4\%$$

从用几何平均法计算平均发展速度的公式中可以看出,平均发展速度实际上只与序列的最初水平 a_0 和最末水平 a_n 有关,而与其他各期水平无关,这一特点表明,几何平均法旨在考察现象在最后一期所达到的发展水平。因此,如果我们所关心的是现象在最后一期应达到的水平,采用几何平均法计算平均发展速度比较合适。

2. 方程法

方程法又称累计法,是以各期发展水平的总和与基期水平之比为基础来计算平均发展速度。即从最初水平 a_0 出发,每期按平均发展速度发展,经过 n 期后,各期计算的理论发展水平之和,应等于各期实际的发展水平之和,即

$$\overline{X}+\overline{X}^2+\overline{X}^3+\cdots+\overline{X}^n=\frac{\sum_{1}^{n}a_i}{a_0} \tag{6-17}$$

该高次方程的正根,就是所要求的平均发展速度。由于这个方程的求解比较复杂,实际工作中一般是通过查平均增长速度查对表求得。

(二)平均增长速度

平均增长速度是各期环比增长速度的序时平均数,用于表明现象在一段时期内逐期平均增长变化的程度。但平均增长速度不能根据环比增长速度直接计算,而只能根据增长速度与发展速度之间的关系来推算。计算平均增长速度时,必须先计算平均发展速度,然后用平均发展速度减去 1(或 100%)求得。其计算公式为

平均增长速度=平均发展速度-1

当平均发展速度大于 1 时,平均增长速度为正值,表示在一个较长时期内逐期平均递增的程度;当平均发展速度小于 1 时,平均增长速度为负值,表示在一个较长时期内逐期平均递减的程度,平均增长速度也可叫作"平均递减速度"或"平均递减率"。

时间数列 6-7

【例 6-9】 根据表 6-13 计算该公司 2016—2020 年电冰箱生产平均增长速度。

解　　　平均增长速度=平均发展速度-1=108.4%-1=8.4%

增长速度反映了经济现象增长的相对速度,而增长量反映了经济现象增长的绝对数量。在对经济现象的增长情况进行统计分析时,往往将绝对数与相对数结合起来分析,即将增长 1% 的绝对值与速度指标结合起来进行统计分析。

增长 1% 的绝对值是指在报告期水平与基期水平的比较中,报告期比基期每增长 1% 所包含的绝对量,即逐期增长量与环比增长速度的比值。其计算公式为

$$增长1\%绝对值=\frac{逐期增长量}{环比增长速度\times 100}=\frac{前期水平}{100} \qquad (6-18)$$

 任务分析

通过对数据的观察,可以进行发展素的比较。时间数列的分析指标有水平指标和速度指标,水平分析是速度分析的基础,速度分析是水平分析的深入和继续。水平指标侧重绝对量的变化,不能客观地反映现象的本质特征,缺乏可比性,而速度指标又会把其后面的发展水平隐藏起来,如水平法的平均发展速度仅反映现象在一个较长时期总速度的平均,它仅和一些特殊时期(最初、最末)的指标值有关,仅用它反映现象发展往往会降低或失去说明问题的意义。所以要把速度指标和水平指标结合起来,既要看速度,又要看水平,通常可以计算增长1%的绝对值。

任务四 认识时间数列的趋势分析

 任务引导

某市某产品连续4年各季度的出口额资料见表6-14(单位:万元)。

表6-14 某市某产品连续4年各季度的出口额

季　　度	一	二	三	四
第一年	16	2	4	51
第二年	28	4.3	6.7	77.5
第三年	45	7.1	14.2	105
第四年	50	5.1	16.8	114

要求:计算该市该产品出口额的季节比率,并对其季节变动情况做简要分析。

 任务分解

以组为单位,组员根据自身经历的或了解的生产生活中的现象,解决问题。
要求:
(1) 计算该市该产品出口额的季节比率。
(2) 对该产品其季节变动情况做简要分析。

 相关知识

一、动态趋势分析的意义

社会经济现象的发展变化是许多错综复杂的因素共同作用的结果:①有些属于基本因

素,它对事物的发展起决定性作用,影响事物在一段较长时间内呈现出一定的趋向,沿着一个方向(上升或下降)发展;②有些属于偶然的或非基本的因素,它对事物的发展只起局部的非决定性作用,影响时间数列各期发展水平出现短期不规则的波动;③还有些属于季节性因素,影响时间数列以一年为周期的季节性波动。为了研究社会经济现象发展变化的趋势或规律,并以此为依据来预测未来,就需要将这些不同因素的不同作用结果从时间数列的实际数据中分离出来。即通过对时间数列进行深入的分析,研究经济现象发展变化的趋势或规律,并以此为依据来预测事物发展的前景,为决策层制订政策与计划,实行科学管理提供有效的咨询服务。

二、影响现象发展的因素

社会经济现象的性质多种多样,发展的时空条件千差万别,影响事物发展的具体原因不可胜数。但就共同规律而言,一般可归纳为长期趋势、季节变动、循环变动和不规则变动四个因素。

时间数列 6-8

1. 长期趋势

长期趋势是时间数列变动的基本形式,是指由于各个时期普遍的、持续的、决定性的基本因素的作用,使发展水平在一个较长时期内沿着一个方向,逐渐向上或向下变动的趋势。保持这种趋势的时间可长可短,短至数年,长至数十年、数百年不等。例如,由于人口出生率高于死亡率,故人口变动有上升的趋势;由于农作物种植方法不断改良,故在播种面积一定的情况下收获量将逐渐增加;等等。认识和掌握事物的长期趋势,可以把握事物发展变化的基本特点。

2. 季节变动

季节变动是指时间数列受季节影响而发生的变动。其变动特点是:随着季节的更换,按一定的时间间隔,使现象呈周期重复的变化。引起时间数列产生季节变动的原因既有自然因素,也有人为因素。例如,由于气候条件、节假日以及风俗习惯等原因,使生产、消费和众多活动发生季节性的变动。认识和掌握季节变动,对于近期行动决策有重要的作用。

3. 循环变动

循环变动是指时间中发生周期比较长的涨落起伏的变动。通常所指的循环变动是经济发展盛衰交替的变动,它与春夏交替相继不息的天时季节变动有着显著的不同,也不同于朝单一方向持续发展的长期趋势。循环变动可能由于不同的原因,使得变动的周期长短不同,各期始末难定为何年何月,上下波动程度也不相同。

4. 不规则变动

时间数列除了以上各种变动以外,还有由临时的、偶然因素或不明原因引起的非周期性、非趋势性的随机变动,这就是不规则变动,如政治动荡、大的自然灾害、战争等。不规则变动是无法预知的。

时间数列分析的任务,就是采用科学的方法,把时间数列受各类因素的影响状况分别测定出来,弄清楚对象发展变化的原因和规律,为预测未来和决策提供依据。

三、长期趋势的分析方法

长期趋势的测定,就是运用一定的方法对时间数列进行修匀,排除季节变动、循环变动和不规则变动等多种因素的影响,使其固有的长期趋势显示出来。通过对时间数列长期趋势变动的分析,不仅可以掌握现象变动的规律性,还可以对其未来的发展趋势做出判断或预测。测定长期趋势的方法主要有时距扩大法、移动平均法和最小平方法等。

(一) 时距扩大法

时距扩大法又称间隔扩大法,是将原有的时间数列中间隔较短的各个时期或时点的数值加以合并归总,得到间隔较长的各个数值,进而形成一个新的时间数列,以消除原数列中因受季节变动和各种偶然因素的影响所引起的波动,从而呈现出现象发展的长期趋势的方法。时距扩大法是长期趋势测定的最简便易行的一种方法。

时距扩大法把较小的时间跨度转化为较大的时间跨度,如由昼夜转化为星期或旬,由旬转化为月,由月转化为季或年,由一年转化为许多年等。时距扩大修匀可以用扩大时距后的绝对数表示,也可以用扩大时距后的平均数表示。前者仅适用于时期数列,后者则可以用于时期数列和时点数列。

【例 6-10】 某公司 2020 年各月销售额见表 6-15。

表 6-15 某公司 2020 年销售额(原始数据)   单位:万元

月份	1	2	3	4	5	6	7	8	9	10	11	12
销售额	21.2	20.6	23.2	25	24.2	26.8	25.4	27.4	28	27.5	29	30.4

从表 6-15 中可以看出,该公司各月销售额有上升的趋势,但各月之间存在着交替升降的现象。如果将各月的销售额合并为按季计算,即扩大时距,则新编的时间数列如表 6-16 所示。

表 6-16 某公司 2020 年销售额(修匀后数据)   单位:万元

季度	一	二	三	四
总销售额	65	76	80.8	86.9
平均销售额	21.7	25.3	26.9	29

重新编制的时间数列中,该公司销售额的增长趋势清晰地显现出来。

应用时距扩大法时,时距扩大到什么程度取决于现象自身的特点。如果时间数列水平波动有一定的周期性,扩大的时距应与波动的周期相吻合;如果时间数列看不出有什么周期性,则要逐步扩大时距,直到趋势的方向变得足够清晰为止。

(二) 移动平均法

移动平均法是趋势变动分析的一种较简单的常用方法。该方法的基本思想和原理是:将原来的时间数列的时间间隔扩大,并按一定的间隔长度逐期移动,分别计算出一系列移动平均数,形成新的时间数列,新的时间数列对原时间数列的波动起到一定的修匀作用,削弱了原数列中短期偶然因素的影响,从而呈现出现象发展的变动趋势。该方法又可分为简单移动平均法和加权移动平均法。

1. 简单移动平均法

简单移动平均法是直接用简单算术平均数作为移动平均趋势值,重新编制时间数列的一种方法。

【例6-11】 某公司2018年前各月的销售额资料见表6-17,分别计算3个月、5个月的移动平均趋势值,并进行比较。

表6-17 某公司2018年各月销售额　　　　　　　　单位:万元

月份	实际销售额	3个月移动平均趋势值	5个月移动平均趋势值
1	28	—	—
2	30	31	—
3	35	34	34.4
4	37	38	37.6
5	42	41	41.4
6	44	45	44.0
7	49	47	46.6
8	48	49	48.6
9	50	50	52.4
10	52	55	58.0
11	63	64	—
12	77	—	—

表中,3个月移动平均趋势值的第一个移动平均数的计算为 $\frac{28+30+36}{3}=31$,放在第2项对应的位置上;5个月移动平均趋势值的第一个移动平均数的计算为 $\frac{28+30+36+37+42}{5}=34.4$,放在第3项对应的位置上。其余以此类推。

2. 加权移动平均法

加权移动平均法是在简单移动平均法的基础上,给近期数据以较大的权数,给远期数据以较小的权数,计算加权移动平均数,作为重新编制时间数列的移动平均趋势值的一种方法。

仍以表6-17中的已知数据为例,应用加权移动平均法计算3个月移动平均趋势值的第一个移动平均数为 $\frac{28\times1+30\times2+36\times3}{3}=32.17$,放在第2项对应的位置上,其余以此类推。

利用移动平均法测定长期趋势时,应注意以下几个问题。

(1)移动间隔的长度应长短适中。不难看出,通过移动平均所得到的移动平均数数列,要比原始数据序列匀滑,并且5项移动平均数数列又比3项移动平均数数列匀滑,因此,为了更好地消除不规则波动,达到修匀的目的,可以适当增加移动的步长。移动的步长越大,所得趋势值越少,个别数值影响作用就越弱,移动平均序列所表现的趋势越明显,但移动间隔过长,有时会脱离现象发展的真实趋势;若移动间隔越短,个别数值的影响作用就越大,有时又不能完全消除序列中短期偶然因素的影响,从而看不出现象发展的变动趋势。

(2)在利用移动平均法分析趋势变动时,要注意把移动平均后的趋势值放在各移动项的中间位置。比如3项移动平均的趋势值应放在第2项对应的位置上,5项移动平均的趋势值应放在第3项对应的位置上,其余类推。若移动间隔长度为奇数时,一次移动即得趋势值;若移动间隔长度为偶数时,将第一次得到的移动平均值再进行一次2项移动平均,才能得到最后的趋势值。由于偶数项移动平均比较复杂,因此,一般以奇数项为长度。

（3）移动平均法所取的项数的多少，应视资料的特点而定。原有时间数列如有循环周期，则移动平均的项数以循环周期的长度为准。当移动平均的时期长度等于周期长度或其整倍数时，能把周期的波动完全抹掉。如当数列资料为季资料时，可采用 4 项移动平均；当数列资料为月资料时，则应采用 12 项移动平均，这样可以消除季节变动的影响，较为准确地揭示现象发展的长期趋势。

（三）最小平方法

最小平方法又称最小二乘法，是测定长期趋势最常用的方法。它的基本原理是：通过对原始数列的数字进行处理，拟合一条比较理想的趋势直线或趋势曲线，使原数列各数据点与趋势线垂直距离的离差平方和为最小，即 $\sum(y-y_c)^2$ 为最小值。能够满足 $\sum(y-y_c)^2$ 为最小值的直线趋势方程 $y_c=a+bt$，根据数学分析中的极值原理，用偏微分法可得出趋势方程 $y_c=a+bx$ 中 a、b 两参数所需的两个标准方程：

$$\begin{cases} \sum y = na + b\sum x \\ \sum xy = a\sum x + \sum x^2 \end{cases}$$

解得

$$\begin{cases} b = \dfrac{n\sum xy - \sum x \sum y}{n\sum x^2 - \left(\sum x\right)^2} \\ a = \dfrac{\sum y}{n} - b\dfrac{\sum x}{n} = \bar{y} - b\bar{x} \end{cases} \tag{6-19}$$

式中，n 为时间的项数；$\bar{y}=\sum y/n$；$\bar{x}=\sum x/n$；其他符号所代表的意义不变。

【例 6-12】 某地区历年粮食产量资料见表 6-18，用最小平方法进行长期趋势分析。

表 6-18 某地区历年粮食产量

年份	粮食产量 y	t	年份	粮食产量 y	t
2010	217	1	2015	253	6
2011	230	2	2016	280	7
2012	225	3	2017	309	8
2013	248	4	2018	343	9
2014	242	5			

解 设直线方程为

$$y_c = a + bt$$

则

$$\begin{cases} b = \dfrac{n\sum ty - \sum t \cdot \sum y}{n\sum t^2 - \left(\sum t\right)^2} \\ a = \bar{y} - b\bar{t} \end{cases}$$

取 2010 年为 1，2011 年为 2，即为 t。

根据表中数据计算得

$n = 9$, $\sum t = 45$, $\sum t^2 = 285$, $\bar{t} = 5$, $\sum y = 2\,347$, $\sum ty = 12\,591$, $\bar{y} = 260.78$

解得

$$\begin{cases} b = \dfrac{9 \times 12\,591 - 45 \times 2\,347}{9 \times 285 - 45 \times 45} = \dfrac{7\,704}{540} = 14.267 \\ a = 260.78 - 14.267 \times 5 = 189.45 \end{cases}$$

则直线方程为

$$y_c = 189.45 + 14.267t$$

若要预测 2019 年的粮食产量,则 $t = 10$,计算得

$$y_c = 189.45 + 14.267 \times 10 = 332.12 (万吨)$$

即 2019 年的粮食产量预测为 332.12 万吨。

为了简化计算,把原数列中间项作为原点。其具体方法是:当动态数列的项数为奇数时,可取中间一项的时间序号等于零,中间以前的时间序号为负值,中间以后的时间序号为正值。

当动态数列的项数为偶数时,中间以前的时间序号为负值,中间以后的时间序号为正值。中间的两项分别设为 -1、1,这样间隔便为 2,各项依次设成:$\cdots,-5,-3,-1;1,3,5,\cdots$。在以上两种场合,$\sum t = 0$,使标准方程简化为

$$\sum y = na$$
$$\sum ty = b\sum t^2$$

因此,$a = \dfrac{\sum y}{n}$,$b = \dfrac{\sum ty}{\sum t^2}$。

任务分析

通过对数据的观察,可以进行发展素的比较。时间数列的分析指标有水平指标和速度指标,水平分析是速度分析的基础,速度分析是水平分析的深入和继续。水平指标侧重绝对量的变化,不能客观地反映现象的本质特征,缺乏可比性,而速度指标又会把其后面的发展水平隐藏起来,如水平法的平均发展速度仅反映现象在一个较长时期总速度的平均,它仅和一些特殊时期(最初、最末)的指标值有关,仅用它反映现象发展往往会降低或失去说明问题的意义。所以要把速度指标和水平指标结合起来,既要看速度,又要看水平,通常可以计算增长 1% 的绝对值。

延伸拓展　Excel 在动态数列分析中的运用

一、利用 Excel 计算水平指标

【例 6-13】 根据表 6-19 中的数据,计算平均发展水平、逐期增长量、累计增长量和平均增长量。计算结果如图 6-1 所示。

表 6-19　2003—2009 年各年钢产量资料

年份	钢产量/万吨	年份	钢产量/万吨
2003	18 155	2007	42 266
2004	22 233	2008	55 037
2005	27 279	2009	59 237
2006	35 239		

	A	B	C	D	E	F
1	年份	钢产量/万吨	逐期增长量/万吨	累计增长量/万吨		
2	2003	18155				
3	2004	22233	4078	4078		
4	2005	27279	5046	9124		
5	2006	35239	7960	17084		
6	2007	42266	7027	24111		平均发展水平
7	2008	55037	12771	36882		37063.71429
8	2009	59237	4200	41082		
9						
10			平均增长量			
11			8216.4			

图 6-1　在 Excel 中计算水平指标的有关数据

计算步骤如下。

(1) 在 A 列输入"年份",在 B 列输入"钢产量",C 列中为"逐期增长量",D 列中为"累计增长量"。

(2) 计算平均发展水平。可直接利用函数 AVERAGE 进行计算,单击任一空单元格,本例为 F7,输入"=AVERAGE(B2:B8)",即可得到平均发展水平的计算结果。

(3) 计算逐期增长量。在 C3 中输入公式"=B3−B2",并用鼠标拖曳将公式复制到 C3:C8 区域。

(4) 计算累计增长量。在 D3 中输入公式"=B3−$B$2",并用鼠标拖曳将公式复制到 D3:D8 区域。

(5) 计算平均增长量。在 C11 中输入公式"=(B8−B2)/5",按 Enter 键,即可得到平均增长量。

二、利用 Excel 计算速度指标

【例 6-14】 根据表 6-19 中的数据,计算定基发展速度、环比发展速度、平均发展速度、定基增长速度和环比增长速度。计算结果如图 6-2 所示。

计算步骤如下。

(1) 在 A 列输入"年份",在 B 列输入"钢产量",C 列中为"定基发展速度",D 列中为"环比发展速度",E 列中为"定基增长速度",F 列中为"环比增长速度"。

(2) 计算定基发展速度。在 C3 中输入公式"=B3/$B$2",并用鼠标拖曳将公式复制到 C3:C8 区域。

(3) 计算环比发展速度。在 D3 中输入公式"=B3/B2",并用鼠标拖曳将公式复制到 D3:D8 区域。

(4) 计算平均发展速度(几何平均法)。可直接利用函数 GEOMEAN 进行计算,单击任一空单元格,本例为 C10,输入"=GEOMEAN(D3:D8)",即可得到平均发展速度的计算结果。

(5) 计算定基增长速度。在 E3 中输入公式"=C3－1",并用鼠标拖曳将公式复制到 E3:E8 区域。

(6) 计算环比增长速度。在 F3 中输入公式"=D3－1",并用鼠标拖曳将公式复制到 F3:F8 区域。

	A	B	C	D	E	F
1	年份	钢产量（万吨）	定基发展速度	环比发展速度	定基增长速度	环比增长速度
2	2003	18155				
3	2004	22233	1.224621316	1.224621316	0.224621316	0.224621316
4	2005	27279	1.502561278	1.226959924	0.502561278	0.226959924
5	2006	35239	1.941007987	1.291799553	0.941007987	0.291799553
6	2007	42266	2.328063894	1.199409745	1.328063894	0.199409745
7	2008	55037	3.031506472	1.302157763	2.031506472	0.302157763
8	2009	59237	3.2628477	1.076312299	2.2628477	0.076312299
9						
10	平均发展速度		1.217865891			

图 6-2 在 Excel 中计算速度指标的有关数据

三、利用 Excel 计算移动平均数列

【例 6-15】 根据表 6-19 中的数据,用简单移动平均法计算长期趋势。计算结果如图 6-3 所示。

	A	B	C	D
1	年份	钢产量（万吨）	三项移动平均	四项移动平均
2	2003	18155		
3	2004	22233	22555.66667	
4	2005	27279	28250.33333	25726.5
5	2006	35239	34928	31754.25
6	2007	42266	44180.66667	39955.25
7	2008	55037	52180	47944.75
8	2009	59237		

图 6-3 在 Excel 中计算移动平均数列的有关数据

计算步骤如下。

(1) 在 A 列输入"年份",在 B 列输入"钢产量",C 列中为"三项移动平均",D 列中为"四项移动平均"。

(2) 计算三项移动平均。在 C3 中输入公式"=(B2+B3+B4)/3",并用鼠标拖曳将公式复制到 C3:C7 区域。

(3) 计算四项移动平均。在 D4 中输入公式"=SUM(B2:B5)/4",并用鼠标拖曳将公式复制到 D4:D7 区域。

四、利用 Excel 求趋势方程

【例 6-16】 根据表 6-20 中的数据,用最小平方法求直线趋势方程。计算结果如图 6-4 所示。

表 6-20　2003—2009 年各年钢产量资料　　单位：万元

年　份	钢产量/万吨	年份	钢产量/万吨
2003	18 155	2007	42 266
2004	22 233	2008	55 037
2005	27 279	2009	59 237
2006	35 239		

G16　fx

	A	B	C	D	E
1	年份	时间值t	钢产量y /万吨	t2	ty
2	2003	1	18155	1	18155
3	2004	2	22233	4	44466
4	2005	3	27279	9	81837
5	2006	4	35239	16	140956
6	2007	5	42266	25	211330
7	2008	6	55037	36	330222
8	2009	7	59237	49	414659
9	总计	28	259446	140	1241625
10					
11					
12	a	7943.571			
13	b	7280.036			

图 6-4　利用 Excel 求趋势方程的有关数据

计算步骤如下。

(1) 在 A 列输入“年份”，在 C 列输入“钢产量”。

(2) 给时间值 t 分别赋予 1～7。

(3) 计算 t2。在 D2 中输入公式“＝B2 * B2”，并用鼠标拖曳将公式复制到 D2：D8 区域。

(4) 计策 ty。在 E2 中输入公式“＝B2 * C2”，并用鼠标拖曳将公式复制到 E2：E8 区域。

(5) 计算直线趋势方程的系数。先计算 b，在 B13 中输入公式“＝(7 * E9－B9 * C9)/(7 * D9－B9 * B9)”；再计算 a，在 B12 中输入公式“＝(C9－B13 * B9)/7”。即求得直线趋势方程为 $y=7\,943.571+7\,280.036t$。

复习思考题

一、填空题

1. 时间数列可分为________、________和________三种。

2. 根据时间数列中不同时期的发展水平计算所得到的平均数叫________，又称________。

3. 时间数列一般由两个要素构成：一个是现象所属的________；另一个是反映现象的________。

4. 计算平均发展速度的方法有________和________。

5. 平均增长速度和平均发展速度之间的联系是_____。

6. 动态平均数和一般平均数的共同之处是将_____抽象化,概括地反映现象的_____。

7. 增长量分为_____和_____两种。

8. 根据相对数动态数列计算序时平均数,其基本的方法是先计算_____序时平均数,然后将这两个序时平均数进行对比。

9. 发展速度可分为_____和_____两种,并且有_____等于相应的环比发展速度的连乘积。

10. 计算平均发展速度的几何平均法侧重于考察_____,而方程式法则侧重于整个时期中_____。

二、单项选择题

1. 累计增长量与其相应的各个逐期增长量的关系表现为(   )。
   A. 累计增长量等于其相应的各个逐期增长量之和
   B. 累计增长量等于其相应的各个逐期增长量之积
   C. 累计增长量等于报告期水平除以基期水平
   D. 以上都不对

2. 下列等式中,不正确的是(   )。
   A. 发展速度＝增长速度＋1
   B. 定基发展速度＝相应各环比发展速度的连乘积
   C. 平均增长速度＝平均发展速度－1
   D. 定基增长速度＝相应各环比增长速度的连乘积

3. 已知 2001 年某县粮食产量的环比发展速度为 103.5%、2002 年为 104%、2004 年为 105%,2004 年的定基发展速度为 116.4%,则 2003 年的环比发展速度为(   )。
   A. 104.5%　　　　B. 101%　　　　C. 103%　　　　D. 113.0%

4. 假定某产品产量 2015 年比 2010 年增加 135%,2010—2015 年的平均发展速度为(   )。
   A. $\sqrt[5]{135\%}$　　B. $\sqrt[6]{135\%}$　　C. $\sqrt[6]{35\%}$　　D. $\sqrt[5]{35\%}$

5. 由日期间隔不等的连续时点数列计算平均数应按(   )计算。
   A. 简单算术平均数　　　　　　B. 加权算术平均数
   C. 几何平均数　　　　　　　　D. 序时平均数

6. 根据时期数列,计算平均发展水平用(   )。
   A. 首尾折半法　　B. 加权算术平均法　　C. 倒数平均法　　D. 简单算术平均法

7. 在时点数列中,称为间隔的是(   )。
   A. 最初水平与最末水平之间的距离　　B. 最初水平与最末水平之间
   C. 两个相邻指标值在时间上的距离　　D. 两个相邻指标数值之间的距离

8. 十年内每年年末国家黄金储备量是(   )。
   A. 时期数列　　　B. 时点数列　　　C. 既不是时期数列,也不是时点数列

9. 用最小平方法配合趋势线的数学依据是(   )。
   A. $\sum(y-y_c)=0$　　　　　　B. $\sum(y-y_c)^2=$ 最小值

C. $\sum(y-y_c)<$ 任意值 D. $\sum(y-y_c)^2=0$

三、多项选择题

1. 构成时间数列的两个基本要素是（　　）。
   A. 指标名称　　　B. 指标数值　　　C. 指标单位　　　D. 现象所属的时间
   E. 现象的处理地点

2. 时间数列中，各项指标数值不能直接相加的有（　　）。
   A. 时期数列　　　B. 连续时点数列　　　C. 间断时点数列　　　D. 相对数时间数列
   E. 平均数时间数列

3. 时期数列的特点是（　　）。
   A. 各项指标数值可以相加
   B. 各项指标数值大小与时间长短有直接关系
   C. 各项指标数值大小与时间长短没有直接关系
   D. 各项指标数值都是通过连续不断登记而取得的
   E. 各项指标数值都是反映现象在某一时点上的状态

4. 时间数列中的发展水平具体包括（　　）。
   A. 期初水平和期末水平　　　B. 报告期水平和基期水平
   C. 平均发展水平　　　D. 中间水平
   E. 增长量

5. 定基发展速度和环比发展速度之间的数量关系是（　　）。
   A. 定基发展速度等于相应的各个环比发展速度之和
   B. 定基发展速度等于各环比发展速度之差
   C. 定基发展速度等于相应的各环比发展速度之积
   D. 两个相邻定基发展速度之商等于相应的环比发展速度
   E. 定基发展速度和环比发展速度的基期是一致的

6. 用于分析现象发展速度的指标有（　　）。
   A. 发展水平　　　B. 平均发展水平　　　C. 发展速度　　　D. 平均发展速度
   E. 增长量

7. 增长1%的绝对值（　　）。
   A. 等于前期水平除以100
   B. 等于逐期增长量除以环比发展速度
   C. 等于逐期增长量除以环比增长速度
   D. 表示增加一个百分点所增加的相对量
   E. 表示增加一个百分点所增加的绝对量

8. 长期趋势的测定方法有（　　）。
   A. 季节比率法　　　B. 移动平均法　　　C. 分段平均法　　　D. 最小平方法
   E. 时距扩大法

9. 某公司连续5年的销售额资料如表6-21所示。

表6-21　某公司连续5年销售额

时间	第一年	第二年	第三年	第四年	第五年
销售额/万元	1 000	1 100	1 300	1 350	1 400

根据上述资料计算的下列数据正确的有( )。

A. 第二年的环比增长速度＝定基增长速度＝10%

B. 第三年的累计增长量＝逐期增长量＝200(万元)

C. 第四年的定基发展速度为135%

D. 第五年增长1%绝对值为14万元

E. 第五年增长1%绝对值为13.5万元

10. 下列关系正确的是( )。

A. 环比发展速度的连乘积等于相应的定基发展速度

B. 定基发展速度的连乘积等于相应的环比发展速度

C. 环比增长速度的连乘积等于相应的定基增长速度

D. 环比发展速度的连乘积等于相应的定基增长速度

E. 平均增长速度＝平均发展速度－1

四、判断题

1. 时间数列中的各项数值就是发展水平。( )
2. 平均增长量等于累计增长量除以逐期增长量的个数。( )
3. 季节变动指的是现象受自然因素的影响而发生的一种有规律的变动。( )
4. 若各期的逐期增长量相等,则各期的环比增长速度是逐期下降的。( )
5. 时期数列是最基本的时间数列。( )
6. 报告期比基期翻一番,即增加一倍;翻两番,即增加两倍。( )
7. 环比增长速度的连乘积等于定基增长速度。( )

五、简答题

1. 简述时间数列的概念和种类。
2. 编制时间数列的原则是什么?
3. 时期数列和时点数列有什么不同?
4. 什么是发展水平、增长量、平均增长量、发展速度和增长速度?
5. 定基发展速度和环比发展速度、发展速度与增长速度的关系如何?
6. 什么是平均发展水平?它的计算可以分成几种情况?
7. 影响时间数列的因素有哪几种?各种因素的基本概念是什么?
8. 什么叫长期趋势?研究长期趋势的主要目的是什么?
9. 最小平方法测定长期趋势的原理是什么?

六、实训题

1. 某企业2022年上半年销售额各月增加额见表6-22,计算月平均增加值。

表6-22 某企业2022年上半年销售额各月增加额

时间	1月	2月	3月	4月	5月	6月
增加值/万元	21.4	18.6	23.5	39.2	35.7	28.2

2. 某种股票2021年各统计时点的收盘价如表6-23所示,计算该股票2021年的年平均价格。

表 6-23　某种股票 2021 年各统计时点的收盘价

统计时点	1月1日	3月1日	7月1日	10月1日	12月31日
收盘价/元	15.2	14.2	17.6	16.3	15.8

3. 某小区自行车库 6 月 1 日存自行车 320 辆,6 月 6 日调出 70 辆,6 月 18 日进货 120 辆,6 月 26 日调出 80 辆,直至月末自行车数量未发生变动。计算该车库 6 月自行车的平均库存量。

4. 2004—2009 年各年底某企业职工人数和工程技术人员数资料如表 6-24 所示,试计算工程技术人员占全部职工人数的平均比重。

表 6-24　2004—2009 年各年底某企业职工人数和工程技术人员数资料

年份	2004	2005	2006	2007	2008	2009
职工人数/人	1 000	1 020	1 085	1 120	1 218	1 425
工程技术人员数/人	50	50	52	60	78	82

5. 某种商品 8 月的库存量记录见表 6-25,计算 8 月平均日库存量。

表 6-25　某种商品 8 月份库存资料

日期	1—4	5—10	8—20	21—26	27—31
库存量/台	50	55	40	35	30

6. 根据我国 1990—1999 年年末人口的部分年份资料(表 6-26),计算年平均人口数。

表 6-26　中国 1990—1999 年部分年份年末人口数

年份	1990	1992	1995	1998	1999
年底总人口/万人	114 333	117 171	121 121	124 810	125 909

7. 某机械厂 2021 年第四季度各月产值和职工人数资料如表 6-27 所示,试计算该季度平均劳动生产率。

表 6-27　某机械厂 2021 年第四季度各月产值和职工人数资料

月份	10月	11月	12月
产值/元	400 000	46 200	494 500
平均职工人数/人	400	420	430
月平均劳动生产率/元	1 000	1 100	1 150

8. 某地区某种产品产量资料见表 6-28。

表 6-28　某地区某种产品产量资料

年份	产量/万件	累计增长量/万件	定基发展速度/%	环比发展速度/%
2014	200			
2015		50		
2016			125	
2017				115

续表

年份	产量/万件	累计增长量/万件	定基发展速度/%	环比发展速度/%
2018				125
2019		160		

计算：①表中空格所缺统计指标；②平均增长量；③平均发展速度；④平均增长速度。

9. 根据我国某地区2010—2019年国内生产总值资料(表6-29)，计算逐期增长量、累计增长量、平均增长量、定基发展速度、环比发展速度、定基增长速度、环比增长速度、平均发展速度。

表6-29 某地区2010—2019年国内生产总值　　　　　　　单位：亿元

年　份	2010	2011	2012	2013	2014	2015	2016	2017	2018	2019
国内生产总值	18 547.9	21 617.9	26 638.1	34 634.4	46 759.4	58 478.1	67 884.6	74 462.6	78 345.2	81 910.9

10. 某地区粮食总产量如表6-30所示。

表6-30 某地区粮食总产量

年　份	2011	2012	2013	2014	2015	2016	2017	2018	2019	2020
产量/万吨	230	236	241	246	252	257	262	276	281	286

要求：用最小平方法配合直线趋势方程，预测2022年的粮食产量。

11. 某产品专卖店2019—2021年各季度销售额资料如表6-31所示。

表6-31 某产品专卖店2019—2021年各季度销售额资料

年份	一季度	二季度	三季度	四季度
2019	51	75	87	54
2020	65	67	82	62
2021	76	77	89	73

要求：采用按季平均法和移动平均趋势剔除法计算季节指数。

12. 某厂2021年各月生产机器台数见表6-32，分别计算3个月、5个月的移动平均趋势值，并进行比较。

表6-32 某厂2021年各月生产机器台数

月份	机器台数/台	月份	机器台数/台
1	41	7	53
2	42	8	40
3	52	9	51
4	43	10	49
5	45	11	56
6	51	12	54

13. 某游览点历年观光游客资料见表6-33，用最小平方法进行长期趋势分析，并预测

2022年该游览点的游客人数。

表6-33 某游览点历年观光游客资料　　　　　　单位：万元

年份	游客 y/百人	年份	游客 y/百人
2015	100	2019	155
2016	112	2020	168
2017	125	2021	180
2018	140	合计	980

14. 某市某产品连续4年各季度的出口额资料如表6-34所示。

表6-34　4年出口额　　　　　　单位：万元

季度	一	二	三	四
第一年	16	2	4	51
第二年	28	4.3	6.7	77.5
第三年	45	7.1	14.2	105
第四年	50	5.1	16.8	114

试计算该市该产品出口额的季节比率，并对其季节变动情况做简要分析。

项目七　编制统计指数和进行因素分析

项目说明：

在社会经济生活中，众多媒体都有关于经济指数的报道，如与我们生活关系密切的居民消费价格(CPI)指数、工业生产者出厂价格(PPI)指数等。国家通过一系列经济指数变化，观测经济的运行和评估决策的执行情况，对经济的运行或经济决策做出适时调整。所以，指数分析有着重要的现实意义和价值。常见的社会经济领域统计指数包括消费物价指数、生产者物价指数、房地产价格指数、农副产品价格收购指数以及宏观经济景气指数等。指数是如何计算的？如何利用它们来进行决策和分析？本项目将对统计指数的有关理论与方法进行阐述。

能力目标：

1. 能够根据客观现象的资料编制综合指数，对现象进行价值判断。
2. 能够根据客观现象的资料编制平均数指数，对现象进行价值判断。
3. 能够对现象的发展变化进行两因素或多因素分析。

知识目标：

1. 了解统计指数的含义和社会意义。
2. 理解统计指数的编制原理。
3. 掌握综合指数的编制方法。
4. 掌握平均数指数的编制方法。
5. 理解指数体系的编制原理。
6. 掌握因素分析方法。

任务一　认识统计指数

 任务引导

"中国·寿光蔬菜指数"2022.08.07周价格指数

本周寿光地利农产品物流园蔬菜价格定基指数为 121.25 点，较上周 142.56 点下跌 21.31 个百分点，环比跌幅 15.0%，同比跌幅 19.7%；物流指数为 57.76 点，较上周 58.41 点下跌 0.65 个百分点，环比跌幅 1.1%（图 7-1）。

本周监测的十大蔬菜类别指数中，6 类指数下跌、2 类指数上涨、2 类指数基本持平，其中下跌明显的类别是叶菜类(−24.7%)、瓜菜类(−23.7%)、菜豆类(−20.1%)，上涨明显的

类别是菌菇类(14.4%),根菜类、水生类基本持平(图7-2)。

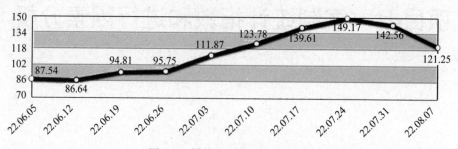

图 7-1　周价格定基总指数走势

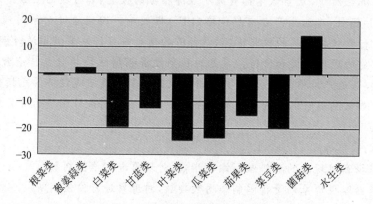

图 7-2　十大蔬菜类别指数涨跌幅

(资料来源:寿光.蔬菜指数网,2022-8-8.)

思考:你了解这些指数吗?这些指数对蔬菜市场供求有什么作用?

 任务分解

以组为单位,组员根据自身所见所闻,对了解的经济指数进行描述。
要求:
(1) 每位组员列举至少一项。
(2) 组长组织进行讨论:指数有什么作用。
(3) 每个组推举 1 位组员进行展示。
(4) 在展示过程中,所有同学可以对每组展示的情况进行提问、对每组的展示进行评价。
(5) 总结。

 相关知识

统计指数起源于对物价变动的研究。1675 年,英国经济学家赖斯·沃汉(Rice Vaughan)将 1650 年的谷物、家畜、鱼类、布帛与皮革等商品的价格分别与 1352 年的价格相比较来考察商品价格的变动情况。随着欧洲资本主义的快速发展,指数的含义和内容发生了变化,指数的应用范围扩展到各个领域,统计指数已成为社会经济统计中历史最悠久、应用最广泛、同社会经济生活关系最密切的一个组成部分。

一、统计指数的含义和特点

(一)统计指数的含义

统计指数是反映客观现象各指标变动程度的相对数,简称指数。统计指数是一种对比性的分析指标,存在广义和狭义之别。

广义上,统计指数是衡量一切社会经济现象变动程度的相对数。它既包括说明单一事物动态变化的个体指数,又包括说明多种事物综合动态变化的总指数。如大米价格在一定时期变动的价格指数、某品牌运动服销售量在两个时期对比的售量指数,都是反映一种商品的价格或销售量的变化情况,计算的是个体指数。这种数量上可以直接加总和对比的同类经济现象的总体称为简单总体。再如居民消费价格指数选取了食物、衣着、家庭设备及用品、医疗保健、交通和通信、娱乐教育和文化用品、居住、服务项目等八大类 300 余种商品及服务项目,计算它们的总变动情况,称为总指数。这种数量上不能直接加总和对比的不同类经济现象的总体称为复杂总体。

狭义上,统计指数仅指不能直接相加和对比的多种社会经济现象综合变动程度的相对数。居民消费价格指数、股票价格指数等都是对不同类经济现象的复杂总体计算的总指数。本项目阐述狭义上的指数的编制和应用。

(二)统计指数的特点

对复杂总体编制的综合指数具有如下特点。

(1) 相对性。统计指数作为一种对比的统计指标具有相对数的形式,通常表现为百分数。

(2) 综合性。指数综合反映了复杂现象总体的数量变化关系,复杂现象表现为一组各自独立的变量在不同场合下变动,计算这样一组变量的总体变动水平,所以它是一种综合性的指数。例如:计算原煤、木材、棉布、粮食等一宗商品的价格变动情况,这些产品的使用价值、计量单位都不相同,不能直接相加和对比说明价格的总变动情况。通过综合后计算价格指数,反映该宗商品的价格综合变动水平,而不是某一种商品价格的变动。

(3) 平均性。指数是总体水平的一个代表性数值。指数反映复杂现象总体中各个单位变动的平均水平,如生产者出厂价格指数反映了厂商生产的各种产品出厂价格变动的平均水平。

二、统计指数的作用

(1) 综合反映现象的变动方向和变动程度。这是指数的主要作用。在统计实务中,研究复杂总体中多种商品的综合变动,由于它们的使用价值和计量单位不同,不能直接相加和对比。通过计算统计指数可以考察复杂总体的综合变动方向和程度。指数常用百分数表示,例如,商品零售物价指数为 125%,说明如果以上年的零售价格水平为 100,则当年多种商品零售价格水平相当于上年的 1.25 倍,或者说当年上涨了 25%。具体到某种商品价格可能有涨有落,但从总体上看零售物价仍然上涨了 25%。

(2) 分析现象总变动中各个因素变动的影响方向和程度。现象的数量变化是由构成它们的诸多因素变动综合影响的结果。利用统计指数不仅能分析复杂现象的综合变动情况,还能测定各个因素的变动对总体数量变动的影响。例如:

$$商品销售额＝商品销售量×单位商品价格$$
$$产品产量＝工人人数×劳动生产率$$
$$生产费用总额＝产量×单位产品成本$$
$$＝产量×单位产品消耗的原材料数量×原材料价格$$

以上关系式表明：商品销售额的变动受商品销售量和单位商品价格两个因素共同影响；产品产量的变动受工人人数和劳动生产率两个因素共同影响；生产费用总额变动受产量、单位产品消耗的原材料数量和原材料价格三个因素共同影响等。统计指数是利用各因素之间的联系编制的，各个因素指数又相互构成指数体系。利用指数体系，对现象总变动进行因素分析，研究各因素变动的影响方向和程度。

（3）分析现象总体的长期变动趋势。通过连续编制的动态指数形成的指数数列，可以反映现象长期的变化趋势。将两个相互联系的指数数列进行比较，可以深入认识复杂现象总体之间数量上的变动关系，如对居民收入指数数列和消费价格指数数列进行比较，分析一定时期内居民收入变动和物价变动的关系。

三、统计指数的种类

（一）按说明现象范围不同分类

1. 个体指数

个体指数是指总体中各个个别现象数量对比关系的相对数，它反映个别现象在不同时间上的变动程度。例如，一种商品的销售量指数、价格指数等，通常记为 k。个别指数的计算比较简单，将个别现象的报告期水平与基期水平直接对比即可得到。某商品价格计算公式如下：

$$k = \frac{p_{报告期}}{p_{基期}}$$

式中，$p_{报告期}$ 为报告期某种商品价格；$p_{基期}$ 为基期某种商品价格。

2. 总指数

总指数是指总体中各个现象综合变动的对比关系的相对数，它综合反映不能同度量的多种事物动态变化的方向和程度。例如，批发价格指数、零售价格总指数、全部工业产品产量总指数，以及商品销售量总指数、成本总指数等，通常记为 $\bar{k}$。

3. 组（类）指数

组（类）指数是介于个体指数和总指数之间的一种指数，它是反映不同种类现象总变动中某一部分现象综合变动的相对数。如零售物价指数中的食品类、衣着类、日用品类、医药用品类等大类的商品价格指数。组（类）指数的计算方法和编制原理与总指数基本相同，只是反映的对象范围比总指数略小一些。对总指数而言，它是个体指数；对个体指数而言，它是总指数。

（二）按反映指标性质不同分类

按其反映指标的性质不同，统计指数分为数量指标指数和质量指标指数。

1. 数量指标指数

数量指标指数简称数量指数，是根据数量指标编制的，综合反映现象的规模、水平发展变化的指数。例如，工业产品产量指数是说明工业产品总产量综合变动的情况；商品销售量指数是反映商品总销售量综合变动的情况。

2. 质量指标指数

质量指标指数简称质量指数,是根据质量指标编制的,反映现象质量、效益变动情况的指数。例如,价格指数是说明一系列商品的价格综合变动情况;产品成本指数说明工业产品成本综合变动情况。

(三) 按照计算方法和表现形式不同分类

按照计算方法和表现形式不同,统计指数分为综合指数、平均指数和平均数指数。

1. 综合指数

综合指数是计算总指数的一种形式,是包括两个及以上因素的现象总量指标对比得到的指数;综合指数的计算通过引入媒介因素,转变为能进行对比的具有相同计量单位的抽象的总量,解决了复杂总体中不同类现象因使用价值不同而数量不能直接对比的问题。

2. 平均指数

平均指数是计算总指数的另一种形式,是对个体指数加权平均计算出来的指数;根据资料显示数据的情况,可分别用算术平均法和调和平均法计算。

3. 平均指标指数

平均指标指数是通过两个有联系的平均指标对比计算出来的指数。平均指标指数计算中对比的两个数本身是平均指标,是总体各单位某种数量标志在一定时间、地点条件下达到的一般水平。例如,计算某车间管理人员和技术工人不同时期的平均工资指数,即是将不同期的平均工资进行对比计算指数。

需要注意的是,平均指数和平均指标指数不仅计算方法和表现形式不同,而且计算它们的指标也是不同的。平均指数和综合指数都是总量指标指数的计算方式之一,平均指标指数是平均指标指数的计算。

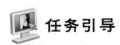
任务分析

山东寿光,是国务院命名的"中国蔬菜之乡",拥有全国最大的蔬菜生产和批发市场,是全国最大的蔬菜集散中心。寿光蔬菜指数的变动是蔬菜市场供求变化的晴雨表,指数对供需双方都有强烈的信息价值和指标意义。通过指数的变化可以指导后期的蔬菜市场生产,如蔬菜类别指数下跌的六类蔬菜,后期可以减少生产或退出生产,转向指数上涨明显的菌菇类生产。指数的信息可以指导供给市场熨平生产周期、稳定市场价格,有利于提高市场供给者的生产积极性,避免消费者的需求恐慌。

任务二 编制总量指标指数

任务引导

寿光地利农产品物流园蔬菜指数月评

2022年7月寿光地利农产品物流园蔬菜价格定基指数为133.40点,比2022年6月份

91.18点上涨42.21个百分点,环比涨幅46.3%,同比涨幅35.3%(2021年7月指数为98.58点)……

7月蔬菜价格总指数明显上涨,十大蔬菜类别指数中9类上涨、1类持平。其中上涨明显的类别是甘蓝类(93.1%)、叶菜类(83.2%)、茄果类(66.2%)、瓜菜类(66.0%),水生类持平。

7月监测的蔬菜价格环、同比变化明显的品种、批发均价及其涨跌幅,如表7-1所示。

表7-1 7月蔬菜价格环比和同比变化明显的品种

品　　种	均价/(元/公斤)	环比涨跌幅/%	同比涨跌幅/%
大黄瓜	3.36	278.4	23.4
西红柿	2.78	173.4	57.9
菠菜	5.36	164.1	74.5
甘蓝	1.54	163.5	75.0
丝瓜	5.50	149.8	56.6
尖椒	4.15	146.8	118.4
龙椒	8.87	146.5	106.3
有机花	4.26	133.24	31.1
小黄瓜	8.76	126.2	96.9
圆椒	3.64	114.5	33.8
芹菜	1.87	108.9	52.0
线椒	6.16	108.8	113.1

(资料来源:寿光.蔬菜指数网,2022-8-4.)

思考:你知道这些指数具体编制方法吗?

任务分解

以组为单位,浏览指数网中各种指数,组员查询了解感兴趣的指数,进行描述。
要求:
(1) 每位组员列举至少一项。
(2) 组长组织进行讨论:指数的编制过程和方法。
(3) 每个组推举1位组员进行展示。
(4) 在展示过程中,所有同学可以对每组展示的情况进行提问、对每组的展示进行评价。
(5) 总结。

相关知识

总量指标指数简称为总指数,是解决复杂现象总体数量对比关系的指数。根据具体编制方法不同,总指数可以分为综合指数和平均指数。综合指数是采用先综合后对比的方式编制的,平均指数是采用先对比后平均的方式编制的。综合法和平均法编制的总指数在数值上是一致的,但由于编制方法不同,依据的基本原理与解决的问题也存在差异。

一、编制综合指数

（一）综合指数的含义

总量指标指数是由两个总量指标对比形成的指数。当总量指标的变动可以分解为两个或两个以上因素的变动影响时，将其中一个或一个以上的因素指标固定下来，只观察其中一个因素指标的变动情况，编制的总指数称为综合指数。综合指数的编制方法是先综合后对比，即先解决不能相加的问题，然后进行对比。

（二）综合指数的编制原理

【例 7-1】 某商场基期和报告期商品销售量和销售价格资料如表 7-2 所示。

表 7-2　商品销售量和销售价格资料

商品名称	计量单位	销售量		价格/元	
		基期 q_0	报告期 q_1	基期 p_0	报告期 p_1
电视机	台	85	60	4 500	4 200
照相机	架	60	56	5 000	6 100
手机	部	80	115	1 200	1 600

计算：

（1）各种商品的价格指数和销售量指数；

（2）全部商品的价格指数和销售量指数。

解　根据要求，可以做如下分析。

（1）分别计算三种商品的价格指数和销售量指数。根据所学知识，计算商品的价格指数，分别将各种商品报告期价格和基期价格进行对比即可得到。

$$K_p = \frac{p_1}{p_0} \tag{7-1}$$

式中，K_p 为个体价格指数；p_1 为报告期价格；p_0 为基期价格。

同样，计算三种商品的销售量指数。分别将各种商品报告期销售量和基期销售量进行对比即可得到。

$$K_q = \frac{q_1}{q_0} \tag{7-2}$$

式中，K_q 为个体销售量指数；q_1 为报告期销售量；q_0 为基期销售量。

将表 7-2 中的相关数据代入以上公式计算出：电视机、照相机、手机三种商品的价格指数分别为 93.33%、122%、133.33%，销售量指数分别为 70.59%、93.33%、143.75%。

（2）计算全部商品的价格和销售量变动。如上，采用计算个体指数的方法，将三种商品的报告期价格相加与基期价格相加做对比得到价格指数，显然是错误的。因为三种商品的价格计量单位不同，电视机计量单位是"元/台"，照相机计量单位是"元/架"，手机计量单位是"元/部"。"风马牛不相及"的指标相加无实际经济意义。同样，计算全部商品的销售量总变动也不能简单相加后做对比。

当复杂总体中包含多个不同计量单位的事物时，为了反映总体的总变动情况，需要把不能直接相加的总体通过引入媒介因素，能够进行相加。如上例中要计算全部商品价格的总变化,把销售量作为媒介因素乘以价格计算各种商品的销售额,销售额是可以相加的,所以,用某时期销售量作媒介分别乘以报告期价格和基期价格,就得到了报告期销售额和基期销售额,两者进行对比就可以反映多种商品价格的综合变化情况,两个销售额的对比数值称为价格指数。在这里,引入的媒介因素"某时期销售量"称为同度量因素。所以,同度量因素就是把不能直接对比的指标过渡到能够直接相加的指标的媒介因素。为了消除同度量因素对测定指标的影响,需要把同度量因素固定在某一时期,譬如,计算价格指数,各种商品都用基期的销售量数值作媒介因素。

同样的道理,为了综合反映多种商品销售量的变动情况,以价格作为同度量因素,以某固定期(基期或报告期)价格分别乘以报告期、基期相对应的销售量得出销售额,两个销售额的对比数值称为销售量指数。把综合指数所要测定的因素称为指数化因素。如测定销售量指数时,引入的价格称为同度量因素,销售量就称为指数化因素。

以上就是综合指数编制的基本原理,先综合后对比。先引入同度量因素解决总体中的各个个体由于使用价值、计量单位等不同而不能直接相加对比的问题,然后对比。如测定销售量指数,以固定期价格去度量销售量的变化,即 $\overline{K}_q = \dfrac{\sum q_1 p}{\sum q_0 p}$。测定价格指数,则以固定期销售量去度量价格的变化,即 $\overline{K}_p = \dfrac{\sum p_1 q}{\sum p_0 q}$,这个固定期的价格和固定期的销售量是同度量因素,测定的销售量和价格就是指数化指标。

综上,综合指数的编制步骤如下:首先,根据所研究现象的特点和现象之间的联系引入同度量因素,计算出复杂总体的综合总量;其次,将同度量因素固定,以消除同度量因素变动的影响;最后,将两个时期的总量指标进行对比,得到综合指数。

(三)综合指数的分类及具体编制

同度量因素的引入,可以编制综合指数反映复杂现象总体的数量变动情况。在编制综合指数时,同度量因素固定在基期或报告期,会得到不同的指数。原因在于,同度量因素除了起到媒介作用外,还起到权数的作用,同度量因素数值大的一组对指数影响更大。

1864年,德国经济学家埃蒂恩·拉斯贝尔(Etienne Laspeyres)认为,无论是编制商品销售量综合指数,还是编制商品价格综合指数,都应当将同度量因素固定在基期。1874年,德国另一位经济学家哈曼·帕舍(Herman Paasche)认为,无论是编制商品销售量综合指数,还是编制商品价格综合指数,都应当将同度量因素固定在报告期。用拉斯贝尔和帕舍编制指数的方法得到的指数分别称为拉氏指数和帕氏指数。

	销售量(数量指标)综合指数	价格(质量指标)综合指数
拉氏指数(固定在基期)	$\overline{K}_q = \dfrac{\sum q_1 p_0}{\sum q_0 p_0}$	$\overline{K}_p = \dfrac{\sum p_1 q_0}{\sum p_0 q_0}$
帕氏指数(固定在报告期)	$\overline{K}_p = \dfrac{\sum q_1 p_1}{\sum q_0 p_1}$	$\overline{K}_q = \dfrac{\sum p_1 q_1}{\sum p_0 q_1}$

1. 综合指数的分类

在实践基础上,综合指数编制有数量指标综合指数和质量指标综合指数两种类型。两种类型指数都可以编制拉氏指数和帕氏指数。

1) 数量指标综合指数

数量指标综合指数是反映数量指标总变动程度的指数。

【例 7-2】 某工业公司生产销售甲、乙、丙三种化工产品,各产品的销售价格与销售量资料见表 7-3,试编制该公司从基期到报告期的销售量指数。

表 7-3 某工业公司生产的产销品资料

商品名称	计量单位	销售量/吨		单价/(万元/吨)		销售额/万元			
		基期 q_0	报告期 q_1	基期 p_0	报告期 p_1	$q_0 p_0$	$q_1 p_1$	$q_1 p_0$	$q_0 p_1$
甲	件	12	10	20	25	240	250	200	300
乙	支	10	12	4	5	40	60	48	50
丙	台	6	10	29	30	174	300	290	180
合计	—	—	—	—	—	454	610	538	530

解

(1) 把同度量因素 p 固定在基期(拉氏指数):

$$\overline{K}_q = \frac{\sum q_1 p_0}{\sum q_0 p_0} = \frac{10 \times 20 + 12 \times 4 + 10 \times 29}{12 \times 20 + 10 \times 4 + 6 \times 29} = \frac{538}{454} = 118.50\%$$

$$\sum q_1 p_0 - \sum q_0 p_0 = 538 - 454 = 84(\text{万元})$$

计算结果表明:三种商品的销售量平均增加了 18.5%;由于销售量增加而使销售总额增加的绝对额为 84 万元。

(2) 把同度量因素 p 固定在报告期(帕氏指数):

$$\overline{K}_q = \frac{\sum q_1 p_1}{\sum q_0 p_1} = \frac{610}{530} = 115.09\%$$

$$\sum q_1 p_1 - \sum q_0 p_1 = 610 - 530 = 80(\text{万元})$$

计算结果表明:三种商品的销售量平均增加了 15.09%;由于销售量增加而使销售总额增加的绝对额为 80 万元。

从上述计算过程可以看出,同度量因素选择的时期不同,计算结果不同。编制商品销售量指数的目的是了解从基期到报告期销售量的变动情况,不应该包含价格因素的变动。将同度量因素固定在基期,说明假定价格不变的情况下,报告期总销售量的变动。因此,拉氏销售量指数比帕氏销售量指数更好地反映了销售量的变化情况。

所以,在统计实践中,编制数量指标综合指数时,一般选择拉氏指数公式。

2) 质量指标综合指数

质量指标综合指数是反映质量指标总变动程度的指数。

【例 7-3】 以表 7-3 资料为例,试编制该公司的价格指数。

解

(1) 把同度量因素 q 固定在基期(拉氏指数):

$$\overline{K}_p = \frac{\sum p_1 q_0}{\sum p_0 q_0} = \frac{530}{454} \times 100\% = 116.24\%$$

$$\sum p_1q_0 - \sum p_0q_0 = 530 - 454 = 76(万元)$$

计算结果表明：三种商品的价格平均增加了 16.24%；由于价格增加而使销售总额增加的绝对额为 76 万元。

（2）把同度量因素 q 固定在报告期（帕氏指数）：

$$\overline{K}_p = \frac{\sum p_1q_1}{\sum p_0q_1} = \frac{610}{538} \times 100\% = 113.38\%$$

$$\sum p_1q_1 - \sum p_0q_1 = 610 - 538 = 72(万元)$$

计算结果表明：三种商品的价格平均增加了 13.38%；由于价格增加而使销售总额增加的绝对额为 72 万元。

和数量指标综合指数计算结果一样，同度量因素选择的时期不同，计算结果不同。拉氏价格指数说明居民按过去的数量及其结构购买商品，支出的金额是多少；帕氏指数说明居民按当下的数量及其结构购买商品，支出的金额是多少。显然，居民更关心在当前销售量条件下，价格变动对实际生活的影响。因此，帕氏价格指数更好地反映了价格变动对居民报告期消费支出的影响。

所以，在统计实践中，编制质量指标综合指数时，一般选择帕氏指数公式。

2. 同一资料计算拉氏指数和帕氏指数差异的解释

在例 7-2 和例 7-3 中，可以看到，计算得出的拉氏指数和帕氏指数结果是不同的。原因是在计算时拉氏指数是以基期相应指标作为同度量因素，帕氏指数是以报告期相应指标作为同度量因素。同度量因素选用报告期指标，与基期相比较，包含了指标从基期到报告期的变动数值，干扰了对指数化因素的计算。以帕氏价格指数为例，推导过程如下：

$$\sum p_1q_1 = \sum p_1(q_1 - q_0 + q_0) = \sum p_1(q_1 - q_0) + \sum p_1q_0$$

$$\sum p_0q_1 = \sum p_0(q_1 - q_0 + q_0) = \sum p_0(q_1 - q_0) + \sum p_0q_0$$

帕氏物价公式 $\overline{K}_p = \dfrac{\sum p_1q_1}{\sum p_0q_1}$ 中，分子和分母项都包含了 $(q_1 - q_0)$ 的影响。

从绝对数关系分析，推导如下：

$$\sum p_1q_1 - \sum p_0q_1 = \sum p_1q_0 - \sum p_0q_0 + \sum (p_1 - p_0)(q_1 - q_0)$$

对式子进行变换：

$$\left(\sum p_1q_1 - \sum p_0q_1\right) - \left(\sum p_1q_0 - \sum p_0q_0\right) = \sum (p_1 - p_0)(q_1 - q_0)$$

式中，$\sum (p_1 - p_0)(q_1 - q_0)$ 是同度量因素选择报告期和选择基期时，计算指数变动的绝对数时多出来的数值，把它称为价格与销售量的共变影响额。

尽管共变影响因素的存在对计算帕氏指数产生了影响，在实践中，还是需要根据指数应用的现实意义进行选择。如上所述，在编制销售量（数量指标）综合指数时，通常采用拉氏计算公式；在编制销售价格（质量指标）综合指数时，通常采用帕氏计算公式。

拉氏指数（价格固定在基期）：

$$\overline{K}_q = \frac{\sum q_1p_0}{\sum q_0p_0} \tag{7-3}$$

帕氏指数(销售量固定在报告期):

$$\overline{K}_q = \frac{\sum p_1 q_1}{\sum p_0 q_1} \tag{7-4}$$

二、编制平均指数

综合指数法在计算总指数时,需要有现象总体的全面资料才可以编制。在实践过程中,有些资料往往不能及时收集,可以用平均法编制总指数即平均指数。编制平均指数是利用非全面资料计算总指数的一种有效方法。

(一)平均指数的含义

总指数是反映多个个体的平均变动程度,从这一思路出发,我们可以以个体指数为基础,对个体指数进行平均得到总指数,由于各个个体的重要性不同,赋予个体指数不同的权数。

项目七
微课2

平均指数是计算总指数的另一种形式,平均指数是计算个体指数的加权平均数得到的总指数。

(二)平均指数的分类与具体编制

使用平均方法计算总指数,可以分为加权算术平均指数和加权调和平均指数。当以基期价值总量 $p_0 q_0$ 作权数时,可以计算现象总体的加权算术平均指数;当以报告期价值总量 $p_1 q_1$ 作权数时,可以计算现象总体的加权调和平均指数。

1. 加权算术平均指数

在计算数量指标综合指数时,如果只有各种产(商)品销售量的个体指数和基期产值(销售额)资料时,可用基期各商品的产值(销售额)作为权数,采用加权算术平均数法求得商品销售量总指数。推导过程如下:

由个体指数 $K_q = \frac{q_1}{q_0}$ 得 $q_1 = K_q q_0$,将 $q_1 = K_q q_0$ 代入数量指标综合指数公式 $\overline{K}_q = \frac{\sum q_1 p_0}{\sum q_0 p_0}$,得

$$\overline{K}_q = \frac{\sum q_1 p_0}{\sum q_0 p_0} = \frac{\sum k_q q_0 p_0}{\sum q_0 p_0} \tag{7-5}$$

在计算方法和表现形式上,该公式是以个体指数 k_q 为变量,以基期价值总量 $p_0 q_0$ 为权数计算的销售量个体指数的加权算术平均数。所以,加权算术平均指数是数量指标综合指数计算的变形,二者都是总指数的计算形式。

【例 7-4】 某公司生产甲、乙、丙三种产品,有关资料见表 7-4,计算三种产品的产量总指数。

表 7-4 某公司生产的三种产品资料

产品名称	计量单位	总成本/万元		价格个体指数 (p_1/p_0)	产量个体指数 (q_1/q_0)
		基期 $(p_0 q_0)$	报告期 $(p_1 q_1)$		
甲	件	200	220	1.14	1.03
乙	台	50	50	1.05	0.98
丙	箱	120	150	1.20	1.10

分析：通过资料给出的数值不能用综合指数法计算总指数。根据给定资料，可以用基期总成本作权数，对个体产量指数加权平均计算总指数。

解 $\quad k_q = \dfrac{\sum k_q q_0 p_0}{\sum q_0 p_0} = \dfrac{1.03 \times 200 + 0.98 \times 50 + 1.10 \times 120}{200 + 50 + 120} \times 100\% = 104.6\%$

计算表明：该公司自基期到报告期，三种产品的产量平均增长了4.6%。

计算结果的经济意义与综合指数的计算完全相同。

2. 加权调和平均指数

在计算质量指标综合指数时，如果只有各种产（商）品价格的个体指数和报告期的产值（销售额）资料时，可用报告期产品的产值（销售额）作为权数，对个体指数采用加权调和平均数法求得产（商）品价格总指数。推导过程如下。

由 $k_p = \dfrac{p_1}{p_0}$ 得 $p_0 = \dfrac{p_1}{k_p}$，将 $p_0 = \dfrac{p_1}{k_p}$ 代入质量指标综合指数公式 $\overline{K}_p = \dfrac{\sum p_1 q_1}{\sum p_0 q_1}$，得

$$\overline{K}_p = \dfrac{\sum p_1 q_1}{\sum p_0 q_1} = \dfrac{\sum p_1 q_1}{\sum \dfrac{1}{k_p} p_1 q_1} \tag{7-6}$$

在计算方法和表现形式上，该公式是以价格个体指数 k_p 为变量，以报告期价值总量 $p_1 q_1$ 为权数计算的加权调和平均指数。加权调和平均指数是质量指标综合指数计算的变形。

【例 7-5】 资料同表 7-4，计算三种产品的价格总指数。

分析：通过资料给出的数值不能用综合指数法计算总指数。根据给定资料，可以用报告期总成本作权数，对价格个体指数加权调和计算总指数。

解 $\quad \overline{K}_p = \dfrac{\sum p_1 q_1}{\sum \dfrac{1}{k_p} p_1 q_1} = \dfrac{220 + 50 + 150}{\dfrac{200}{1.14} + \dfrac{50}{1.05} + \dfrac{150}{1.20}} \times 100\% = 114.88\%$

计算结果表明：该公司自基期到报告期，三种产品的价格平均增长了14.88%。

3. 固定权数平均指数

有些情况下，由于统计资料缺乏，用综合指数法、平均指数法都无法计算总指数，可以用固定权数计算加权算术平均数指数。在统计实践工作中，以正常年份的物量构成或价格水平作为编制产量（销售量）指数或价格指数的权数，并且使用一段时间保持不变，这种权数叫作固定权数。其计算公式为

$$\overline{K}_q = \dfrac{\sum K_q \cdot w}{\sum w}, \quad \overline{K}_p = \dfrac{\sum K_p \cdot w}{\sum w} \tag{7-7}$$

固定权数平均指数在国内外的指数实践中得到了广泛应用，如我们生活中常见的零售物价指数、居民消费价格指数、工业生产指数等，都属于这种形式的指数。它往往将经济发展比较稳定的某一时期的价值总量结构作为固定的权数，一经确定便沿用 5 年至 10 年不变，大大减少了工作量。同时，在不同时期采用同样的权数，可比性强，有利于从时间上纵向分析经济现象的发展。现以部分资料，说明价格总指数的编制和计算过程（表 7-5）。

表 7-5　零售价格总指数计算

商品类别及名称	代表规格品	计量单位	平均价格/元 p_0	平均价格/元 p_1	权数 w /%	价格指数 k /%	kw
总指数					100	115.1	1 151.4
一、食品类					51	117.5	5 992.5
1. 粮食					35	105.3	3 685.5
细粮					65	105.6	6 864.0
面粉	标准	kg	2.40	2.52	40	105.0	4 200.0
大米	粳米标一	kg	3.50	3.71	60	106.0	6 360.0
粗粮					35	104.8	3 668.0
2. 副食品					45	125.4	5 643.0
3. 烟酒茶					11	126.0	1 368.0
4. 其他食品					9	114.8	1 033.2
二、衣着类					20	115.2	2 304.0
三、日用品类					11	109.5	1 204.5
四、文化娱乐用品					5	110.4	552.0
五、书报杂志类					2	108.6	217.2
六、药品及医疗用品类					6	116.4	698.4
七、建筑装潢材料类					2	114.5	229.0
八、燃料类					3	105.6	316.8

(1) 计算出各代表规格品的价格指数。如面粉价格指数为

$$k = \frac{p}{p_0} = \frac{2.52}{2.40} \times 100\% = 105.0\%$$

(2) 根据各代表规格品的价格指数及给出的相应权数,使用加权算术平均法计算小类指数。如细粮类价格指数为

$$\overline{K}_p = \frac{\sum kw}{\sum w} = \frac{105\% \times 40 + 106\% \times 60}{100} \times 100\% = 105.6\%$$

(3) 根据各小类指数及相应的权数,使用加权算术平均法计算中类指数。如粮食类价格指数为

$$\overline{K}_p = \frac{\sum kw}{\sum w} = \frac{105.6\% \times 65 + 104.8\% \times 35}{100} \times 100\% = 105.3\%$$

(4) 根据各中类指数及相应的权数,使用加权算术平均法计算大类指数。如食品类价格指数为

$$\overline{K}_p = \frac{\sum kw}{\sum w} = \frac{105.3\% \times 35 + 125\% \times 45 + 126.0\% \times 11 + 114.8\% \times 9}{100} \times 100\% = 117.5\%$$

(5) 根据各大类指数及相应的权数,使用加权算术平均法计算总指数。即

$$\overline{K}_p = \frac{\sum kw}{\sum w} = \frac{117.5\% \times 51 + 115.2\% \times 20 + 109.5\% \times 11 + 110.4\% \times 5}{100} +$$

$$\frac{108.6\% \times 2 + 116.4\% \times 6 + 114.5\% \times 2 + 105.6\% \times 3}{100} \times 100\%$$

$= 115.1\%$

三、综合指数与平均指数的关系

综合指数和平均指数是计算总指数的两种形式,它们之间既有区别又有联系。

(一)综合指数和平均指数的区别

(1)编制复杂现象总体的总指数的方法不同。综合指数引入同度量因素,先计算出总体的总量,然后进行对比;平均指数是以总数量作为权数在个体指数的基础上加权计算总指数。

(2)依据的资料条件不同。综合指数计算需要总体的全面资料,同度量因素和指数化因素的资料要求一一对应而且全面;平均指数计算不需要全面的资料。

(3)具体作用不同。综合指数除可表明复杂总体的变动方向和程度外,还可从指数化指标变动的绝对效果上进行因素分析;平均指数只能通过总指数表明复杂总体的变动方向和程度,而不能对现象进行因素分析。

(二)综合指数和平均指数的联系

两类指数在一定的条件下表现为变形关系。当掌握的资料不能直接用综合指数形式计算时,可以用平均指数形式计算,得到的结果完全相同。

 任务分析

在寿光地利农产品物流园蔬菜指数月评中,既有价格总指数的涨跌评价,又有蔬菜类别价格指数评价,还有各蔬菜品种的价格指数评价。这几个指数是不同的,各蔬菜品种的价格指数分别指各种蔬菜价格的个体指数,是各蔬菜的报告期价格和基期价格对比的数值。蔬菜类别价格指数是由同类蔬菜价格个体指数经过加权平均计算而得到的,蔬菜价格总指数是由各蔬菜类别指数经过加权平均计算而得到的。

"中国·寿光蔬菜指数"是依据统计指数与统计评价理论,采用多层双向加权合成指数编制方法,选择一系列反映寿光蔬菜批发市场运行状况的指标,进行科学处理,用于全面反映寿光蔬菜价格和市场景气活跃程度的综合指数。分为"寿光蔬菜价格指数"和"寿光蔬菜物流指数",其中"寿光蔬菜价格指数"是在科学的商品分类基础上,选择有代表性的蔬菜,采集其成交价格、成交量、成交金额等数据编制的反映寿光蔬菜交易价格变化趋势的指数。

任务三　构建总量指标指数体系和进行因素分析

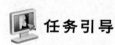 **任务引导**

7月汽车销量同比增长近三成 新能源汽车产销均增长120%

本报北京8月11日讯(记者刘瑾)　中国汽车工业协会11日发布数据显示,7月我国汽车产销量分别达到245.5万辆和242万辆,同比增长31.5%和29.7%。其中,新能源汽车产销量分别达61.7万辆和59.3万辆,同比均增长120%。

据介绍,7月尽管面临传统市场淡季,但在购置税减半政策和地方促进消费政策持续驱动下,加上汽车企业以及经销商继续加大促销力度,乘用车市场活力依旧。虽然7月汽车产销量低于上月,但为历年同期最高值,总体判断目前行业发展态势良好。

数据显示,1月至7月,汽车产销量分别达到1 457.1万辆和1 447.7万辆,产量同比增长0.8%,销量同比下降2%。其中,新能源汽车产销量分别达到327.9万辆和319.4万辆,同比增长均为120%,市场占有率达到22.1%。

下半年,在一系列促进消费政策持续落地见效的背景下,我国宏观经济将保持稳定增长,市场消费信心也将明显恢复,汽车行业预计全年保持稳定增长态势。

(资料来源:搜狐网,2022-08-12.)

思考:2022年7月汽车产销创历年同期之最。汽车产销量指数变化的影响因素有哪些?7月的指数变化主要影响因素是什么?

任务分解

以组为单位,浏览财经网中各种商品的市场信息,组员查询了解感兴趣的行业或商品产销变化情况,进行描述。

要求:

(1)每位组员列举至少一项。

(2)组长组织进行讨论:产销指数的变动影响因素。

(3)每个组推举1位组员进行展示。

(4)在展示过程中,所有同学可以对每组展示的情况进行提问、对每组的展示进行评价。

(5)总结。

相关知识

一个复杂经济现象总是受到多个因素的共同影响,通过编制的综合指数,可以反映复杂经济现象某一方面的变动情况;反映复杂经济现象在各个方面的总变动,则需要编制多个指数,并将这些指数结合起来组成"指数体系",达到全面地认识总体变动的目的。

一、指数体系

(一)指数体系的含义

指数体系有广义和狭义之分。广义上,指数体系是指由若干个内容上互相关联的统计指数所结成的体系。譬如,工业品批发价格(或出厂价格)指数、农产品收购价格指数、消费品零售价格指数等构成了市场物价指数体系。根据考察问题的需要,体系包含的指数可多可少,各指数之间没有数量上的严密关系。

狭义上,指数体系是经济上有联系、数量上有着严密的逻辑关系的若干个指数构成的整体。典型的表现形式就是:一个总值指数等于若干个(两个或两个以上)因素指数的乘积。例如:

销售额指数＝销售量指数×销售价格指数
总成本指数＝产量指数×单位产品成本指数
总产量（或总产值）指数＝员工人数指数×劳动生产率指数
增加值指数＝员工人数指数×劳动生产率指数×增加值率指数
销售利润指数＝销售量指数×销售价格指数×销售利润率指数

像这样，三个或三个以上有联系的经济指标构成了一个指数体系。例如，销售额指数、销售量指数和销售价格指数等三个指数构成了一个指数体系，销售利润指数和销售量指数、销售价格指数、销售利润率指数等四个指数构成了一个指数体系。指数体系的各指数间数量上的对应关系，不仅表现在相对数之间，也表现在绝对数之间。例如编制如下指数体系：商品销售额指数＝商品销售量指数×商品销售价格指数，用公式表示为

$$\frac{\sum p_1 q_1}{\sum p_0 q_0} = \frac{\sum p_0 q_1}{\sum p_0 q_0} \times \frac{\sum p_1 q_1}{\sum p_0 q_1} \tag{7-8}$$

这种数量上的对应关系，还表现在绝对数之间关系上。即

销售额的总变动量＝销售量变动引起的增减额＋价格变动引起的增减额

用公式表示为

$$\sum p_1 q_1 - \sum p_0 q_0 = \left(\sum p_0 q_1 - \sum p_0 q_0 \right) + \left(\sum p_1 q_1 - \sum p_0 q_1 \right) \tag{7-9}$$

（二）指数体系的作用

指数体系应用广泛，作用表现在以下两个方面。

（1）进行因素分析。根据复杂现象影响因素的多少，构建指数体系，从相对数和绝对数两方面测定各个因素在总变动中的影响方向和程度。例如，编制多种产品的销售量指数和价格指数，分析销售量和价格的变动对销售总额增加或减少的数值。通过因素分析，从定性和定量的关系上揭示现象本质，把握现象的发展变化规律和特征，便于进行正确决策。

（2）进行指数推算。根据指数体系中各指数间的数量关系式，进行等式变换，由已知指数推算出未知指数。例如，根据商品销售量总指数与商品销售额总指数和价格总指数的关系，即商品销售额指数＝商品销售量指数×商品销售价格指数，在已知销售额指数和价格指数的情况下，可以推算商品的销售量指数。

二、总量指标变动的两因素分析

总量指标变动的两因素分析是将总量指标分解为数量指标和质量指标两个因素，通过建立指标体系，分别从相对数方面测定各影响因素的变动程度，从绝对数方面测定各影响因素所引起的总量指标变动额。

【例 7-6】 表 7-6 为某商店三种代表性商品的销售量和价格资料，分析总量指标变动情况。

解 根据商品销售额、销售量和价格三者的关系，构建指数体系的公式如下：

销售额总指数 ＝ 销售量指数 × 价格指数

$$\overline{k}_{pq} = \overline{k}_q \times \overline{k}_p$$

即

表 7-6 商品销售量和商品价格资料

商品名称	计量单位	销售量		价格/元		销售额			
		基期 q_0	报告期 q_1	基期 p_0	报告期 p_1	$p_0 q_0$	$p_1 q_1$	$p_0 q_1$	$p_1 q_0$
甲	支	400	600	0.25	0.2	100	120	150	80
乙	件	500	600	0.4	0.36	200	216	240	180
丙	个	200	180	0.5	0.6	100	108	90	120
合计	—	—	—	—	—	400	444	480	380

$$\frac{\sum p_1 q_1}{\sum p_0 q_0} = \frac{\sum p_0 q_1}{\sum p_0 q_0} \times \frac{\sum p_1 q_1}{\sum p_0 q_1}$$

根据指数体系各因素关系,进行如下分析。

(1) 计算销售额的总变动。即

销售额总指数: $\overline{k}_{pq} = \dfrac{\sum q_1 p_1}{\sum q_0 p_0} = \dfrac{444}{400} = 111\%$

销售额增加额: $\sum q_1 p_1 - \sum q_0 p_1 = 444 - 400 = 44(元)$

分析表明:报告期三种商品的总销售额比基期增长了 11%,增加的金额为 44 元。

(2) 因素分析。销售额的变动是销售量和商品价格两个因素变动共同作用的结果。

① 销售量变动影响。具体情况如下。

销售量指数: $\overline{k}_q = \dfrac{\sum q_1 p_0}{\sum q_0 p_0} = \dfrac{480}{400} = 120\%$

对销售额的影响: $\sum q_1 p_0 - \sum q_0 p_0 = 480 - 400 = 80(元)$

分析表明:由于报告期商品销售量的变动而使商品销售额增长 20%,由此引起的商品销售额增加的金额为 80 元。

② 物价变动的影响。具体情况如下。

价格指数: $\overline{k}_p = \dfrac{\sum q_1 p_1}{\sum q_1 p_0} = \dfrac{444}{480} = 92.5\%$

对销售额的影响: $\sum q_1 p_1 - \sum q_1 p_0 = 444 - 480 = -36(元)$

分析表明:由于物价的变动使报告期三种商品的总销售额比基期下降了 7.5%,由此引起的商品销售额减少的绝对额为 36 元。

③ 分析检验。将以上计算结果代入指数体系和因素影响绝对数量关系式,可得

$$111\% = 120\% \times 92.5\%$$
$$44 = 80 + (-36)$$

经验证:指数关系式和因素影响绝对数量关系式都是成立的。

分析结论:该商店三种商品的销售额报告期比基期增长 11%,是由于销售量增长 20% 与价格下降 7.5% 共同引起的;商品销售额增加 44 元,是由于销售量变动使其增加 80 元和价格变动使其减少 36 元共同影响的。

三、总量指标变动的多因素分析

(一)多因素分析的原则

多因素分析就是将总量指标分解为三个或三个以上的影响因素,分别测定各影响因素的影响程度和影响的绝对额。多因素分析的原理和方法与前面讲的两因素分析是一致的。多因素分析具体编制过程区别于两因素分析,需要注意两点原则。

(1)确定多个因素的排列顺序。要具体分析现象总体的经济内容,依据各因素的逻辑关系确定排列顺序。排序时遵循两点要求:一是数量指标在前、质量指标在后,如果相邻两个指标同时都是数量指标或质量指标,则把相对而言属于数量指标的因素放在前面。二是两个相邻指标相乘具有实际经济意义。如销售利润是销售量、销售价格和销售利润率三个影响因素共同作用的结果。按照上述要求,排序顺序可为销售量、销售价格、销售利润率。因为销售量和销售价格两者的乘积为销售额,两者的乘积既有实际经济意义,而且相对于销售利润率是数量指标,应该排在销售利润率前边,所以可以构建指数体系:销售利润指数=销售量指数×销售价格指数×销售利润率指数,并按顺序依次进行因素分析。

(2)逐项分析,分别确定同度量因素,连环替代。为了分析某个因素影响,把其余因素作为同度量因素分别固定在某时期。在多因素分析中,计算各影响因素指数时,作为同度量因素的指标不是一个,而是多个,需要应用连环替代法逐一进行分析。具体方法是:将指数体系中各因素按先数量指标后质量指标确定排列顺序。根据排列顺序,先分析第一个因素,把其余因素都固定在基期;分析第二个因素时,将已分析过的第一个因素固定在报告期,其余未分析过的因素都固定在基期,依此类推。

例如:

$$总产值=工人数×工人劳动生产率×产品价格$$

总产值可分解为三个因素,首先根据指标性质确定各因素排序。由于工人劳动生产率和产品价格的乘积是人均产值,相对于工人数,人均产值是质量指标,因此三因素可按工人数、工人劳动生产率、产品价格的顺序排序。在计算工人数指数时将后两个因素作为质量指标固定在基期;在计算工人劳动生产率指数时,工人数固定在报告期,产品价格固定在基期;计算产品价格指数时将工人数和工人劳动生产率两个因素固定在报告期。

(二)多因素分析举例

【例 7-7】 某企业销售情况资料如表 7-7 所示,对该企业的利润额的变动进行因素分析。

表 7-7 某企业销售情况相关资料

产品名称	计量单位	销售量		单位商品价格/元		利润率/%	
		q_0	q_1	p_0	p_1	r_0	r_1
甲	台	4 500	5 000	60	65	8	7
乙	个	230	220	200	180	29	34
丙	件	140	150	300	280	10	15

解

(1)利润额变动分析

利润额总指数:

$$\overline{k}_{qpr} = \frac{\sum q_1 p_1 r_1}{\sum q_0 p_0 r_0} = \frac{5\,000 \times 65 \times 7 + 220 \times 180 \times 34 + 150 \times 280 \times 15}{4\,500 \times 60 \times 8 + 230 \times 200 \times 29 + 140 \times 300 \times 10}$$

$$= \frac{425.14}{391.4} = 108.62\%$$

利润额变动的绝对额：

$$\sum q_1 p_1 r_1 - \sum q_0 p_0 r_0 = 425.14 - 391.4 = 33.74(万元)$$

(2) 销售量变动影响分析

销售量指数：

$$\overline{K}_q = \frac{\sum q_1 p_0 r_0}{\sum q_0 p_0 r_0} = \frac{5\,000 \times 60 \times 8 + 220 \times 200 \times 29 + 150 \times 300 \times 10}{4\,500 \times 60 \times 8 + 230 \times 200 \times 29 + 140 \times 300 \times 10}$$

$$= \frac{412.6}{391.4} = 105.42\%$$

销售量变动影响绝对量：

$$\sum q_1 p_0 r_0 - \sum q_0 p_0 r_0 = 412.6 - 391.4 = 21.2(万元)$$

(3) 销售价格变动影响分析

销售价格指数：

$$\overline{K}_p = \frac{\sum q_1 p_1 r_0}{\sum q_1 p_0 r_0} = \frac{5\,000 \times 65 \times 8 + 220 \times 180 \times 29 + 150 \times 280 \times 10}{5\,000 \times 60 \times 8 + 220 \times 200 \times 29 + 150 \times 300 \times 10}$$

$$= \frac{416.84}{412.6} = 101.03\%$$

销售价格变动影响绝对量：

$$\sum q_1 p_1 r_0 - \sum q_1 p_0 r_0 = 416.84 - 412.6 = 4.24(万元)$$

(4) 利润率影响分析

利润率指数：

$$\overline{k}_r \frac{\sum q_1 p_1 r_1}{\sum q_1 p_1 r_0} = \frac{5\,000 \times 65 \times 7 + 220 \times 180 \times 34 + 150 \times 280 \times 15}{5\,000 \times 65 \times 8 + 220 \times 180 \times 29 + 150 \times 280 \times 10}$$

$$= \frac{425.14}{416.84} = 101.99\%$$

利润率变动影响绝对量：

$$\sum q_1 p_1 r_1 - \sum q_1 p_1 r_0 = 8.3(万元)$$

(5) 分析检验。将以上计算结果代入指数体系和因素影响绝对数量关系式：

$$108.62\% = 105.42\% \times 101.03\% \times 101.99\%$$
$$33.74 = 21.2 + 4.24 + 8.3$$

经验证：指数关系式和因素影响绝对数量关系式都是成立的。

分析结果表明：从相对数方面看，该企业的利润额报告期比基期增长8.62%，是由于销售量增长5.42%、销售价格上涨1.03%和利润率上涨1.99%三个因素共同作用的结果；从增加的绝对额看,该企业利润额报告期比基期增加 33.74 万元,是由于销售量上升使利润总额增加 21.2 万元、销售价格上涨使利润额增加 4.24 万元和利润率增加使利润额增加 8.3 万元共同作用的结果。

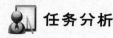任务分析

汽车产销量在 2022 年 7 月创历年同期之最,是政策发生作用的显著结果。购置税减半政策变相降低了汽车购置价格,根据市场需求曲线可知,价格降低增加了市场需求,是销量增长的显著影响因素之一。地方促进消费政策的驱动,如发放购车券同样减少了汽车购置成本,增加了购车人群数量,是销量增长的显著影响因素之一。这两个因素共同作用,使得 7 月份的汽车产销量出现了淡季不淡,反而旺销的市场结果。

任务四　构建平均指标指数体系及进行因素分析

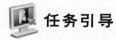任务引导

2022 年我国夏粮生产喜获丰收:播种面积稳中略增　夏粮单产小幅提高

光明网讯(记者 赵艳艳)　7 月 14 日,国家统计局公布 2022 年我国夏粮生产情况。数据显示,2022 年全国夏粮总产量 14 739 万吨(2 948 亿斤),比上年增加 143.4 万吨(28.7 亿斤),增长 1.0%。其中小麦产量 13 576 万吨(2 715 亿斤),增加 128.6 万吨(25.7 亿斤),增长 1.0%。

夏粮播种面积稳中略增

2022 年全国夏粮播种面积 26 530 千公顷(39 795 万亩),比上年增加 92.1 千公顷(138.2 万亩),增长 0.3%,连续两年实现增长。其中小麦播种面积 22 962 千公顷(34 443 万亩),增加 50.8 千公顷(76.2 万亩),增长 0.2%。

王贵荣表示,夏粮播种面积稳中略增的主要原因,一是压实粮食生产责任。严守耕地红线,强化耕地用途管制。二是加大政策支持力度。国家提高小麦最低收购价,稳定农民种粮补贴,加大产粮大县奖励力度,保障农民种粮收益。三是稳住冬小麦播种面积。克服严重秋汛影响,通过调整种植结构、扩大非灾区面积等方式,基本稳住冬小麦播种面积。四是扩大春小麦种植规模。

(资料来源:光明网,2022-07-14.)

思考:从夏粮播种面积和收获产量的数据可知,2022 年比上年都有了增加,但产量增加的比例更大。同样,2022 年比上年小麦播种面积增长 0.2%,产量却增长了 1.0%。这意味着平均产量增长的幅度远大于面积增长,试分析产量增长的影响因素。

任务分解

以组为单位,浏览各大网络数据中的工农业产品的增长情况,组员查询了解感兴趣的行

业或产品生产的平均产量变化情况,进行描述。

要求:

(1) 每位组员列举至少一项。

(2) 组长组织进行讨论:产品产量变动的影响因素。

(3) 每个组推举1位组员进行展示。

(4) 在展示过程中,所有同学可以对每组展示的情况进行提问、对每组的展示进行评价。

(5) 总结。

 相关知识

一、平均指标指数的含义

在统计分组的情况下,社会经济现象平均指标的大小受两个因素的影响,一是各组标志值的变化,二是各组单位数的变化。同一总体不同时期的平均指标对比的相对数,称为平均指标指数,如劳动生产率指数、平均工资指数、平均单位成本指数、平均产量指数等。平均指标指数的分子、分母是分别针对分组资料计算的加权平均数,所以,平均指标指数也称为总平均数指数。

项目七
微课3

二、平均指标指数体系

(一) 平均指标指数体系构成

平均指标指数的变动受两个因素的影响:一是各组平均水平变动的影响,二是各组单位数在总体中所占比重的影响。例如,劳动生产率的变动,既受各组工人劳动生产率水平变动的影响,又受到各组工人数在总体中所占比重的影响。各组单位数占总体单位数的比重也称为总体的结构状况。把各组单位数在不同时期的变动对总平均数的影响的相对数称为结构影响指数,把各组标志值的变动对总平均数的影响的相对数称为固定构成指数,把总体平均数的变动相对数称为可变构成指数。这样,平均指标指数、固定构成指数和结构影响指数三者形成了一个指标体系。

$$可变构成指数=固定构成指数\times结构影响指数$$

平均指标变动的两因素分析就是从数量上分析两个因素变动对平均指标总变动的影响,与总量指标的两因素分析一样,可以从相对量和绝对量两方面对其进行分析。通过对平均指标指数的因素分析,可以深入认识现象总体水平的变动成因,不断优化结构,实现提质增效。

(二) 平均指标指数体系的具体含义

(1) 可变构成指数($\bar{k}_{xf}$)。报告期平均指标与基期平均指标之比称为可变构成指数,表明总平均指标的变动情况。其计算公式为

$$\bar{k}_{xf}=\frac{\bar{x}_1}{\bar{x}_0}=\frac{\dfrac{\sum x_1 f_1}{\sum f_1}}{\dfrac{\sum x_0 f_0}{\sum f_0}}=\frac{\sum x_1 \cdot \dfrac{f_1}{\sum f_1}}{\sum x_0 \cdot \dfrac{f_0}{\sum f_0}} \qquad (7-10)$$

可变构成指数的分子与分母的差值，表示报告期的总平均指标与基期的总平均指标的差额。即

$$\overline{x}_1 - \overline{x}_0 = \frac{\sum x_1 f_1}{\sum f_1} - \frac{\sum x_0 f_0}{\sum f_0} = \sum x_1 \frac{f_1}{\sum f_1} - \sum x_0 \frac{f_0}{\sum f_0}$$

式中，$\overline{x}$ 为总平均指标；x 为各组标志值的平均水平；f 为各组单位数。

(2) 固定构成指数（$\overline{k}_x$）。将总体结构固定在某期，计算的平均指标指数，称为固定构成指数。它只反映各组平均水平变动对总平均指标变动的影响。其计算公式为

$$\overline{k}_x = \frac{\overline{x}_1}{\overline{x}_n} = \frac{\dfrac{\sum x_1 f_1}{\sum f_1}}{\dfrac{\sum x_0 f_1}{\sum f_1}} = \frac{\sum x_1 \cdot \dfrac{f_1}{\sum f_1}}{\sum x_0 \cdot \dfrac{f_1}{\sum f_1}} \tag{7-11}$$

固定构成指数的分子与分母的差值，表示由于各组变量值变动引起总平均指标变动的差额。即

$$\overline{x}_1 - \overline{x}_n = \frac{\sum x_1 f_1}{\sum f_1} - \frac{\sum x_0 f_1}{\sum f_1} = \sum x_1 \cdot \frac{f_1}{\sum f_1} - \sum x_0 \cdot \frac{f_1}{\sum f_1}$$

固定构成指数将各组平均数作为研究因素，把各组的次数结构作为同度量因素，并且固定在报告期。

(3) 结构影响指数（$\overline{k}_f$）。将各组变量值固定在某期，计算的平均指标指数，称为结构影响指数。它只反映总体结构变动对总平均指标变动的影响。其计算公式为

$$\overline{k}_f = \frac{\overline{x}_n}{\overline{x}_0} = \frac{\dfrac{\sum x_0 f_1}{\sum f_1}}{\dfrac{\sum x_0 f_0}{\sum f_0}} = \frac{\sum x_0 \dfrac{f_1}{\sum f_1}}{\sum x_0 \dfrac{f_0}{\sum f_0}} \tag{7-12}$$

结构影响指数的分子与分母的差值，表示由于各组结构变动引起总平均指标变动的差额。即

$$\overline{x}_n - \overline{x}_0 = \frac{\sum x_0 f_1}{\sum f_1} - \frac{\sum x_0 f_0}{\sum f_0} = \sum x_0 \cdot \frac{f_1}{\sum f_1} - \sum x_0 \cdot \frac{f_0}{\sum f_0}$$

结构影响指数把各组次数结构作为研究因素，把各组的变量值作为同度量因素，并且固定在基期，由于

$$可变构成指数 = 固定构成指数 \times 结构影响指数$$

用符号表示为

$$\overline{k}_{xf} = \frac{\overline{x}_1}{\overline{x}_0} = \frac{\overline{x}_1}{\overline{x}_n} \times \frac{\overline{x}_n}{\overline{x}_0} = \overline{k}_x \times \overline{k}_f$$

式子展开后为

$$\frac{\sum x_1 f_1}{\sum f_1} \div \frac{\sum x_0 f_0}{\sum f_0} = \left(\frac{\sum x_1 f_1}{\sum f_1} \div \frac{\sum x_0 f_1}{\sum f_1} \right) \times \left(\frac{\sum x_0 f_1}{\sum f_1} \div \frac{\sum x_0 f_0}{\sum f_0} \right)$$

因素影响差额之间的关系为

$$\frac{\sum x_1 f_1}{\sum f_1} - \frac{\sum x_0 f_0}{\sum f_0} = \left(\frac{\sum x_1 f_1}{\sum f_1} - \frac{\sum x_0 f_1}{\sum f_1}\right) + \left(\frac{\sum x_0 f_1}{\sum f_1} - \frac{\sum x_0 f_0}{\sum f_0}\right)$$

指数体系中的三个指数都是平均指标进行对比,区别在于:可变构成指数是变量和构成都发生了变化,固定构成指数的变量变动而构成不变,结构影响指数的变量不变而结构变动。

项目七
微课 4

三、平均指标指数的因素分析

平均指标指数因素分析是根据平均指标指数体系,分别计算平均指标指数、固定构成指数和结构影响指数,从变动的相对数和绝对数两方面说明平均指标变动的方向和程度。

【例 7-8】 某企业技术工人、普通工人月平均工资及工人数如表 7-8 所示,分析该企业工人月平均工资的变动及其原因。

表 7-8 某企业工人月平均工资资料

工人类别	工人数/人		月平均工资/元		$x_0 f_0$	$x_1 f_1$	$x_0 f_1$
	基期 f_0	报告期 f_1	基期 x_0	报告期 x_1			
技术工人	33	35	4 000	4 500	132 000	157 500	140 000
普通工人	42	43	2 800	3 100	117 600	133 300	120 400
合计	75	78	—	—	249 600	290 800	260 400

解 企业工人月平均工资变动受到不同类别工人人数变化和不同类别工人工资两方面的影响,构建平均工资变动的指数体系:

工人总平均工资指数＝不同类别工人人数指数×不同类别工人工资指数

工人总平均工资指数是总变动,是可变构成指数;不同类别工人人数指数是结构的变动影响,是结构影响指数;不同类别工人工资指数是工资的变动影响,是固定构成指数。计算如下。

(1) 工人总平均工资变动(可变构成指数):

$$\bar{k}_{xf} = \frac{\sum x_1 \dfrac{f_1}{\sum f_1}}{\sum x_0 \dfrac{f_0}{\sum f_0}} = \frac{\dfrac{290\ 800}{78}}{\dfrac{249\ 600}{75}} = \frac{3\ 728.21}{3\ 328.00} \times 100\% = 112.03\%$$

(2) 不同类别工人人数指数(结构影响指数):

$$\bar{k}_f = \frac{\sum x_0 \dfrac{f_1}{\sum f_1}}{\sum x_0 \dfrac{f_0}{\sum f_0}} = \frac{\dfrac{260\ 400}{78}}{\dfrac{249\ 600}{75}} = \frac{3\ 338.46}{3\ 328.00} \times 100\% = 100.32\%$$

(3) 不同类别工人工资指数(固定构成指数):

$$\bar{k}_x = \frac{\sum x_1 \dfrac{f_1}{\sum f_1}}{\sum x_0 \dfrac{f_1}{\sum f_1}} = \frac{\dfrac{290\ 800}{78}}{\dfrac{260\ 400}{780}} = \frac{3\ 728.21}{3\ 338.46} \times 100\% = 111.67\%$$

(4) 工资变动的相对数关系：

可变构成指数＝结构影响指数×固定构成指数

$$\frac{\sum x_1 \frac{f_1}{\sum f_1}}{\sum x_0 \frac{f_0}{\sum f_0}} = \frac{\sum x_0 \frac{f_1}{\sum f_1}}{\sum x_0 \frac{f_0}{\sum f_0}} \times \frac{\sum x_1 \frac{f_1}{\sum f_1}}{\sum x_0 \frac{f_1}{\sum f_1}}$$

$$112.03\% = 100.32\% \times 111.67\%$$

(5) 工资变动的绝对数关系：

$$\frac{\sum x_1 f_1}{\sum f_1} - \frac{\sum x_0 f_0}{\sum f_0} = \left(\frac{\sum x_0 f_1}{\sum f_1} - \frac{\sum x_0 f_0}{\sum f_0}\right) + \left(\frac{\sum x_1 f_1}{\sum f_1} - \frac{\sum x_0 f_1}{\sum f_1}\right)$$

$$3\ 728.21 - 3\ 328.00 = (3\ 338.46 - 3\ 328.00) + (3\ 728.21 - 3\ 338.46)$$

$$400.21 = 10.46 + 389.75$$

分析表明：从基期到报告期，全体工人的总平均工资提高了 12.03%，增加的工资额是 400.21 元。其中，由于工人结构变动使总平均工资提高了 0.32%，增加的工资额是 10.46 元；各组工人工资的变动使总平均工资提高了 11.67%，增加的工资额是 389.75 元。

 任务分析

根据国家统计局数据，我国的夏粮总产获得增长，通过计算可得平均产量增长得更多。从平均产量增长的影响因素看，以小麦为例，一是调整种植结构，增加更适宜小麦生长的土地面积比例；二是生产技术的提高，新的高产丰产小麦品种投入大田生产、施肥技术的改进等，使得单产普遍提高，表现在统计数据上，所有不同地力等级的地块小麦平均单产都得到提高。这两项影响因素反映在数据中是可测的。另外，天气的原因，譬如风调雨顺、较少出现病虫害等，这些因素虽没出现在小麦产量的统计数据中，也是影响平均产量的变动因素。

延伸拓展　Excel 在指数分析中的应用

利用信息技术，借助 Excel 计算统计指数，可以简化运算工作，能够快速又准确地得到计算结果。

统计指数的编制包括综合指数、平均指数和平均指标指数三个方面。将基础数据准备好，输入 Excel 中，进行检查，确保数据准确。数据准备完全后，就可以利用各种指数公式进行算术运算，输出结果了。

【例 7-9】　某企业生产费用资料如表 7-9 所示，试用 Excel 计算产量总指数。

表 7-9　某企业生产费用资料

产品种类	产品生产总费用/千元		产量个体指数
	基期	报告期	
甲	7.9	8.5	1.08
乙	16.0	17.0	1.05
丙	5.9	6.0	1.02

具体操作过程如图 7-3 所示。

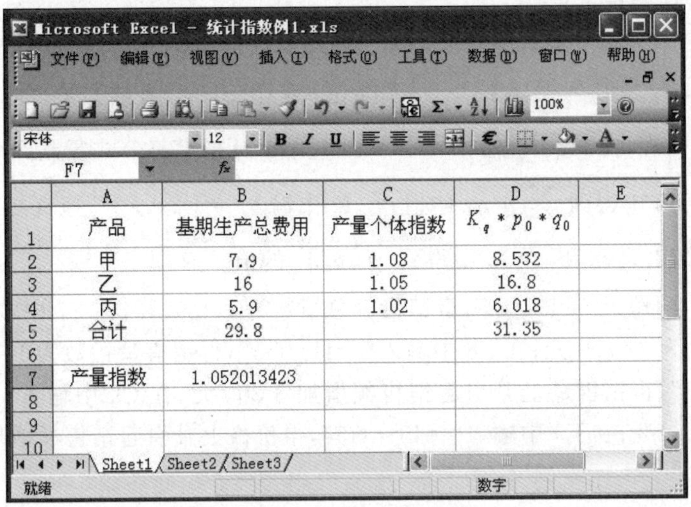

	A	B	C	D	E
1	产品	基期生产总费用	产量个体指数	$K_q*p_0*q_0$	
2	甲	7.9	1.08	8.532	
3	乙	16	1.05	16.8	
4	丙	5.9	1.02	6.018	
5	合计	29.8		31.35	
6					
7	产量指数	1.052013423			
8					
9					
10					

图 7-3　产量指数计算

首先，在 B2:B4 和 C2:C4 中分别输入生产总费用的基期数据 p_0q_0 和产量个体指数 K_q。

其次，在 D2 单元格中输入公式"＝B2 * C2"按 Enter 键，并用鼠标拖曳将公式复制到 D2:D4 区域，得到 $K_qp_0q_0$。

再次，在 B5 单元格中输入"＝SUM(B2:B4)"，得到 $\sum p_0q_0=29.8$，在 D5 单元格中输入"＝SUM(D2:D4)"，得到 $\sum K_qp_0q_0=31.35$。

最后，在 B7 单元格中输入"＝D5/B5"，即得到产量总指数 $\frac{\sum K_qp_0q_0}{\sum p_0q_0}=105.201\%$。

【例 7-10】 根据某厂三种产品的销售量资料，利用 Excel 进行因素分析，相关数据及操作过程如图 7-4 所示。

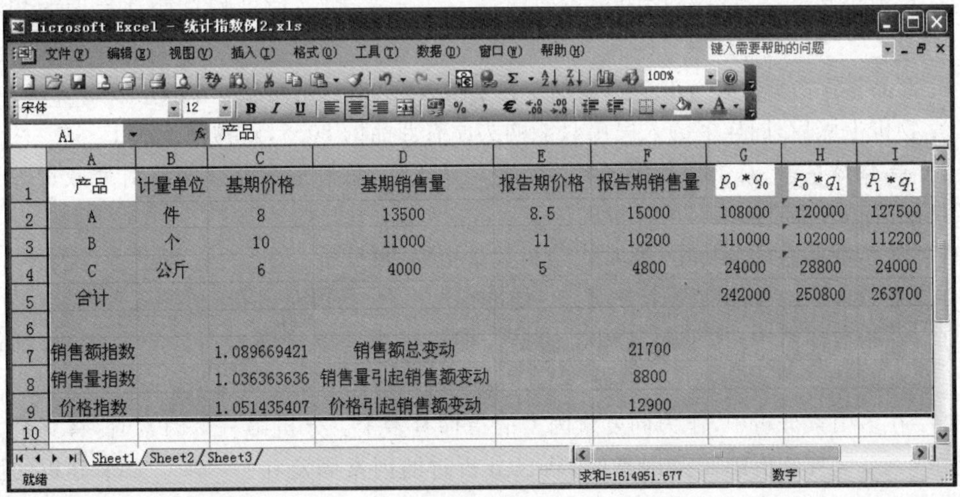

	A	B	C	D	E	F	G	H	I
1	产品	计量单位	基期价格	基期销售量	报告期价格	报告期销售量	P_0*q_0	P_0*q_1	P_1*q_1
2	A	件	8	13500	8.5	15000	108000	120000	127500
3	B	个	10	11000	11	10200	110000	102000	112200
4	C	公斤	6	4000	5	4800	24000	28800	24000
5	合计						242000	250800	263700
6									
7	销售额指数		1.089669421	销售额总变动		21700			
8	销售量指数		1.036363636	销售量引起销售额变动		8800			
9	价格指数		1.051435407	价格引起销售额变动		12900			
10									

图 7-4　指数分析

首先，在 C2:C4 和 E2:E4 中分别输入基期和报告期价格，在 D2:D4 和 F2:F4 中分别输入基期和报告期销售量。

其次，在 G2 单元格中输入"＝C2＊D2"，并用鼠标拖曳将公式复制到 G3、G4 单元格，选定区域 G2:G4，单击工具栏上的"$\sum$"按钮（或用 SUM 函数），在 G5 单元格计算出 $\sum p_0 q_0$ 的值。同理，在 H2 中输入"＝C2＊F2"，用鼠标拖曳将公式复制到 H3、H4 中，再单击 $\sum$ 按钮，在 H5 中得到 $\sum p_0 q_1$ 的值；在 I2 中输入"＝E2＊F2"，拖曳复制公式到 I3、I4，单击 $\sum$ 按钮对 I2:I4 求和，在 I5 中得到 $\sum p_1 q_1$ 的值。

最后，在 C7 中输入"＝I5/G5"，得销售额总指数为 108.97％；在 F7 中输入"＝I5－G5"，得销售额总变动为 21 700 元；在 C8 中输入"＝H5/G5"，得销售量指数为 103.65％；在 F8 中输入"＝H5－G5"，得销售量上升引起销售额增加 8 800 元；在 C9 中输入"＝I5/H5"，得价格总指数为 105.14％；在 F9 中输入"＝I5－H5"，得价格上升引起销售额增加 12 900 元。

复习思考题

一、填空题

1. 在只有两个因素乘积关系构成的经济现象中，必然有一个因素是_____；则另一个是_____。
2. 按表现形式不同，统计指数可分为_____、_____和_____。
3. 综合产量指数中，_____是指数化指标，而_____是同度量因素。
4. 编制数量指数一般是以相应的_____为同度量因素；而编制质量指数一般是以相应的_____为同度量因素。
5. 平均指数是从_____出发来编制总指数的，它的主要计算形式为_____和_____两种。
6. 平均指标指数又称为_____，它分解为_____和_____。
7. 反映个别事物动态变化的相对数叫_____；反映多种事物总变动程度的相对数叫_____。
8. 商品零售物价指数为 105％，商品零售量指数为 98％，则商品零售额指数为_____。
9. 物价上涨后，同样多的人民币只能购买原有商品的 80％，则物价上涨了_____。
10. 指数体系中，总量指数等于各因素的_____，总量指数相应的绝对增减量等于各因素指数引起的相应的绝对增减量的_____。
11. 在指数体系的分析中，通常先分析数量指标，再分析_____。
12. 指数体系的作用有两个方面：一是进行_____；二是进行_____。
13. 在指数体系中，凡是用某因素的报告期指标为同度量因素所计算的指数，都包含了_____。
14. 在多因素分析中，作为同度量因素的指标有多个。分析第一个因素时，将其余因素固定在_____；分析第二个因素时，将已分析过的因素固定在_____。未分析的固定在_____。

二、单项选择题

1. 拉氏数量指数公式的同度量因素采用（   ）。
   A. 基期的质量指标　　　　　　　　　B. 报告期的质量指标
   C. 基期的数量指标　　　　　　　　　D. 报告期的数量指标

2. 帕氏质量指数公式的同度量因素采用（   ）。
   A. 基期的质量指标　　　　　　　　　B. 报告期的质量指标
   C. 基期的数量指标　　　　　　　　　D. 报告期的数量指标

3. 在由三个指数构成的指数体系中，两个因素指数的同度量因素通常（   ）。
   A. 都固定在基期　　　　　　　　　　B. 都固定在报告期
   C. 采用基期和报告期的平均数　　　　D. 一个固定在基期，另一个固定在报告期

4. 若销售量增加，而销售额不变，则商品的销售价格指数（   ）。
   A. 增加　　　　B. 减少　　　　C. 不变　　　　D. 无法判断

5. 已知某企业生产两种产品，在掌握其基期和报告期的生产费用及个体产量指数时，计算这两种产品的综合产量指数应是（   ）。
   A. 两种产品个体指数的几何平均数
   B. 利用个体指数和固定权数计算的加权算术平均数
   C. 利用个体指数和基期生产费用计算的加权算术平均数
   D. 利用个体指数和报告期生产费用计算的加权调和平均数

6. 某公司销售某种商品，2004 年的销售额比 2003 年增长 18%，同期销售量增长 12%，该商品的价格增长百分比是（   ）。
   A. 6%　　　　B. 2.16%　　　　C. 5.36%　　　　D. 13.22%

7. Q 为销售量，P 为价格，当 $\sum Q_0 P_0 = 120$ 万元、$\sum Q_1 P_1 = 165$ 万元、$\sum Q_1 P_0 = 135$ 万元、$\sum Q_0 P_1 = 140$ 万元时，按一般原则计算的销售量总指数是（   ）。
   A. 112.5%　　　　B. 116.7%　　　　C. 117.9%　　　　D. 122.2%

8. 公式 $\sum q_1 p_0 - \sum q_0 p_0$ 的经济意义为（   ）。
   A. 反映价格综合变动的绝对额　　　　B. 反映销售量综合变动的绝对额
   C. 反映价格变化引起销售额的增减额　D. 反映销售量变化引起销售额的增减额

9. 某企业利润总额与上年相比增长了 10%，职工人数增长了 5%，则该企业工人劳动生产率增长了（   ）。
   A. 15.5%　　　　B. 5%　　　　C. 4.76%　　　　D. 15%

10. 产品生产总费用，报告期为 20 万元，比基期多支出 4 000 元，产品的单位成本报告期综合比基期降低 2%，所以（   ）。
    A. 生产费用总指数为 102.5%　　　　B. 单位成本总指数为 2%
    C. 产品产量总指数为 104.1%　　　　D. 生产费用总指数为 125%

11. 各组单位数的变动按等比例变化时，结构影响指数等于（   ）。
    A. 2　　　　B. 100%　　　　C. 150%　　　　D. 0

12. 综合指数与平均指数的联系在于（   ）。
    A. 在一定权数条件下，两类指数之间有变形关系
    B. 在一般条件下，两类指数之间有变形关系

C. 在权数固定条件下,两类指数之间有变形关系

D. 在一定的同度量因素下,两类指数之间有变形关系

三、多项选择题

1. 甲地 2008 年工业总产值为乙地同年的工业总产值的 125%,这个指数是( )。
   A. 产量指数　　　B. 静态指数　　　C. 个体指数　　　D. 总指数
   E. 价格指数

2. 某地区的零售物价指数(全部商品)2008 年为 2007 年的 115%,这是( )。
   A. 数量指标指数　B. 综合法指数　　C. 个体指数　　　D. 总指数
   E. 质量指标指数

3. 要反映某地区工业产品产量报告期比基期增长情况,在编制产量指数时,( )。
   A. 必须用基期价格作同度量因素
   B. 必须用报告期价格作同度量因素
   C. 既可以用基期价格也可以用报告期价格作同度量因素
   D. 可以用不变价格作同度量因素
   E. 报告期产量用基期价格作同度量因素,基期产量用基期价格作同度量因素

4. 下面属于质量指标指数的有( )。
   A. 销售量指数　　B. 价格指数　　　C. 单位成本指数　D. 劳动生产率指数
   E. 工资水平指数

5. 某企业四个车间的产量报告期为基期的 120%,这个指数是( )。
   A. 个体指数　　　B. 数量指标指数　C. 质量指标指数　D. 动态指数
   E. 静态指数

6. 设 q 为销售量,p 为价格,则总指数 $\dfrac{\sum q_1 p_0}{\sum q_0 p_0}$ 的意义是( )。
   A. 综合反映商品销售额的变动程度
   B. 综合反映商品价格和销售量的变动程度
   C. 综合反映多种商品的销售量的变动程度
   D. 综合反映多种商品价格的变动程度
   E. 反映商品销售量变动时销售额变动的影响程度

7. 同度量因素在指数运算分析中所起的作用是( )。
   A. 比较的作用　　B. 权数的作用　　C. 平衡的作用　　D. 稳定的作用
   E. 同度量的作用

8. 平均指数的特点,包括( )。
   A. 它是在个体指数基础上计算的总指数
   B. 对同度量因素资料的要求较为严格
   C. 属于加权指数形式
   D. 在性质上只有相对性和平均性,没有综合性
   E. 对资料要求比较灵活,可以用非全面资料计算

9. 若用某企业职工人数和劳动生产率分组资料来进行分析时,该企业总的劳动生产率的变动主要受到( )。
   A. 企业全部职工人数变动的影响

B. 企业劳动生产率变动的影响

C. 企业各类职工人数在全部职工人数中所占比重的变动影响

D. 企业各类工人劳动生产率的变动影响

E. 各组职工人数和相应劳动生产率两因素的影响

10. 某类产品的生产费用报告期为20万元,比基期多支出4 000元,产品的单位成本报告期综合比基期降低2%,所以(　　)。

  A. 生产费用总指数为102%　　　　B. 单位成本总指数为2%

  C. 产品产量总指数为104%　　　　D. 生产费用总指数为125%

  E. 由于单位成本降低而节约3 920万元

四、判断题

1. 广义的指数指一切相对数。（　）
2. 编制销售量指数一般用报告期的价格作为同度量因素。（　）
3. 质量指数是反映事物内涵数量变动水平的指数。（　）
4. 综合指数是平均指数的变形形式。（　）
5. 从实际生活出发,人们更关心当前时期价格变动对消费结构和数量的影响,所以计算价格指数时通常编制帕氏价格指数。（　）
6. 如果生活费指数上涨20%,则现在的1元钱只值原来的0.8元。（　）
7. 平均指数是根据非全面资料计算的,故只能反映现象变动的近似值;综合指数则需要根据全面资料计算,故它能反映现象变动产生的实际效果。（　）
8. 综合指数和平均指数的区别包含:综合指数可以对指数化指标从绝对数量方面进行分析,平均指数不能。（　）
9. 平均指数和综合指数都是总量指标指数计算的形式,所以两者在反映总量指标从基期到报告期的变动方向和程度上是一致的。（　）
10. 已知某企业生产三种产品,计算综合产量指数,可计算各产品个体指数和报告期生产费用的加权调和平均指数。因为二者在数值上是一致的。（　）
11. 平均指数和平均指标指数是相同的,都是总指数。（　）
12. 在各组单位数的变动按等比例变化时,结构影响指数等于100%。（　）
13. 在分组条件下,总平均指标指数受两个因素影响,一是各组平均数;二是各组单位数所占比重。（　）
14. 2018年与2017年相比,同样多的货币只能买90%的商品,说明物价指数上升10%。（　）
15. 商品价格总指数＝商品销售额总指数÷商品销售量指数。（　）
16. 甲、乙、丙三种商品的个体销售量指数分别为106%、94%、112%,则这三种商品的销售量总指数为三者的平均数104%。（　）

五、简答题

1. 指数具有哪些性质和作用?
2. 编制综合指数有哪些要点和原则?
3. 综合指数与平均指数有何区别和联系?
4. 在计算加权综合指数时,指数中的分子和分母必须是同一时期的吗?为什么?
5. 指数体系具有哪些作用?

6. 可变构成指数可以分解为哪两个因素？各自的含义和作用是什么？

六、实训题

1. 某企业生产三种产品的单位成本与产量资料如表7-10所示。

表7-10　三种产品成本与产量

产品名称	计量单位	产品产量		单位成本/元	
		基　期	报告期	基　期	报告期
甲	万件	80	120	24	20
乙	万只	60	60	18	18
丙	万盒	50	30	15	19

(1) 计算各种产品的单位成本个体指数。
(2) 计算各种产品的产量个体指数。
(3) 计算三种产品的总成本指数及增加额。
(4) 计算三种产品的单位成本总指数及由于单位成本变动对总成本的影响额。
(5) 计算三种产品的产量总指数及由于产量变动对总成本的影响额。
(6) 用上述(3)～(5)的结果验证指数体系。

2. 已知某市场三种食品情况如表7-11所示，计算三种食品的销售量总指数。

表7-11　三种食品的销售资料

商　品	计量单位	上月销售额/元	销量个体指数
鸡蛋	只	5 000	90
鲤鱼	条	10 000	110
海参	千克	40 000	125

3. 某公司三种商品销售额及价格变动资料如表7-12所示。

表7-12　销售额及价格变动

商品名称	商品销售额/万元		价格变动率/%
	基　期	报告期	
甲	500	650	2
乙	200	200	−5
丙	1 000	1 200	10

要求：计算三种商品价格总指数和销售量总指数。

4. 某企业资料如表7-13所示。

表7-13　某企业资料

产品名称	总　成　本		产量增长率/%
	基　期	报告期	
甲	80	90	25
乙	45	60	10
丙	65	75	5

计算:
(1) 产品产量总指数以及由于产量增长而增加的总成本;
(2) 单位成本总指数。

5. 手机、空调、计算机和彩电的销售价格下调,某家电公司这四种商品价格下调幅度及调价后一个月的销售额资料如表 7-14 所示。

表 7-14 调价幅度

商品名称	调价幅度/%	销售额/万元	商品名称	调价幅度/%	销售额/万元
手机	−11.5	52	计算机	−8.0	350
空调	−10.0	103	彩电	−13.5	25

与本次调价前一个月的价格水平相比,上述四种商品价格平均下调了百分之几?由于价格下调使该商品在这四种商品的销售中少收入多少万元?

6. 根据指数之间的关系计算回答下列问题。
(1) 某企业 2019 年产品产量比 2017 年增长了 14%,生产费用增长了 10.8%,2019 年产品单位成本变动如何?
(2) 某公司职工人数增加 7%,工资水平提高了 8.4%,工资总额增长多少?
(3) 商品销售额计划增长 10%,而销售价格却要求下降 10%,则销售量如何变化?
(4) 价格调整后,同样多的货币少购买商品 10%,物价指数是多少?

7. 某公司职工按年薪分为四个档次,其年薪与工人数资料如表 7-15 所示。

表 7-15 某公司年薪与工人数

年薪等级	年薪/万元		工人数/人	
	2016 年	2017 年	2016 年	2017 年
1	4.0	4.6	200	400
2	5.0	5.4	300	380
3	6.0	6.8	160	180
4	7.0	8.0	80	40

试计算该公司职工平均年薪指数,并从相对数和绝对数两方面分析各等级年薪和工人结构变动对平均年薪变动的影响。

8. 企业生产甲、乙、丙三种产品,其产品产量、单位产量的原材料消耗量及单位原材料价格如表 7-16 所示,进行多因素分析。

表 7-16 三产品产量等资料

原材料种类	产品种类	生产量		单位产品原材料消耗量		单位原材料价格	
		q_0	q_1	m_0	m_1	p_0	p_1
甲/千克	A/件	600	800	0.5	0.4	20	21
乙/米	B/套	400	400	1	0.9	15	14
丙/米	C/套	800	1 000	2.2	2.3	30	28

项目八　掌握统计推断

项目说明：

通过对统计数据进行收集和整理、显示和简单比较分析，并且对总体数据的基本分布特征进行计算和分析，可以对研究对象的数量特征进行统计描述。但是，仅仅进行简单的统计描述是不够的，统计研究还要通过已知数据推知未知数据，通过部分数据推知整体数据，通过历史数据和现在数据推知未来数据，这就是统计推断的内容。在本项目中，我们将介绍如何从总体中科学地抽取样本，以及依据已知的样本数据进行参数估计的基本理论和方法。

能力目标：

1. 学会抽样误差的分析及计算。
2. 掌握各种类型随机抽样技术。
3. 根据已知条件选择合适的抽样调查与分析方法。
4. 掌握抽样平均误差、抽样极限误差的计算方法。
5. 学会利用样本数据对总体参数进行点估计和区间估计。
6. 掌握必要抽样数目的确定方法。

知识目标：

1. 了解抽样调查的含义、特点及程序。
2. 理解和掌握抽样推断的基本概念。
3. 了解抽样推断的作用及各种抽样组织形式和特点。
4. 了解统计误差产生的原因。
5. 掌握利用样本资料推断总体数量特征的基本原理。

任务一　认识抽样推断的一般问题

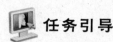 **任务引导**

统计技术可以帮助广告商们了解有多少人在收看他们打广告的节目。很多广告公司对电视观众进行抽样调查以了解他们收看什么节目，其中 AC 公司的评级是以 1 000～2 000 户随机抽样的家庭样本为基础，在这些家庭的电视上有个装置可以记录电视接收的频道，然后评级体系计算出每个节目被收看的比例，从而使广告商确定每个节目有多少观众以及各种广告的潜在价值。如 AC 公司在 2022 年 9 月 18 日至 24 日晚上 20:30 调查了 2 000 名电视观众，调查结果用以下代码表示。

(1) 金牌调解(江西卫视)
(2) 天天向上(湖南卫视)
(3) 非常"6+1"(CCTV-3)
(4) 乘风破浪(芒果TV)
(5) 法治在线(CCTV-13)
(6) 其他节目
(7) 没有观看电视节目

AC公司可以用此数据估算出在潜在的1亿台电视机的总体中有多少台在收看"今晚秀"节目。

任务分解

(1) 面对一个单位数目庞大的总体,如何调查少量单位就能够推断出总体的指标或者掌握总体的数量特征?

(2) 如何保证推断的指标达到要求的可靠程度?

相关知识

现实生活中,许多总体的数量特征往往事先并不知道,但人们需要了解和掌握统计总体的全貌,在不必要或不可能对总体进行全面调查的情况下,就客观需要我们建立一种这样的统计方法:用部分的资料来了解总体的数量特征,这就是本任务的内容——抽样推断。

一、抽样推断的概念和特点

(一) 抽样推断的含义

项目八-1

抽样推断是按随机原则从全部研究单位中抽取一部分单位进行观察,根据样本资料计算样本的特征值,然后以样本的特征值,对总体的特征值做出具有一定可靠性的估计和判断,以反映总体的数量特征和数量表现的一种统计方法。例如,某地为加强环境保护,加强水质监测,考察河水中某种污染物质是否超标。显然对河水全部检验是不可能的,只能从河水中按照一定地点定时取样检验,根据检验结果推断河水中污染物是否超标。再如,某水泥厂加强产品质量控制和管理,需考察水泥标号是否达到规定标准,其方法是将水泥做成试块进行耐压试验。由于这种试验是一种破坏性试验,显然不能把全部水泥都做成试块,只能从全部水泥中抽取部分进行试验。

抽样推断是在抽样调查的基础上,利用样本的实际资料计算样本指标,并据以推算总体相应数量特征的一种统计分析方法。抽样推断方法与其他统计调查方法相比,具有省时、省力、快捷的特点,从而能以较小的代价及时获得总体的有关信息。抽样推断,不仅是一种科学的非全面的调查方法,而且是一种根据非全面调查资料,推算全面情况的统计研究方法。

(二) 抽样推断的特点

(1) 按照随机原则抽取样本。所谓随机性原则,就是在抽选样本单位时,总体中每一个单位都有相等被抽中的机会,样本单位的抽中与否完全是偶然的。调查单位的确定既不受调查者主观愿望的影响,也不由被调查者主观意识所决定,完全排除了主观意识的作用。也可称为同等可能性原则。遵循随机性原则抽取样本是为了保证样本对总体具有充分的代表性,避免人为的误差。只有按随机性原则抽样,才能根据样本的数量特征对总体的数量特征进行科学的估计,从而达到推断总体的目的。

(2)由样本数据推断总体特征。抽样推断是由部分资料推算总体数量特征的一种认识方法。抽样调查是一种非全面调查,但调查的目的在于对总体数量特征的认识,抽样调查资料如果不进行抽样推断,这种资料就不会有什么价值。

(3)抽样推断运用的是概率统计的方法。我们是否可以通过对几克种子进行催芽试验,来判断该品种整批种子的发芽率?通过对一部分汽车轮胎进行里程试验,来判断整批轮胎的质量等等。如果在方法上不能解决这类问题,那么统计的认识活动就要受到限制,统计科学也很难得到发展。利用统计量来估计总体参数,在数学上运用的是不确定的概率统计法,用样本指标估计和判断总体指标时,其可靠程度到底有多大,这就要在抽样推断中运用概率论原理,做出概率估计,使推断的结果有一定的可信度。

(4)抽样推断的误差可以事先计算并且加以控制。根据抽取的部分资料计算的样本指标与被估计的总体指标不可能百分之百相等,必有抽样误差。抽样推断中产生抽样误差是无法避免的,但是这种误差在抽样调查之前是可以根据有关资料计算的,并且可以根据抽样推断的要求,采取措施对误差加以控制,使抽样推断结果达到一定的准确度和可靠程度。

二、抽样推断的作用

作为一种科学的统计分析方法,抽样推断在社会经济统计中,有其独特的作用。

(1)某些现象是无法进行全面调查的,为了解其全面资料,必须采用抽样推断方法。例如,对无限总体不能采用全面调查。另外,有些产品的质量检查具有破坏性,如电视机使用寿命检验、罐头的防腐期限试验等,这些调查所使用的测试手段对产品具有破坏性,不可能对全部产品进行检验,必须采用抽样,以样本资料推断总体的质量状况。

(2)从理论上讲,有些现象虽然可以进行全面调查,但实际上没有必要或很难办到,也要采用抽样调查。有些现象总体过大、单位过于分散,进行全面调查实际上是不可能的。如检验水库的鱼苗数、森林的木材蓄积量等。有些社会经济现象,调查范围太广、单位太大,因而不必要进行全面调查。例如,要了解全国城乡人民的家庭生活状况,从理论上讲可以挨门逐户进行全面调查,但是调查范围太大、调查单位太多,实际上难以办到,也没有必要。采用抽样调查可以节约时间、人力、物力和财力,提高调查结果的时效性,又能达到和全面调查同样的目的和效果。

(3)用抽样法可以对全面调查的结果加以补充或修正。全面调查由于范围广、工作量大、参加人员多,往往容易发生登记性误差和计算误差。因此,在全面调查(如人口普查)之后进行抽样复查,根据抽查结果计算差错率,并依此为依据检查和修正全面调查结果,从而提高全面调查质量。

(4)抽样推断可以用于工业生产过程的质量控制。抽样推断法可以有效地应用于对成批或大量连续生产的工业产品在生产过程中进行质量控制,检查生产过程是否正常,及时提供有关信息,便于采取措施,防止废品的发生。

(5)利用抽样推断的原理,可以对某些总体的假设进行检验,来判断假设的真伪,为决策提供依据。例如,新工艺新技术的改革,是否能收到明显的效果,需要对未知或完全不知道的总体作出一些假设,然后利用抽样推断法,根据实验的材料对所作假设进行检验,作出判断。

抽样调查是一种科学实用的调查方法,它不仅广泛应用于自然科学领域,也越来越多地应用于社会经济现象数量方面的研究。随着抽样理论的发展、抽样技术的进步和完善,以及统计分析软件的广泛应用,抽样调查在社会经济统计中的应用将会愈加普及。

三、抽样推断的几个基本概念

(一) 总体和样本

1. 总体

(1) 总体的概念

全及总体又称母体,简称总体,是指所要认识的研究对象的全体,它是由所研究范围内具有某种共同属性的全体单位所组成的集合体。例如,我们要研究济南市职工的生活水平,则该市全部职工即构成全及总体;我们要研究某乡粮食亩产水平,则该乡的全部粮食播种面积为全及总体。用大写的字母 N 代表全及总体的单位数。

(2) 总体的分类

根据总体单位标志的性质,总体可以分为变量总体和属性总体两种。

① 变量总体。若被研究的标志是数量标志,则将这个总体称为变量总体,如反映工资高低的企业职工总体、反映成绩的学生总体等。变量总体可分为无限总体和有限总体两类。

② 属性总体。若被研究的标志是品质标志,则将这个总体称为属性总体,如反映质量合格与否的产品总体、反映性别状况的人口总体等。

2. 样本

(1) 样本的概念

样本总体又称子样,简称样本,是从全及总体中随机抽取出来的,代表全及总体的那部分单位的集合体。

(2) 样本容量

样本总体的单位数称为样本容量,通常用 n 表示。一般来说,样本单位数达到或超过 30 个称为大样本,在 30 个以下称为小样本。社会经济现象的抽样调查多为大样本。

(3) 样本个数

样本个数又称为样本可能数目,它是指从一个总体中可能抽取多少个样本。样本个数的多少与抽样方法有关。

总体和样本,一个是整体,另一个是部分。对于一次抽样调查,全及总体是我们的研究内容的对象,因此它是唯一的、确定的;而样本则是建立在随机基础上抽取出来的,所以每一次选样,都会选出不同的结果,所以它是随机的、不确定的。

(二) 全及指标和抽样指标

1. 全及指标

全及指标是反映总体数量特征的指标,其数值是根据全及总体各单位标志值或标志属性计算的、反映总体某种属性的综合指标,也称为参数。由于全及总体是唯一确定的,根据全及总体计算的全及指标也是唯一确定的。

对于总体中的数量标志,常用的总体参数有总体平均数 $\overline{X}$、总体标准差 σ^2 和总体方

差 σ。

总体平均数：
$$\overline{X} = \frac{\sum X}{N} \tag{8-1}$$

总体标准差：
$$\sigma^2 = \frac{\sum (X-\overline{X})^2}{N} \tag{8-2}$$

总体方差：
$$\sigma = \sqrt{\frac{\sum (X-\overline{X})^2}{N}} \tag{8-3}$$

对于属性总体，由于各单位标志不能用数量来表示，只能用一定的文字来加以描述，因此，就应计算结构相对指标，称为总体成数。总体成数常以大写英文字母 P 来表示总体中具有某种性质的单位数在总体全部单位数中所占的比重，以 Q 表示总体中不具有某种性质的单位数在总体中所占的比重。

设总体 N 个单位中，有 N_1 个单位具有某种性质，N_0 个单位不具有某种性质，$N_1 + N_0 = N$，则总体成数为

$$P = \frac{N_1}{N} \tag{8-4}$$

$$Q = \frac{N_0}{N} = \frac{N-N_1}{N} = 1 - P \tag{8-5}$$

如果属性标志表现只有是非两种，例如产品质量标志表现为合格品和不合格品，性别标志表现为男性和女性，则可以把"是"的标志表示为 1，而"非"的标志表示为 0。那么成数 P 就可以视为(0,1)分布的平均数，并可以求相应的方差和标准差。

$$\overline{X}_P = \frac{0 \times N_0 + 1 \times N_1}{N} = \frac{N_1}{N} = P$$

$$\sigma_P^2 = \frac{(0-P)^2 N_0 + (1-P)^2 N_1}{N} = \frac{P^2 N_0 + Q^2 N_1}{N}$$

$$= P^2 Q + Q^2 P = PQ(P+Q) = PQ$$

那么，总体是非标志标准差为

$$\sigma = \sqrt{P(1-P)} = \sqrt{PQ} \tag{8-6}$$

2. 抽样指标

根据样本各单位标志值或标志属性计算出来的样本指标，也称样本统计量。由于样本是随机的，因此依赖于样本的统计量也是个随机变量。在抽样推断中，它是用来估计总体参数的。

为了与总体参数相对应，常用的统计量有样本平均数、样本方差和样本成数、样本成数的方差等。一般用小写字母来表示。

(1) 对于变量样本，常用的统计量有样本平均数 $\bar{x}$、样本方差 s^2。即

$$\bar{x} = \frac{\sum x}{n} \quad \text{或} \quad \bar{x} = \frac{\sum xf}{\sum f} \tag{8-7}$$

$$s^2 = \frac{\sum (x-\bar{x})^2}{n} \quad \text{或} \quad s^2 = \frac{\sum (x-\bar{x})^2 f}{\sum f} \tag{8-8}$$

(2) 对于属性样本，由于各单位的标志不能用数量来表示，因此统计量常用成数指标 p

表示,其含义为样本中具有某种标志特征的单位数在样本全部单位数中所占的比重;同时用 q 表示样本中不具有某种标志特征的单位数在样本全部单位数中所占的比重。

设在样本 n 个单位中,有 n_1 个单位具有某种标志特征、n_0 个单位不具有该种标志特征,且 $n = n_1 + n_0$,有

$$p = \frac{n_1}{n} \tag{8-9}$$

则

$$q = \frac{n_0}{n} = \frac{n - n_1}{n} = 1 - P$$

是非标志的平均数等于成数,即 $\bar{x}_p = p$。

属性样本的方差为

$$s_p^2 = p(1-p) \tag{8-10}$$

(三) 抽样方法和样本可能数目

按照随机原则来抽样的,从一个全及总体中可能抽取出很多个不同的样本,我们把可能抽到的所有样本的数目称为样本可能数目。它的大小与样本容量有关,也和抽样方法有关。

抽样方法有重复抽样和不重复抽样两种。

1. 重复抽样

重复抽样也称回置抽样,它是每抽出一个样本单位后,把结果记录下来,随即将该单位放回到总体中去,使它和其余的单位在下一次抽选中具有同等被抽中的机会。在重复抽样过程中,总体单位数始终保持不变,并且同一个单位有多次被抽中的可能性。

一般地说,从总体 N 个单位中,随机重复抽取 n 个单位构成样本,考虑顺序排列的样本可能数目为 N^n 个,不考虑顺序组合的样本可能数目为 C_{N+n-1}^n 个。

2. 不重复抽样

不重复抽样也称不回置抽样,它是每抽出一个样本单位后,把结果记录下来,该单位就不再放回到总体中去参加以后的抽选。在不重复抽样过程中,总体单位数逐渐减少,并且每个单位至多只有一次被抽中的可能性。

一般地说,从总体 N 个单位中,随机不重复抽取 n 个单位构成样本,考虑顺序排列的样本可能数目为 P_N^n 个、不考虑顺序组合的样本可能数目为 C_N^n 个。

由此可见,在同一总体中,若对样本的容量要求相同,重复抽样的样本个数总是大于不重复抽样的样本个数。

(四) 抽样的组织方式

根据统计研究的目的和研究对象的特点,抽样调查可以采用不同的组织方式。在统计实践中,抽样调查的组织方式主要有以下四种,实际调查所用的方法通常可以是这四种方法的各种形式的组合。

1. 简单随机抽样

简单随机抽样也称为单纯随机抽样。从包含 N 个抽样单元的总体中抽取容量为 n 的简单随机样本,可以是从总体中逐个不放回地抽取 n 次,每次都是在尚未入样的单元中等概率抽取的,也可以是从总体中一次取得全部 n 个单元,只要保证全部可能的样本每个被抽到的概率都相等即可。

2. 分层抽样

在抽样调查实践中,经常遇到的情况是:在动手设计抽样方案之前,我们对所要研究的总体构成已经有了某种程度的了解。例如,已知总体单位分属于不同类型的子总体;已知与调查标志相关的一些辅助标志;等等。此时,就可以利用这种事先获得的有关信息来改进抽样方案设计,以提高抽样推断的精度。分层抽样就是这样一种组织方法。

分层抽样又叫类型抽样,它是先将总体各单位按某一有关标志分成若干个类型组,然后按照一定比例再从各类型组中随机抽取样本单位。例如,在对职工家庭生活进行调查中,可先将全部职工按部门分为工业、商业、文教、卫生等部门,然后再从这些部门中按一定比例抽选基本单位和职工户。采用这种抽样方法可以提高样本的代表性,减少抽样误差。对于那些总体情况复杂、各单位之间差异较大、单位数量较多的抽样调查问题,一般都可以采用分层抽样的方法进行抽样调查。

3. 等距抽样

等距抽样也称系统抽样或机械抽样,它是先将总体各单位按某一标志排队,然后按相等的距离或间隔来抽取样本单位。等距抽样也需要事先对总体结构有一定的了解,利用已有的信息来确定各单位在数列中的位置。在此基础上进行间隔抽样,可以保证所取得的样本单位在总体中分布均匀,有较高的代表性。

由于排队所依据的标志不同,有两种等距抽样方法。第一,无关标志排队法。即是指排列的标志和单位标志值的大小无关或不起主要的影响作用。例如,调查职工收入水平时,按职工姓氏笔画排队进行抽样。显然职工收入水平与姓氏笔画之间没有必然的联系。第二,有关标志排队法。所谓有关标志,是指作为排列顺序的标志和单位标志值的大小有密切的关系。例如,职工家计调查,按职工平均工资排队抽取调查户等。按有关标志排队实质上是运用类型抽样的一些特点,有利于提高样本的代表性。

4. 整群抽样

整群抽样是将总体所有单位划分为若干个群(组),然后以群(组)为单位从中随机抽取部分群(组),对抽中的群(组)内所有单位进行全面调查的抽样组织形式。如调查某县小学教育情况,我们可以从该县随机抽取若干个小学,然后对抽中的小学进行全面调查。整群抽样与前面三种抽样组织方法相比,是抽样单位扩大了,即抽取的基本单位不再是总体单位而是群(组)。

整群抽样的优点在于组织工作简单,搜集资料方便容易,调查费用较少。例如,对某工业产品的质量检验,不便于在流水作业线上一件一件地抽选检查,则可以每隔若干小时抽取一批产品进行检验,这样就方便多了。但是,正因为以群为单位进行抽选,抽选单位比较集中,显著地影响了在总体中各单位分布的均匀性,与其他抽样方式比较,抽样误差比较大,即使要得到同简单随机抽样相同的精确度,整群抽样都要调查相对较多的样本单位。

四、抽样调查的理论依据

(一)大数法则

大数法则又称大数定理。人们在观察个别事物时,是连同一切个别的特性来观察的。个别现象受偶然因素的影响,各有各的表现。但是,对总体大量观察后再进行平均,就能使偶然因素的影响相互抵消,消除由个别偶然因素引起的极端性影响,从而使总体平均数稳定下来,反映出事物变化的一般规律。即随着抽样单位数 n 的增加,抽样平均数 $\bar{x}$ 有接近总体平均数 $\bar{X}$ 的趋势,几乎具有实际的必然性。这就是大数法则的意义。

大数法则说明,当 n 充分大时,独立同分布的一系列随机变量,其平均数与它们的期望值之间的偏差,可以有很大把握被控制在任意给定的范围内。由于从总体中抽取的样本是独立且与总体同分布的,因此,当容量 n 充分大时,样本平均与总体平均之间的误差可以有很大的把握被控制在任意给定的范围内,这就是人们用样本平均估计总体平均的理论依据。

(二) 中心极限定理

随机变量 $X_1, X_2, \cdots, X_n$ 相互独立,且服从同一分布,该分布存在有限的期望和方差:$E(X_i) = \mu, \sigma^2(X_i) = \sigma^2, (i = 1, 2, \cdots)$。当 n 趋于无穷大时,算术平均数 $\bar{X} = \dfrac{\sum\limits_{i=1}^{n} x_i}{n}$ 近似服从正态分布,即

$$\bar{X} \sim N(\mu, \sigma/n)$$

从上述定理可以得出结论:无论总体服从何种分布,只要它的期望值和方差存在,我们就可以通过增大样本容量 n 的方式,保证样本平均数 $\bar{X}$ 近似正态分布。也就是说,大样本的平均数近似服从正态分布。

 任务分析

抽样推断运用的是概率统计的方法。利用统计量来估计总体参数,在数学上运用的是不确定的概率统计法,用样本指标估计和判断总体指标时,其可靠程度到底有多大,这就要在抽样推断中运用概率论原理,做出概率估计,使推断的结果有一定的可信度。

任务二 了解抽样推断的误差

项目八-2

 任务引导

在市场调查中,抽样调查是不可或缺的工具之一,但是却有很多人对抽样调查持怀疑态度:只调查数百至数千这样少的人,这些人到底能够知道多少?调查结果是否正确?例如:抽样调查学生利用网上资源进行学习的能力时,如果主要是抽取了在家庭里有电脑,平常上网时间较多的学生组成样本,则样本的平均能力就会高于总体的平均能力;如果主要是抽取了较少机会接触计算机和不具备上网条件的学生组成样本,则样本的平均能力就会低于总体的平均能力。这样的误差是不能完全避免的,但是所抽样本对总体的代表性越好,抽样误差就越小。

 任务分解

(1) 影响抽样误差的因素有哪些?
(2) 如何控制抽样误差?

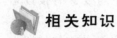

一、抽样误差的概念和影响因素

用抽样指标去估计全及指标是否可行,关键问题在于抽样误差。抽样误差的大小表明抽样效果好坏,如果误差超过了允许的限度,抽样调查也就失去了价值。

(一)抽样误差的概念

项目八-1

在抽样中,误差的来源有许多方面。其中,一类是登记性误差,即在调查过程中由于观察、测量、登记、计算上的差错所引起的误差,这类误差是所有统计调查都可能发生的。另一类是代表性误差,即样本的结构与实际总体的结构不一致而产生的误差。它的产生基于两种情况:一种情况是由于违反抽样调查的随机原则,有意地抽选较好或较差的单位进行调查,这种系统性原因造成的样本代表性不足所产生的误差称为系统性误差。系统性误差和登记性误差都是不应当发生的,是可以而且也应该采取措施避免发生或将其减小到最小限度的。另一种情况是遵循了随机的原则,但由于偶然抽取的样本结构与总体的结构发生偏差,就会出现或大或小的偶然性的代表性误差。例如某班级 50 名同学中有 30 名男同学和 20 名女同学,现在随机抽取 5 名同学作为样本,由于随机的原因未必都能抽到 3 名男同学和 2 名女同学,使得利用样本计算的性别比例指标不能代表班级同学的性别比例指标,而发生样本指标和总体指标之间存在绝对离差,它不是由于调查失误所引起的,而是随机抽样所特有的误差。

抽样误差是指由于随机抽样的偶然因素的作用使样本结构不足以代表总体结构,而引起抽样指标与全及指标之间的绝对离差。抽样误差是抽样调查所固有的,是无法避免与消除的,但可以运用数学方法计算其数量界限,并通过抽样设计程序控制其范围。抽样误差不是一个固定的数,它的数值是随样本的不同而变化的,所以它也是随机变量。

(二)抽样误差的影响因素

影响抽样误差大小的因素如下。

(1)总体各单位标志值的差异程度。在其他条件不变的情况下,标志变异程度越大,抽样误差也越大;反之,则抽样误差就越小。如果标志之间没有差异,每一个单位的标志都一样,则抽出任何一个单位都可代表总体,这时也就不存在抽样误差了。

(2)样本容量 n 的多少。在其他条件不变的情况下,样本容量越大,抽样误差就越小;反之,抽样误差就越大。可以想象,当把样本容量 n 扩大到等于总体容量 N 时,抽样调查也就等于全面调查,抽样误差也就随之消失。

(3)抽样方法的不同。重复抽样和不重复抽样的抽样误差的大小不同,一般地说,重复抽样的误差要大于不重复抽样的误差。这是因为重复抽样有可能使同一单位被多次抽中,因而产生的样本对总体的代表性就较差。这两种方式产生的差别也仅在总体不很大时才有体现,当总体很大时,这两种抽样的误差趋于相等。

(4)抽样调查的组织形式。不同的调查组织方式,如简单随机抽样、类型抽样、多阶段抽样等,所产生的抽样误差一般是不同的。因为不同的抽样方式抽出的样本对于总体的代表性高低也不相同,所以抽样误差也就不一样。一般来说,简单随机抽样的抽样误差最大,类型抽样、多阶段抽样的抽样误差就要明显地小一些。在统计实践中,为了有效降低抽样误差、提高抽样推断的可靠性,一方面应该根据被研究总体的性质和特点,选择不同的抽样方式进行抽样;另一方面,还要努力寻求多种抽样方式相结合的复合型抽样组织方式。

二、抽样平均误差

(一) 抽样平均误差的含义

抽样误差有抽样实际误差和抽样平均误差两种。抽样实际误差是指某一次抽样结果所得到的样本指标与总体指标数值之差。

参数估计的精度通常是指抽样误差的大小。抽样误差越大,参数估计的精度就越低;抽样误差越小,参数估计的精度就越高。参数估计的精度必须通过计算抽样误差才能反映,由于在抽样过程中总体参数总是一个未知的常数,因此,样本估计值与总体参数的真实值之间即抽样实际误差究竟有多大的差距,实际上是无法得知的;同时,由于样本估计值是一个随机变量,它随着每次抽出的样本不同而不同,某一次抽样结果的误差,仅仅是反复抽样中一系列抽样结果可能出现的误差数值中的一个,显然不能用它来概括一系列可能的抽样结果所产生的所有实际误差。所以,在抽样调查理论中,采用抽样平均误差作为参数估计的抽样误差大小的尺度。

抽样平均误差就是反映抽样误差一般水平的指标。通常是用抽样平均数的标准差或抽样成数的标准差来作为衡量误差一般水平的尺度。根据标准差的计算方法,抽样平均数(或成数)的标准差是抽样平均数(或成数)与其平均数离差的平方的算术平均数的平方根。然而由于抽样平均数的平均数等于总体平均数,抽样成数的平均数等于总体成数,抽样指标的标准差恰好反映了抽样指标和总体指标的平均离差程度。

一般地,抽样平均误差用希腊字母 μ 来表示。设用 $\mu_{\bar{x}}$ 表示抽样平均数的平均误差,μ_p 表示抽样成数的平均误差,则

$$\mu_{\bar{x}} = \sqrt{\frac{\sum(\overline{x_i} - \overline{X})^2}{\text{全部可能的样本个数}}}$$

$$\mu_p = \sqrt{\frac{\sum(p_i - P)^2}{\text{全部可能的样本个数}}}$$

这些公式反映了抽样平均误差的理论意义。但是由于样本可能数目很多,抽取所有的样本计算其平均数和成数是不实际的,同时总体平均数 $\overline{X}$ 与成数 P 也是不知道的,故按上述公式来计算抽样平均误差实际上是不可行的,只是它的理论公式。在实际应用中,要推导出其他公式来计算。

(二) 抽样平均误差的计算

1. 抽样平均数的抽样平均误差

(1) 在重复抽样的条件下,其公式为

$$\mu_{\bar{x}} = \frac{\sigma}{\sqrt{n}} \tag{8-11}$$

(2) 在不重复抽样的条件下,其公式为

$$\mu_{\bar{x}} = \sqrt{\frac{\sigma^2}{n}\left(\frac{N-n}{N-1}\right)} \qquad (8\text{-}12)$$

式中，σ 为总体标准差；N 为总体单位数；n 为样本容量。

当 N 的值较大时，上式可以简化为

$$\mu_{\bar{x}} = \sqrt{\frac{\sigma^2}{n}\left(1-\frac{n}{N}\right)} \qquad (8\text{-}13)$$

2. 抽样成数的抽样平均误差

(1) 在重复抽样的条件下，抽样平均误差为

$$\mu_p = \sqrt{\frac{P(1-P)}{n}} \qquad (8\text{-}14)$$

(2) 在不重复抽样的条件下，抽样平均误差为

$$\mu_p = \sqrt{\frac{P(1-P)}{n}\left(\frac{N-n}{N-1}\right)} \qquad (8\text{-}15)$$

当 N 的值较大时，上式可以简化为

$$\mu_p = \sqrt{\frac{P(1-P)}{n}\left(1-\frac{n}{N}\right)} \qquad (8\text{-}16)$$

为了理解抽样平均误差的概念，现举例加以验证。

【例 8-1】 设有 4 位工人的全及总体，他们的月工资是：甲为 800 元，乙为 900 元，丙为 1 100 元，丁为 1 200 元。则这一总体的平均工资和工资标准差为

$$\bar{X} = \frac{\sum X}{N} = \frac{800+900+1\,100+1\,200}{4} = 1\,000(元)$$

$$\sigma = \sqrt{\frac{\sum(X-\bar{X})^2}{N}}$$

$$= \sqrt{\frac{(800-1\,000)^2+(900-1\,000)^2+(1\,100-1\,000)^2+(1\,200-1\,000)^2}{4}}$$

$$= 158.1(元)$$

现用重复抽样的方法从 4 人总体中随机抽取 2 人组成样本，并求样本的平均工资，用以代表 4 人总体的平均工资水平。若考虑顺序所有可能样本共有 16 个，每个样本都有一个平均工资，列表见表 8-1。

表 8-1 抽样误差计算(1)

可能样本序号	样本变量 (x)		样本平均数 ($\bar{x}$)	平均数离差 $[\bar{x}-E(\bar{x})]$	离差平方 $[\bar{x}-E(\bar{x})]^2$
1	800	800	800	−200	40 000
2	800	900	850	−150	22 500
3	800	1 100	950	−50	2 500
4	800	1 200	1 000	0	0
5	900	800	850	−150	22 500
6	900	900	900	−100	10 000

续表

可能样本序号	样本变量 (x)	样本平均数 ($\bar{x}$)	平均数离差 $[\bar{x}-E(\bar{x})]$	离差平方 $[\bar{x}-E(\bar{x})]^2$
7	900　1 100	1 000	0	0
8	900　1 200	1 050	50	2 500
9	1 100　800	950	−50	2 500
10	1 100　900	1 000	0	0
11	1 100　1 100	1 100	100	10 000
12	1 100　1 200	1 150	150	22 500
13	1 200　800	1 000	0	0
14	1 200　900	1 050	50	2 500
15	1 200　1 100	1 150	150	22 500
16	1 200　1 200	1 200	200	40 000
合计	—	16 000	—	200 000

16 个样本平均数的平均数为

$$E(\bar{x})=\frac{\sum \bar{x}}{M}=\frac{16\ 000}{16}=1\ 000(元)$$

按理论计算的抽样平均误差为

$$\mu_{\bar{x}}=\sqrt{\frac{\sum(\bar{x}-\overline{X})^2}{M}}=\sqrt{\frac{200\ 000}{16}}=111.8(元)$$

按重复抽样平均误差公式计算为

$$\mu_{\bar{x}}=\frac{\sigma}{\sqrt{n}}=\frac{158.1}{\sqrt{2}}=111.8(元)$$

上面两种计算的结果完全相同。

从以上计算过程,我们可以看出以下几个基本关系。

(1) 抽样平均数的平均数等于总体平均数,即 $E(\bar{x})=\overline{X}$。

(2) 抽样平均误差要比总体的标准差小得多,重复时仅为总体标准差的 $\frac{1}{\sqrt{n}}$。

(3) 抽样平均误差与总体的标准差成正比变化,而与样本单位数 n 的平方根成反比变化。在其他条件不变的情况下,平均误差减小一半,样本单位数 n 就要扩大 3 倍,即为原来的 4 倍;而抽样平均误差允许增加 1 倍,则样本单位数 n 只需要原来的 1/4;等等。

【例 8-2】 现仍用上述 4 位工人工资的例子,假设用不重复抽样从总体中抽取两个工人组成样本,则可能出现的样本资料见表 8-2。

表 8-2　抽样误差计算(2)

可能样本序号	样本变量 (x)	样本平均数 ($\bar{x}$)	平均数离差 $[\bar{x}-E(\bar{x})]$	离差平方 $[\bar{x}-E(\bar{x})]^2$
1	800　900	850	−150	22 500
2	800　1 100	950	−50	2 500

续表

可能样本序号	样本变量 (x)	样本平均数 ($\bar{x}$)	平均数离差 $[\bar{x}-E(\bar{x})]$	离差平方 $[\bar{x}-E(\bar{x})]^2$
3	800　1 200	1 000	0	0
4	900　800	850	−150	22 500
5	900　1 100	1 000	0	0
6	900　1 200	1 050	50	2 500
7	1 100　800	950	−50	2 500
8	1 100　900	1 000	0	0
9	1 100　1 200	1 150	150	22 500
10	1 200　800	1 000	0	0
11	1 200　900	1 050	50	2 500
12	1 200　1 100	1 150	150	22 500
合计	—	12 000	—	100 000

12 个样本平均数的平均数为

$$E(\bar{x})=\frac{\sum \bar{x}}{M}=\frac{12\ 000}{12}=1\ 000(元)$$

按理论计算的抽样平均误差为

$$\mu_{\bar{x}}=\sqrt{\frac{\sum (\bar{x}-\bar{X})^2}{M}}=\sqrt{\frac{100\ 000}{12}}=91.3(元)$$

按不重复抽样平均误差公式计算为

$$\mu_{\bar{x}}=\sqrt{\frac{\sigma^2}{n}\cdot\frac{N-n}{N-1}}=\sqrt{\frac{158.1^2}{2}\times\frac{4-2}{4-1}}=91.3(元)$$

上面两种计算的结果完全相同。

上面不重复抽样误差的近似公式与重复抽样误差公式的区别是公式中多了一个 $1-\frac{n}{N}$。这是一个修正系数，也称为校正因子。由于修正系数 $1-\frac{n}{N}$ 是一个大于 0 而小于 1 的系数，因此，在同样情况下，不重复抽样的平均误差也总是小于重复抽样的平均误差。如果总体的单位数很大而样本的单位数相对很小时，则 $1-\frac{n}{N}$ 接近于 1，这时修正系数也就作用不大了。因此，实际工作中，按不重复抽样方法进行抽样时，也往往用重复抽样的公式来计算抽样平均误差。

上面介绍的抽样平均误差公式，都要在总体方差为已知的条件下才能计算，但是总体方差在抽样推断之前总是未知的。为此，在实际操作中通常用以下几种方法解决。

第一，用历史资料代替。如果历史上做过同类型的全面调查或抽样调查，就用过去所掌握的总体方差或样本方差。倘若曾经作过多次调查，有多个方差资料，宜选用其中最大的方差。

第二，用样本方差代替。只要样本的分布接近总体分布，样本方差就相当接近总体方差，但是它只能在抽样调查之后才能计算。即用 S^2 代替 σ^2，用样本成数 $p(1-p)$ 代替总体

成数 $P(1-P)$。

第三,进行试验性抽样取得估计资料。如果既没有历史资料,又需要在调查之前就要计算抽样平均误差,则可组织一次小规模的试验性抽样调查,计算出抽样方差作为总体方差的估计值。

【例 8-3】 从财经系某年级 1 600 名学生中,按简单随机抽样方式抽取 40 名学生,对基础理论课的考试成绩进行检查,样本标准差 10 分,试计算平均成绩的抽样平均误差。

解 根据已知条件,用样本标准差来代替总体标准差。平均成绩的抽样平均误差如下。

重复抽样:

$$\mu_{\bar{x}} = \frac{\sigma}{\sqrt{n}} \approx \frac{S}{\sqrt{n}} = \frac{10}{\sqrt{40}} = 1.581(分)$$

不重复抽样:

$$\mu_{\bar{x}} = \sqrt{\frac{\sigma^2}{n}\left(1-\frac{n}{N}\right)} \approx \sqrt{\frac{S^2}{n}\left(1-\frac{n}{N}\right)} = \sqrt{\frac{10^2}{40}\times\left(1-\frac{40}{1\,600}\right)} = 1.561(分)$$

【例 8-4】 某企业检查产品质量,从 5 000 件产品中随机抽取 200 件进行检验,结果有 12 件不合格,试计算合格品比率的抽样平均误差。

解 根据已知资料可计算出:

样本合格品的成数 $P = \dfrac{200-12}{200} = 94\%$

样本成数的方差 $P(1-P) = 94\% \times 6\% = 5.64\%$

那么,在重复抽样条件下,合格率的抽样平均误差为

$$\mu_p = \sqrt{\frac{P(1-P)}{n}} = \sqrt{\frac{5.64\%}{200}} = 1.68\%$$

在不重复抽样条件下,合格率的抽样平均误差为

$$\mu_p = \sqrt{\frac{P(1-P)}{n}\cdot\left(1-\frac{n}{N}\right)} = \sqrt{\frac{5.64\%}{200}\times\left(1-\frac{200}{5\,000}\right)} = 1.65\%$$

例 8-4 中,是用样本的方差代替总体方差来计算抽样平均误差的。

项目八-3

三、抽样极限误差的意义

根据定义,抽样平均误差是所有可能样本指标与总体指标之间的平均离差。在组织抽样推断时,我们实际只抽取一个样本,用一个样本指标去推断总体指标。由于抽样是按随机原则进行的,所有不同的样本组合都可能抽到,这样所得到的每个样本实际误差,有可能小于抽样平均误差,也有可能大于抽样平均误差。这样我们在用一个样本指标估计总体指标时,两者之间有多大的误差就不能完全肯定,需要研究和计算抽样极限误差。我们把这种可允许的误差范围称为抽样极限误差,通常用 Δ 表示抽样极限误差。

设 $\Delta_{\bar{x}}$ 和 Δ_p 分别表示样本平均数 $\bar{x}$ 和样本成数 p 的抽样极限误差,则

$$\Delta_{\bar{x}} = |\bar{x} - \bar{X}|, \quad \Delta_p = |\bar{p} - P|$$

四、抽样误差的概率度

抽样极限误差是抽样指标与总体指标之间,在一定概率保证程度下的,抽样误差的最大可能范围。总体指标虽然是一个确定的量,但它是未知的,而样本指标是一个随机变量,其

取值是不定的,它是围绕着总体指标左右变动的,因此就不能期望某次抽样的样本估计值落在一定区间内是一个必然事件,而只能给予一定的概率保证。因此,在进行抽样估计时,既需要考虑抽样误差的可能范围,同时还需考虑落到这一范围的概率大小。前者是估计的准确度问题,后者是估计的可靠性问题,两者紧密联系不可分开。这就需要引入一个置信度的概念。抽样估计的置信度就是表明抽样指标和总体指标的误差不超过一定范围的概率保证程度。

从理论上已经证明,在样本单位数足够多($n \geqslant 30$)的条件下,抽样平均数是以总体平均数为中心,两边完全对称分布,就是说抽样平均数的正误差和负误差的可能性是完全相等的。而且抽样平均数越接近总体平均数,出现的可能性越大,概率越大;反之,抽样平均数越离开总体平均数,出现的可能性越小,概率越小,而趋于 0。正态分布的图形如图 8-1 所示。

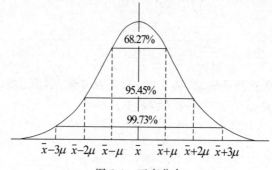

图 8-1　正态分布

概率度 t 是把抽样平均误差标准化后的一个度量,如果说 1 个概率度,即 $t=1$,就表明总体指标与样本指标之间相差一个抽样平均误差范围;若说有 2 个概率度,即 $t=2$,就是说总体指标与样本指标之间相差 2 个抽样平均误差范围。也就是说,概率度 t 表示误差范围为抽样平均误差的 t 倍,即

$$t = \frac{|\bar{x} - \bar{X}|}{\mu_{\bar{x}}} = \frac{\Delta_{\bar{x}}}{\mu_{\bar{x}}}$$

由此可以得出抽样平均数极限误差的计算公式为

$$\Delta_{\bar{x}} = t\mu_{\bar{x}}$$

同理

$$t = \frac{|p - P|}{\mu_p} = \frac{\Delta_p}{\mu_p}$$

由此可以得出抽样平均数极限误差的计算公式为

$$\Delta_p = t\mu_p \tag{8-17}$$

在正态分布下,由于抽样误差的概率就是概率度的函数。我们可以通过给定的概率保证程度 $F(t)$,查正态分布概率表,直接从表上找出抽样误差的概率度 t 的值。

在抽样推断中最常用的几个概率 $F(t)$ 与概率度 t 之间的关系见表 8-3。

表 8-3　常用正态分布概率表

概率 $F(t)$	概率度 t	概率 $F(t)$	概率度 t
0.682 7	1	0.954 5	2
0.900 0	1.64	0.997 3	3
0.950 0	1.96	0.999 9	4

【例8-5】 某镇对10 000亩棉花进行抽样调查,随机抽取400亩进行实测,结果平均亩产550千克,标准差为25千克,在概率为95%的保证下,求抽样极限误差。

解 已知 $F(t)=95\%$,查表得 $t=1.96, S=25, n=400$。

$$\Delta_{\bar{x}} = t \cdot \mu_{\bar{x}} = t \cdot \sqrt{\frac{S^2}{n}} = 1.96 \times \sqrt{\frac{25^2}{400}} = 2.45(千克)$$

【例8-6】 质监部门从20 000袋速冻食品中,随机抽取600袋进行质量检验,检查结果有30袋变质,在概率92.81%的保证下,合格品率的抽样误差的最大允许范围是多少?

解 已知 $F(t)=92.81\%$,查表得 $t=1.8, n=600$。

$$合格品率\ p = \frac{600-30}{600} \times 100\% = 95\%$$

则

$$\Delta_{\bar{p}} = t \cdot \mu_{\bar{p}} = t \cdot \sqrt{\frac{p(1-P)}{n}} = 1.8 \times \sqrt{\frac{0.95 \times (1-0.95)}{600}} = 1.6\%$$

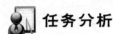

任务分析

影响抽样误差大小的因素主要如下。

(1)总体各单位标志值的差异程度。如果标志之间没有差异,每一个单位的标志都一样,则抽出任何一个单位都可代表总体,这时也就不存在抽样误差了。

(2)样本容量n的多少。在其他条件不变的情况下,样本容量越大,抽样误差就越小。

(3)抽样方法的不同。重复抽样和不重复抽样的抽样误差的大小不同,一般地说,重复抽样的误差要大于不重复抽样的误差。

(4)抽样调查的组织形式。不同的调查组织方式,如简单随机抽样、类型抽样、多阶段抽样等,所产生的抽样误差一般是不同的。因为不同的抽样方式抽出的样本对于总体的代表性高低也不相同,所以抽样误差也就不一样。一般来说,简单随机抽样的抽样误差最大,类型抽样、多阶段抽样的抽样误差要明显地小一些。

在统计实践中,为了有效降低抽样误差、提高抽样推断的可靠性,一方面应该根据被研究总体的性质和特点,选择不同的抽样方式进行抽样;另一方面,还要努力寻求多种抽样方式相结合的复合型抽样组织方式。

任务三 掌握总体参数估计方法

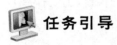

任务引导

某品牌计算机生产商接到顾客对其E型号手提电脑的质量投诉后,公司针对该问题进行了一次市场问卷调查,对"您是否遇到过此类质量问题"设置了两个备选选项:"是"或者"不是"。该公司根据销售部门的有关记录从购买E型号手提电脑的顾客中随机调选了2 000名顾客,发出2 000份问卷,问卷的回收率为87.5%,其中有效问卷1 745份,在有效问卷中,回答"是"的问卷有210份。

任务分解

由以上的信息,公司能否得出使用该公司 E 型号手提电脑的所有顾客中有多少顾客存在此类质量问题?

 相关知识

总体参数的估计就是用样本指标来估计总体指标,通常用样本平均数估计总体平均数,用样本成数估计总体成数。两种基本方法:点估计与区间估计。

一、总体参数的点估计

(一)点估计的含义

点估计又称定值估计,它是将利用样本计算出的统计量直接作为总体参数的估计量。例如,将样本平均数的实际值作为总体平均数的估计量;将样本成数的实际值作为总体成数的估计值。例如,根据某地区样本资料计算粮食平均每公顷产量 9 000 千克,优质粮食作物的比重为 80%,我们就可以用这些数值作为全地区粮食单位面积(每公顷)产量水平和优质品率的估计值。

(二)估计量的评选标准

(1)无偏性。无偏性即样本统计量的期望值(平均数)等于被估计的总体参数。也就是说,虽然每一次抽样,所计算的统计量和总体参数的真值可能有误差,误差可正可负、可大可小,但在多次反复的估计中,所有样本统计量取值的平均数应该等于总体参数本身,即样本统计量的估计,平均说来是没有偏差的。

(2)一致性。一致性即当样本的单位数充分大时,样本统计量也充分靠近总体参数。就是说,随着样本单位数 n 的无限增加,样本统计量和被估计的总体参数之差的绝对值小于任意小的数,它的可能性也趋近于必然性,或者说实际上是几乎肯定的。

(3)有效性。有效性即作为优良估计量的方差应该比其他估计量的方差小。例如用样本平均数或用总体某一变量值来估计总体平均数,虽然两者都是无偏的,而且在每一次估计中,两种估计量和总体平均数都可能有离差,但是样本平均数更靠近于总体平均数的周围,平均来说其离差比较小。所以对比说来,样本平均数是更为有效的估计量。

总体参数点估计的方法简便、易行。但这种估计没有表明抽样估计的误差,也没有指出误差在一定范围内的概率保证程度有多大。要研究这些问题,就需要采用区间估计的方法。

二、总体参数的区间估计

(一)区间估计的含义

总体参数的区间估计不是直接给出总体参数的估计值,而是利用实际样本资料,构造出一个置信区间,用这个区间来表明总体参数可能存在的范围,同时给出这个估计相应的概率保证程度(置信度)。

1. 总体平均数的估计区间

根据样本平均数的分布特征可知：

$$p(|x-X|\leqslant \Delta x)=F(t)=1-\alpha$$

即

$$p(x-\Delta x \leqslant X \leqslant x+\Delta x)=F(t)=1-\alpha$$

即在概率保证程度为 $F(t)$、概率度为 t 的情况下，总体平均数的数值将在 $x-\Delta x$ 和 $x+\Delta x$ 的范围内。其中，$x-\Delta x$ 称为估计下限，$x+\Delta x$ 称为估计上限。区间 $[x-\Delta x, x+\Delta x]$ 称为置信区间，估计可靠性程度称为置信度。

2. 总体成数的估计区间

总体成数的区间估计原理与总体平均数相同，即

$$p(|p-P|\leqslant \Delta p)=F(t)=1-\alpha$$
$$p(p-\Delta p \leqslant X \leqslant p+\Delta p)=F(t)=1-\alpha$$

即在概率保证程度为 $F(t)$、概率度为 t 的情况下，总体成数的数值将在 $p-\Delta p$ 和 $p+\Delta p$ 的范围内。其中 $p-\Delta p$ 称为估计下限，$p+\Delta p$ 称为估计上限。区间 $[p-\Delta p, p+\Delta p]$ 称为置信区间，估计可靠性程度 $1-\alpha$ 称为置信度。例如 $1-\alpha=0.95$，说明有 95% 的可能总体参数包括在估计区间内。而不包括在这个区间的概率为 $\alpha=5\%$，叫显著性水平。

由上可见，科学的区间估计方法要具备三个基本要素。

(1) 要有合适的统计量作为估计量：$\bar{x}$ p。

(2) 要有合理的允许误差范围：Δx Δp。

(3) 要有可靠的概率保证程度：$F(t)$。

（二）区间估计的两种模式

由于参数的允许范围涉及估计的准确性问题，而相应的概率保证程度（置信度）涉及估计的可靠性问题。在做估计时常常希望准确性尽可能提高，而且可靠性也不能小，但是这两个要求是矛盾的。在样本单位数不变的条件下，要想缩小估计区间、提高估计的准确性，势必要减小置信度、降低估计的可靠性。同样，提高了估计的可靠性，也必然要降低估计的准确性。因此，在抽样估计的时候，只能对其中的一个要素提出要求，而推断另一个要素的变动情况。所以总体参数的区间估计根据所给定的条件不同，有以下两种估计方法。

(1) 根据给定的抽样误差范围 Δ，估计其概率保证程度 $F(t)$ 的具体步骤如下。

① 抽取样本，根据样本单位标志值计算样本指标，如计算样本平均数或样本成数，作为总体指标的相应估计值。并计算样本标准差以推算抽样平均误差。

② 根据给定的抽样极限误差范围，估计出总体指标（平均数或成数）的下限和上限。

③ 根据给定的抽样极限误差除以抽样平均误差，求出概率度 t 值，再根据 t 值查正态分布概率表，求出相应的概率保证程度 $F(t)$。并对总体参数做区间估计。

【例 8-7】 某城市进行居民家计调查，随机抽取 400 个居民户，调查得年平均每户年文化用品消费支出为 1 200 元，标准差为 200 元。要求抽样极限误差不超过 20 元，试对该市居民年平均每户文化用品消费支出情况做出估计。

解 第一步，抽取样本，计算样本平均数和标准差，并计算抽样平均误差。

$$\bar{x}=1\,200 \text{ 元}, \quad \sigma=200 \text{ 元}$$

$$\mu_{\bar{x}}=\frac{\sigma}{\sqrt{n}}=\frac{200}{\sqrt{400}}=10(\text{元})$$

第二步,根据给定的误差范围,计算该市居民户年均文化用品消费的范围。

$$下限 = \bar{x} - \Delta_{\bar{x}} = 1\,200 - 20 = 1\,180(元)$$
$$上限 = \bar{x} - \Delta_{\bar{x}} = 1\,200 + 20 = 1\,220(元)$$

第三步,计算概率度,并查表估计出置信度。

$$t = \frac{\Delta_{\bar{x}}}{\mu_{\bar{x}}} = \frac{20}{10} = 2$$
$$F(t) = 0.954\,5$$

我们可以有 95.45% 的概率保证程度,估计该市居民户年均文化用品消费支出在 1 180～1 220 元之间。

【例 8-8】 某市广播电视局对居民安装有线电视的情况进行调查,随机抽取 900 居民户,其中有 675 户居民安装了有线电视。要求抽样极限误差范围不超过 2.73%,试对该市居民户安装有线电视的比重进行估计。

解 第一步,抽取样本,计算样本成数和标准差,并推算抽样平均误差。

$$p = \frac{675}{900} = 75\%$$
$$\sigma_p = \sqrt{p(1-p)} = \sqrt{0.75 \times 0.25} = 0.43$$
$$\mu_p = \sqrt{\frac{p(1-p)}{n}} = \sqrt{\frac{0.75 \times 0.25}{900}} = 1.4\%$$

第二步,根据给定的误差范围,计算总体成数的上、下限。

$$下限 = p - \Delta_p = 75\% - 2.73\% = 72.27\%$$
$$上限 = p + \Delta_p = 75\% + 2.73\% = 77.73\%$$

第三步,计算概率度,并查表估计出置信度。

$$t = \frac{\Delta_p}{\mu_p} = \frac{2.73\%}{1.4\%} = 1.96$$
$$F(t) = 0.95$$

我们可以有 95% 的概率保证程度,估计该市居民户安装有线电视的比重在 72.27%～77.73% 之间。

(2) 根据置信度的要求,估计总体指标出现的可能范围的具体步骤如下。

① 抽取样本,根据样本单位标志值计算样本指标,如计算样本平均数或样本成数,作为总体指标的相应估计值。并计算样本标准差用以推算抽样平均误差。

② 根据给定的置信度 $F(t)$ 的要求,查正态分布概率表,求得概率度 t 值。

③ 根据概率度和抽样平均误差来推算抽样极限误差的可能范围,并据以计算被估计总体指标的上下限,对总体参数做区间估计。

【例 8-9】 某公司有职工 3 000 人,从中随机抽取 60 人调查其工资收入情况。调查结果表明,职工的月平均工资为 2 350 元,标准差为 193 元,月收入在 2 000 元及以上职工 40 人。试以 95.45% 的置信水平推断该公司职工月平均工资所在的范围和月收入在 2 000 元及以上职工在全部职工中所占的比重。

解 依题意计算如下。

第一步,根据样本资料推算抽样平均误差。

$$\mu_{\bar{x}} = \sqrt{\frac{s^2}{n}\left(1-\frac{n}{N}\right)} = \sqrt{\frac{193^2}{60}\times\left(1-\frac{60}{3\ 000}\right)} = 24.67$$

第二步,根据给定的置信度,查表得概率度。

$$\because F(t) = 95.45\%$$
$$\therefore t = 2$$

第三步,根据概率度和抽样平均误差计算抽样极限误差,并估计总体平均数的上、下限。

$$\Delta_{\bar{x}} = t\mu_{\bar{x}} = 2\times 24.67 = 49.34$$
$$\bar{x} - \Delta_{\bar{x}} \leqslant X \leqslant \bar{x} + \Delta_{\bar{x}}$$
$$2\ 350 - 49.34 \leqslant X \leqslant 2\ 350 + 49.34$$
$$2\ 300.66 \leqslant X \leqslant 2\ 399.34$$

计算结果表明,有95.45%的把握说该公司职工月平均工资在2 300.66~2 399.34元之间。

月收入在2 000元及以上职工在全部职工中所占的比重为

$$p = \frac{40}{60} = 66.67\%$$

$$\mu_p = \sqrt{\frac{p(1-p)}{n}\left(1-\frac{n}{N}\right)} = \sqrt{\frac{0.666\ 7\times(1-0.666\ 7)}{60}\times\left(1-\frac{60}{3\ 000}\right)} = 6.02\%$$

$$\Delta_p = t\mu_p = 2\times 6.02\% = 12.04\%$$
$$p - \Delta_p \leqslant P \leqslant p + \Delta_p$$
$$66.67\% - 12.04\% \leqslant P \leqslant 66.67\% + 12.04\%$$
$$54.63\% \leqslant P \leqslant 78.71\%$$

计算结果表明,有95.45%的把握说该公司月收入在2 000元及以上职工占全部职工的比重为54.63%~78.71%。

三、样本单位数目的确定

抽样调查的目的是用样本资料推断总体。抽样推断的基础是样本,而样本的取得是按随机原则从全及总体中抽取一部分单位来组成的集合体。在遵循随机原则的条件下,样本容量究竟多大才合适呢?这是抽样调查中的一个至关重要的问题。从理论上说,首先,样本容量越大,对总体特征的估计误差越小。但从实践角度看,抽样数目过大,必然会增加人力、财力、物力的支出,造成不必要的浪费,增大调查及相关的工作量;抽样单位数目太少又会使误差增大,不能有效地反映总体情况,直接影响抽样推断结果的准确性。其次,抽样推断的一个重要方面是要求推断的结果能满足在一定可靠性的条件下,保证抽样误差不超过事先规定的范围。而推断的可靠性要求主要是根据研究问题的性质和对抽样结果的用途不同而定。当可靠性要求已确定时,抽样误差的控制尤为重要。抽样单位数目是影响抽样误差大小的重要因素,在其他条件相同时,可以用增加或减少抽样单位数目的方法来控制抽样误差的大小,以达到用最合适的抽样单位数满足抽样调查任务的要求。

(一)影响必要样本容量的因素

为了确定必要样本容量,我们必须分析影响样本容量的因素。影响必要样本容量的因素如下。

(1) 总体各单位标志变异程度,即总体方差的大小。总体标志变异程度越大,要求样本容量要大些;反之,则相反。

(2) 抽样极限误差的大小。抽样极限误差越大,要求样本容量越小;反之,则相反。

(3) 抽样方法。在其他条件相同时,重复抽样比不重复抽样要求样本容量大些。

(4) 抽样方式。例如,采用类型抽样的样本容量要小于简单随机抽样的样本容量。

(5) 抽样推断的概率保证程度的大小。概率越大,要求样本容量越大;反之,则相反。

(二) 样本单位数的计算

一般来说,抽样数目以满足在一定的概率保证下抽样误差不超过给定的允许范围的最小样本容量为界。因此,可根据抽样极限误差与抽样数目的关系来确定抽样数。

1. 平均数的必要样本容量

(1) 重复抽样

由 $\Delta_{\bar{x}} = t\mu_{\bar{x}} = t\sqrt{\dfrac{\sigma^2}{n}}$ 可得

$$n = \frac{t^2 \sigma^2}{\Delta_{\bar{x}}^2} \tag{8-18}$$

从上式可以看出,如确定了抽样极限误差、总体标准差以及概率度,就能确定必要样本容量。

(2) 不重复抽样

由 $\Delta_{\bar{x}} = t\mu_{\bar{x}} = t\sqrt{\dfrac{\sigma^2}{n}\left(1-\dfrac{n}{N}\right)}$ 可得

$$n = \frac{Nt^2\sigma^2}{N\Delta_{\bar{x}}^2 + t^2\sigma^2} \tag{8-19}$$

【例 8-10】 某批发站欲估算零售商贩的平均每次进货额,根据历史资料进货额的标准差为 1 000 元,假定到批发站进货的商贩有 2 000 人,若要求置信水平为 99.73%,抽样极限误差不超过 250 元,应该抽取多大的样本?

解 $\because F(z) = 99.73\%$

$\therefore z = 3$

重复抽样条件下的必要样本容量:

$$n = \frac{t^2\sigma^2}{\Delta_{\bar{x}}^2} = \frac{3^2 \times 1\,000^2}{250^2} = 144(人)$$

不重复抽样条件下的必要样本容量:

$$n = \frac{Nt^2\sigma^2}{N\Delta_{\bar{x}}^2 + t^2\sigma^2} = \frac{2\,000 \times 3^2 \times 1\,000^2}{2\,000 \times 250^2 + 3^2 \times 1\,000^2} = 134.33 \approx 135(人)$$

2. 成数的必要样本容量

(1) 重复抽样

由 $\Delta_{\bar{x}} = t\mu_{\bar{x}} = t\sqrt{\dfrac{p(1-p)}{n}}$ 得

$$n = \frac{t^2 p(1-p)}{\Delta_p^2}$$

(2) 不重复抽样

由 $\Delta_{\bar{x}} = t\mu_{\bar{x}} = t\sqrt{\dfrac{p(1-p)}{n}\left(1-\dfrac{n}{N}\right)}$ 得

$$n = \dfrac{Nt^2 p(1-p)}{N\Delta_p^2 + t^2 p(1-p)}$$

【例 8-11】 某社区想通过抽样调查了解居民参加体育活动的比率,如果把误差范围设定在 5%,问:如果以 95% 的置信度进行参数估计,需要多大的样本?

解 ∵ $F(t) = 95\%$

∴ $t = 1.96$

根据公式得

$$n = \dfrac{t^2 p(1-p)}{\Delta_p^2} = \dfrac{1.96^2 \times 0.5 \times 0.5}{5\%^2} = 384.16 \approx 385(人)$$

【例 8-12】 某市质量技术监督部门拟对市场上某类牛奶制品的质量(合格率)进行检查,要求在 95% 的可靠性之下($t = 1.96$),合格率的误差范围不超过 1%。根据最近三次同类检查,这类产品的合格率分别为 98.9%、98.2%、97.8%。问:至少应该抽多少件产品进行检验? 若允许误差扩大 1 倍,则应该抽取多少件进行检验?

解 已知 $t = 1.96$,$\Delta_p = 1\%$,$P = 97.8\%$。

样本容量 $n = \dfrac{t^2 P(1-P)}{\Delta_p^2} = \dfrac{1.96^2 \times 0.978 \times 0.022}{0.01^2} = 826.6 \approx 827(件)$

当允许误差扩大 1 倍时,即 $\Delta_p = 2\%$,于是样本容量:

$$n = \dfrac{t^2 P(1-P)}{\Delta_p^2} = \dfrac{1.96^2 \times 0.978 \times 0.022}{0.02^2} = 206.7 \approx 207(件)$$

说明: ①本例是成数估计时的样本容量确定。虽然实际的质量检验肯定是采用不重复抽样的,但由于市场上该类产品数量未知,可视作无穷大,故采用重复抽样的样本容量公式。②本例的关键是公式中 P 的选择。题中提供了三次同类检查的合格率资料,但一般不能用三者的平均数作为 P。样本容量确定时通常采取"保守原则",因此应该取"最大方差",题中提供的三次调查合格率,其方差分别为 $98.9\%(1-98.9\%) = 0.010\,879$、$98.2\%(1-98.2\%) = 0.011\,784$、$97.8\%(1-97.8\%) = 0.021\,516$,故取 $P = 97.8\%$ 时方差达到最大,据之计算得出的样本容量也最大,据之做出的调查估计也是"最保守"从而也是最可靠的。

任务分析

我们以 95% 的可靠程度,求出使用 E 型号手提电脑的顾客中遇到此类质量问题的比例区间,计算过程及结果如下:

$$n_1 = 210, \quad n = 1\,745, \quad p = \dfrac{210}{1\,745} = 12.03\%, \quad t = 1.96$$

$$u_p = \sqrt{\dfrac{p(1-p)}{n}} = \sqrt{\dfrac{0.120\,3 \times (1 - 0.120\,3)}{1\,745}} = 0.007\,79 \approx 0.779\%$$

$\Delta_p = tu_p = 1.527\%, \quad p - \Delta_p = 10.50\%, \quad p = \Delta_p = 13.56\%$

$10.50\% \leqslant p \leqslant 13.56\%$

由此能以 95% 的把握推测,使用该公司 E 型号手提电脑的顾客中,有 10.50%~13.56% 的顾客遇到过此类质量问题。

公司的售后服务部门在得到统计信息后,查阅 E 型号手提电脑所有销售日期记录,找出销售数量密集时段,推迟保修期限,为布置维修任务及维修人员工作安排提供参考;公司的零部件采购部门预先与供货商联系维修部件的所需型号、数量等问题,为维修提供保障;与此同时产品研发部门以此为契机,组织技术人员攻关,力争在短时间内克服产品质量缺陷。

延伸拓展　用 Excel 进行参数的区间估计

基于以上对总体参数区间估计步骤的分析,我们可以利用 Excel 的函数工具,通过输入数据与公式的方式,可以构造出专门用于区间估计的 Excel 工作表格。

为构造区间估计的工作表,我们应在工作表中输入下列内容:A~C 列各单元格输入样本数据集合;D 列各单元格输入变量名称;E 列各单元格输入计算公式,最终如表 8-4 所示。

表 8-4　输入样本

序号	A	B	C	D	E	F
1		样本数据		计算指标	计算公式	计算结果
2	6 300	6 300	6 750	样本数据个数	=COUNT(A2:C5)	12.00
3	6 900	6 975	7 050	样本均值	=AVERAGE(A2:C5)	6 418.75
4	7 200	7 350	7 800	样本标准差	=STDEV(A2:C5)	1 066.17
5	4 500	4 800	5 100	抽样平均误差	=E4/SQRT(E2)	307.78
6				置信水平	=0.95	0.95
7				自由度	=E2−1	11.00
8				t 值	=TINV(1−E6,E7)	2.20
9				误差范围	=E8*E5	677.41
10				置信区间下限	=E3−E9	5 741.34
11				置信区间上限	=E3+E9	7 096.16

本表 F 列为 E 列的计算结果。当 E 列各单元格输入完公式后,按 Enter 键即显示 F 列各单元格结果。

下面结合上述各节的研究,运用总体服从正态分布条件下的例子,说明用 Excel 构造参数区间估计的操作步骤。

一、总体平均数的区间估计

【例 8-13】　为了解某学校 3 000 名学生的日摄入平均热量,随机抽取 300 名学生组成一个样本,样本的均值和修正标准差分别为 2 000 千卡和 140 千卡,用 Excel 来求解该校全部学生日摄入热量 95% 的置信区间,并将结果与以前计算结果对比。

解　具体操作步骤如图 8-2 所示。

(1) 在单元格 A1 中输入样本容量 300,A2 中输入总体单位数 3 000。

(2) 在单元格 A4、A5、A6 中分别输入样本均值、样本修正标准差和置信度。

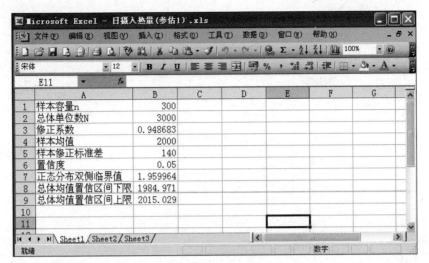

图 8-2　求解置信区间

(3) 在单元格 B3 中输入样本修正系数的计算公式："=SQRT(1−B1/B2)"。

(4) 在单元格 B7 中输入计算　的表达式："=NORMSINV(1−0.05/2)"。

(5) 在单元格 B8 中输入总体均值置信区间的下限公式："=B4−B7*(B5/SQRT(B1))*B3"。

(6) 在单元格 B9 中输入总体均值置信区间的上限公式："=B4+B7*(B5/SQRT(B1))*B3"。

在输入每一个公式按 Enter 键后,便可得到如图所示的计算结果,即该校全部学生日摄入平均热量的 95% 的置信下限为 1 985,置信上限为 2 015。

【例 8-14】 从某厂生产的一批电子元件中抽取了 30 个作为样本,测得它们的电阻(单位:欧姆)数据如下:

0.134　0.145　0.138　0.138　0.139　0.144　0.136　0.140　0.142
0.139　0.134　0.136　0.139　0.144　0.143　0.133　0.134　0.140
0.145　0.138　0.129　0.137　0.144　0.138　0.136　0.150　0.143
0.137　0.142　0.135

假定元件的电阻服从正态分布,试在 95% 的置信水平下给出这批电子元件平均电阻值的置信区间。

解　这是一个关于总体均值的区间估计,其中总体服从正态分布且总体方差未知,在 Excel 中的具体操作步骤如图 8-3 所示。

(1) 把数据输入单元格 A2:A31。

(2) 在单元格 C5、C6 中分别输入置信度和自由度。

(3) 在 C2 单元格中输入样本容量计算公式："=COUNT(A2:A31)"。

(4) 在 C3 单元格中输入样本均值计算公式："=AVERAGE(A2:A31)"。

(5) 在 C4 单元格中输入样本修正标准差计算公式："=STDEV(A2:A31)"。

(6) 在 C7 单元格中输入 t 检验双侧分位数计算公式："=TINV(1−C5,C6)"。

(7) 在 C8 单元格中输入置信区间下限计算公式："=C3−C7*C4/SQRT(C2)"。

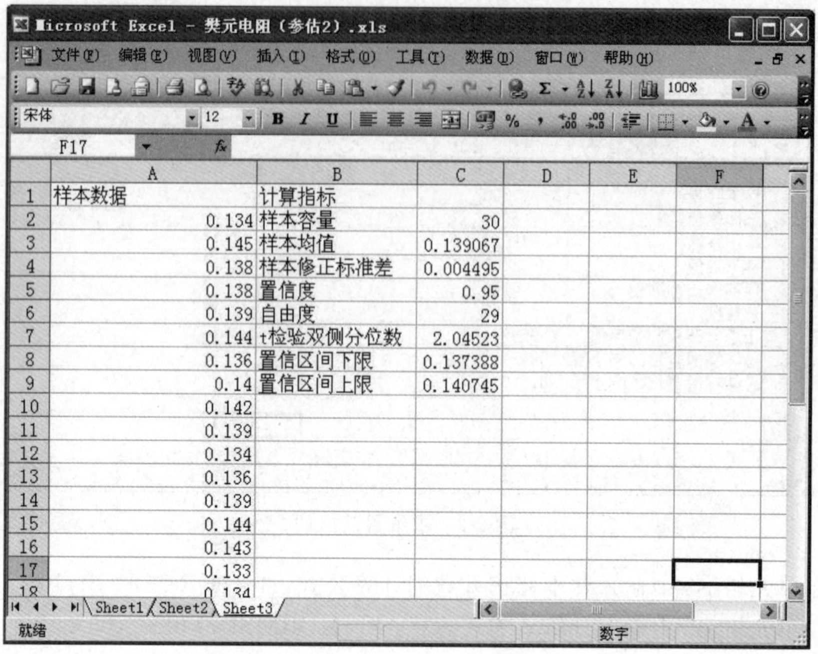

	A	B	C	D	E	F
1	样本数据	计算指标				
2	0.134	样本容量	30			
3	0.145	样本均值	0.139067			
4	0.138	样本修正标准差	0.004495			
5	0.138	置信度	0.95			
6	0.139	自由度	29			
7	0.144	t检验双侧分位数	2.04523			
8	0.136	置信区间下限	0.137388			
9	0.14	置信区间上限	0.140745			
10	0.142					
11	0.139					
12	0.134					
13	0.136					
14	0.139					
15	0.144					
16	0.143					
17	0.133					
18	0.134					

图 8-3　总体均值区间估计

(8) 在 C9 单元格中输入置信区间上限计算公式："＝C3＋C7 * C4/SQRT(C2)"。

最后得到这批电子元件平均电阻 95％的置信区间的范围为 0.115～0.163。

二、总体成数的区间估计

【例 8-15】 某社区为了解居民住房情况，抽查了 100 户，其中人均住房面积不足 10 平方米的困难户有 28 户，试求该社区住房困难户所占比率的 90％的置信区间。

现以本例的数据为例，介绍在 Excel 中关于总体成数的区间估计问题。

解　具体步骤和结果如图 8-4 所示。

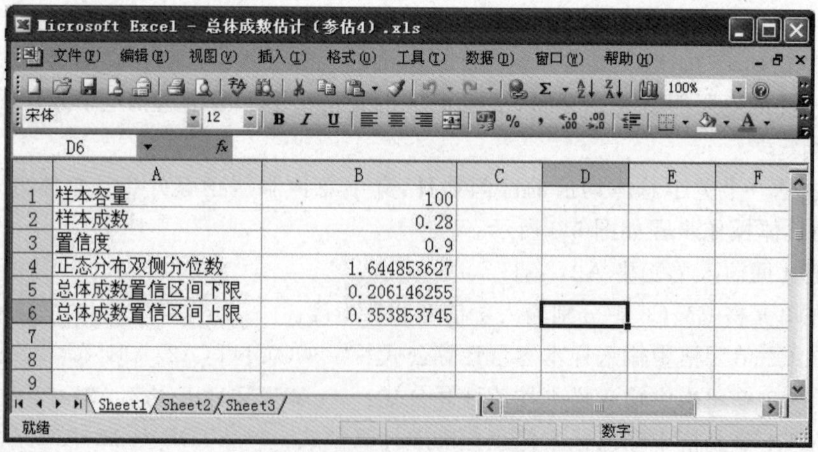

	A	B	C	D	E	F
1	样本容量	100				
2	样本成数	0.28				
3	置信度	0.9				
4	正态分布双侧分位数	1.644853627				
5	总体成数置信区间下限	0.206146255				
6	总体成数置信区间上限	0.353853745				
7						
8						
9						

图 8-4　区间估计

(1) 在 B1、B2、B3 单元格中分别输入样本容量、样本成数和置信度。

(2) 在 B4 单元格中输入计算正态分布双侧分位数的公式:"=NORMSINV(1−(1−B3)/2)"。

(3) 在 B5 单元格中输入总体成数置信区间下限的计算公式:"=B2−B4*SQRT(B2*(1−B2)/B1)"。

(4) 在 B6 单元格中输入总体成数置信区间上限的计算公式:"=B2+B4*SQRT(B2*(1−B2)/B1)"。

最后求得该社区住房困难户所占比例的 90% 的置信区间为 21%～35%。

复习思考题

一、填空题

1. 抽样调查是遵循_____抽选样本,通过对样本单位的调查来对研究对象的总体数量特征作出推断的。

2. 只要使用非全面调查的方法,即使遵循随机原则,_____也不可避免会产生。

3. 从全部总体单位中随机抽取样本单位的方法有两种,即_____和_____。

4. 判别估计量优良性的三个准则是:_____、_____和_____。

5. 常用的抽样组织形式有_____、_____、_____和_____。

6. 在重复抽样条件下,抽样平均误差与_____成反比,与_____成正比。

7. 扩大抽样误差的范围,可以_____推断的可靠程度;同时_____推断的精确程度。

8. 对于简单随机重复抽样,若其他条件不变,则当极限误差范围 Δ 缩小一半,抽样单位数必须为原来的_____倍;若 Δ 扩大一倍,则抽样单位数为原来的_____。

9. 在同样的精度要求下,不重复抽样比重复抽样需要的样本容量_____。

10. 在缺少总体的方差时,可用_____代替来计算抽样误差。

二、单项选择题

1. 抽样误差是指(   )。
   A. 计算过程中产生的误差   B. 调查中产生的登记性误差
   C. 调查中产生的系统性误差   D. 随机性的代表性误差

2. 事先将全及总体各单位按某一标志排列,然后依固定顺序和间隔来抽选调查单位的抽样组织方式叫作(   )。
   A. 分层抽样   B. 简单随机抽样   C. 整群抽样   D. 等距抽样

3. 总体平均数和样本平均数之间的关系是(   )。
   A. 总体平均数是确定值,样本平均数是随机变量
   B. 总体平均数是随机变量,样本平均数是确定值
   C. 两者都是随机变量
   D. 两者都是确定值

4. 在一定的抽样平均误差条件下,(   )。
   A. 扩大极限误差范围,可以提高推断的可靠程度

B. 扩大极限误差范围,会降低推断的可靠程度
C. 缩小极限误差范围,可以提高推断的可靠程度
D. 缩小极限误差范围,不改变推断的可靠程度

5. 反映样本指标与总体指标之间的平均误差程度的指标是(　　)。
   A. 抽样误差系数　　B. 概率度　　C. 抽样平均误差　　D. 抽样极限误差
6. 当成数等于(　　)时,成数的方差最大。
   A. 1　　B. 0　　C. 0.5　　D. −1
7. 对甲、乙两个工厂工人平均工资进行纯随机不重复抽样调查,调查的工人数一样,两工厂工资方差相同,但甲厂工人总数比乙厂工人总数多一倍,则抽样平均误差(　　)。
   A. 甲厂比乙厂大　　B. 乙厂比甲厂大　　C. 两个工厂一样大　　D. 无法确定
8. 反映抽样指标与总体指标之间抽样误差可能范围的指标是(　　)。
   A. 抽样平均误差　　B. 抽样极限误差　　C. 抽样误差系数　　D. 概率度
9. 事先将全及总体各单位按某一标志排列,然后依固定顺序和间隔来抽选调查单位的抽样组织方式叫作(　　)。
   A. 分层抽样　　B. 简单随机抽样　　C. 整群抽样　　D. 等距抽样
10. 计算抽样平均误差时,若有多个样本标准差的资料需要正确计算的是(　　)。
    A. 最小一个　　B. 最大一个　　C. 中间一个　　D. 平均值

三、多项选择题

1. 影响抽样误差大小的因素有(　　)。
   A. 抽样调查的组织形式　　　　B. 抽取样本单位的方法
   C. 总体被研究标志的变异程度　　D. 抽取样本单位数的多少
   E. 总体被研究标志的属性
2. 在抽样推断中,(　　)。
   A. 抽样指标的数值不是唯一的　　B. 总体指标是一个随机变量
   C. 可能抽取许多个样本　　　　D. 统计量是样本的函数
   E. 全及指标又称统计量
3. 抽样调查的主要目的是(　　)。
   A. 对调查单位做深入研究　　　B. 用样本指标推断总体的指标
   C. 计算和控制误差　　　　　　D. 广泛运用数学方法
   E. 对总体进行科学的估计和判断
4. 在抽样推断中,样本单位数的多少取决于(　　)。
   A. 总体标准差的大小　　　　　B. 允许误差的大小
   C. 抽样估计的把握程度　　　　D. 总体参数的大小
   E. 抽样方法
5. 总体参数区间估计必须具备的三个要素是(　　)。
   A. 样本单位数　　B. 样本指标　　C. 全及指标　　D. 抽样误差范围
   E. 抽样估计的置信度
6. 在抽样平均误差一定的条件下,(　　)。
   A. 扩大极限误差的范围,可以提高推断的可靠程度

B. 缩小极限误差的范围,可以提高推断的可靠程度

C. 扩大极限误差的范围,只能降低推断的可靠程度

D. 缩小极限误差的范围,只能降低推断的可靠程度

E. 扩大或缩小极限误差的范围,与推断的可靠程度无关

7. 在抽样调查中,(   )。

  A. 全及指标是唯一确定的   B. 样本指标是唯一确定的

  C. 全及总体是唯一确定的   D. 样本指标是随机变量

  E. 全及指标是随机变量

8. 参数估计方法有(   )。

  A. 点估计   B. 区间估计   C. 统计估计   D. 抽样估计

  E. 假设检验

9. 抽样估计的抽样误差(   )。

  A. 是不可以避免的   B. 是可以改进调查方法消除的

  C. 是可以事先计算的   D. 只有调查结束之后才能计算

  E. 其大小是可以控制的

10. 总体标准差未知时,常用的替代办法有(   )。

  A. 用过去调查的同类问题的经验数据   B. 用样本的标准

  C. 凭调查者经验确定   D. 用总体方差

  E. 先组织试验性抽样,用试验样本的标准差

四、判断题

1. 抽样推断是利用样本资料对总体数量特征进行估计的一种统计分析方法,因此不可避免地会产生误差,这种误差的大小是不能进行控制的。（   ）

2. 从全部总体单位中按照随机原则抽取部分单位组成样本,只能组成一个样本。（   ）

3. 抽样成数的特点是:样本成数越大,则成数方差越大。（   ）

4. 抽样估计的置信度就是表明抽样指标和总体指标的误差不超过一定概率范围的概率保证程度。（   ）

5. 在其他条件不变的情况下,提高抽样估计的可靠程度,可以提高抽样估计的精确度。（   ）

6. 抽样极限误差总是大于抽样平均误差。（   ）

7. 在其他条件不变的情况下,抽样平均误差要减少为原来的1/3,则样本容量必须增大到9倍。（   ）

8. 抽样调查所遵循的基本原则是可靠性原则。（   ）

五、简答题

1. 什么是抽样推断？抽样推断有哪几方面的特点？

2. 什么是抽样误差？影响抽样误差大小的因素有哪些？

3. 什么是参数和统计量？它们各有什么特点？

4. 什么是抽样平均误差和抽样极限误差？二者有何区别？

六、实训题

1. 某企业生产某产品10 000袋,为检验其包装重量是否达到标准,检验员甲按简单随机重复抽样方法抽取200袋进行检查,检验员乙按简单不重复抽样方法抽取100袋进行检

查。样本标准差均为 2 克,试求两种不同抽样方法下包装平均重量的抽样平均误差。

2. 外贸公司出口一种食品,规定每包规格不低于 150 克,现在用重复抽样的方法抽取其中的 100 包进行检验,其结果如表 8-5 所示。

表 8-5 重复抽样结果

每包重量	包数	组中值	总重量
148～149	10	148.5	1 485
149～150	20	149.5	2 990
150～151	50	150.5	7 525
151～152	20	151.5	3 030
	100		15 030

要求:

(1) 以 99.73% 的概率估计这批食品的范围,以便确定平均重量是否达到规格要求。

(2) 以同样的概率保证估计这批食品的合格率范围。

3. 单位按随机重复抽样方式抽取 40 名职工,对其业务进行考核,其资料如下:

68 89 88 84 86 87 75 73 72 68 75 82 99 58 81 54
79 76 95 76 71 60 91 65 76 72 76 85 89 92 64 57
83 81 78 77 72 61 70 87

要求:

(1) 按不及格、及格、中、良、优编制变量数列。

(2) 以 95.45% 的概率保证程度推断全体职工业务考试成绩的区间范围。

(3) 若其他条件不变,将允许误差范围缩小一半,应抽取多少职工?

4. 采用简单随机抽样的方法,抽取一批产品中的 200 件作为样本,其中合格品为 195 件。

要求:

(1) 计算样本的抽样平均误差。

(2) 以 95.45% 的概率保证程度对该产品的合格率进行区间估计。($t=2$)

5. 对某厂日产 10 000 个灯泡的使用寿命进行抽样调查,抽取 100 个灯泡,测得其平均寿命为 1 800 小时,标准差为 6 小时。

要求:

(1) 按 68.27% 的概率计算抽样平均数的极限误差。

(2) 按以上条件,若极限误差不超过 0.4 小时,应抽取多少只灯泡进行测试。

(3) 按以上条件,若概率提高到 95.45%,应抽取多少只灯泡进行测试?

(4) 若极限误差为 0.6 小时,概率为 95.45%,应抽取多少只灯泡进行测试?

(5) 通过以上计算,说明允许误差、抽样单位数和概率之间的关系。

6. 对某区 30 户家庭的月收支情况进行抽样调查,发现平均每户每月用于书报费支出为 45 元,抽样平均误差为 2 元,试问:应以多少概率才能保证每户每月书报费支出在 41.08～48.92 元之间?

7. 设"托福"的考分服从平均数 580 分、标准差为 100 分的正态分布,问:当随机抽取 20 人进行调查,样本的平均数介于 550～610 分的概率是多少?样本的平均分数等于和超过 600 分的概率是多少?

项目九 分析现象的相关性和线性

项目说明：

社会经济现象都不是孤立存在的，相互之间存在着联系。现象之间的联系表现为一种现象的变化对另一种现象形成了促进或制约的影响。这种彼此促进或此消彼长的关系有些是完全确定的对应关系，有些是不完全确定的随机关系。本项目通过对现象的数据资料进行分析，掌握科学地判断现象间是否存在相关关系或回归关系的分析方法。

能力目标：

1. 能判断社会经济现象之间的相关关系。
2. 能够测定现象的相关性和相关系数。
3. 能够建立一元线性回归模型，利用模型进行预测。

知识目标：

1. 理解现象间相关关系的含义。
2. 会对现象间相关关系进行判断。
3. 掌握相关系数的计算方法。
4. 掌握一元线性回归分析的参数估计方法。

任务一 认识现象的相关性

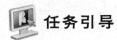
任务引导

表 9-1 为某公司销售部人员工龄与年销售额统计表。

表 9-1 某公司销售人员工龄与年销售额统计表

销售人员序号	工龄/年	每年销售额/万元	销售人员序号	工龄/年	每年销售额/万元
1	1	5	7	6	40
2	3	15	8	8	50
3	1	7	9	10	56
4	6	34	10	10	70
5	4	20	11	13	82
6	4	26	12	11	70

思考： 观察以上数据，销售人员的工龄和销售额之间有什么样的关系？

任务分解

以组为单位,组员根据观察或了解的现象之间数量上的变化关系,进行描述。
要求:
(1) 每位组员列举至少一项。
(2) 组长组织进行讨论:尽可能细致地说明现象间数量有怎样的变化关系。
(3) 每个组推举 1 位组员进行展示。
(4) 在展示过程中,所有同学可以对每组展示的情况进行提问、对每组的展示进行评价。
(5) 总结。

 相关知识

一、相关关系的含义

自然界或人类社会中,现象之间普遍存在着相互联系、相互依赖和相互制约。某一现象的存在和发展一方面影响着周围事物的存在和发展,同时又受到周围事物的影响和制约。如,家庭收入水平与食物消费支出之间存在关系,通常家庭收入水平越高,食物支出金额越多,但食物支出在所有消费支出中的比例下降。社会经济现象之的依存关系一般可分为两种类型:函数关系和相关关系。函数关系是现象间在数量上显现出完全确定的对应关系,即一个变量的数值与另一个变量的数值间都一一对应。函数关系的数学表达式为 $Y=f(X)$。例如,圆的周长 C 与半径的关系,商品销售额与销售量的关系等。

相关关系是现象之间在数量上显现出不完全确定的关系。即当一个现象的数量变化一定数值时,与之相对应的另一现象的数量也发生了变化,可是变化的数值不能确定,两者之间没有确定的对应关系。变量之间的这种不稳定、不精确的变化关系称为相关关系。

相关关系的特点表现为两方面:一是一种现象的变化引起了另一种现象的变化;二是这种变动在数量上对应关系不是唯一确定的,可以有多种不同的数量对应关系。如家庭收入与旅游支出的关系,一般而言,收入越高,旅游支出越多,但对于不同的家庭,随着收入增加,旅游支出增加的比例不是确定的。

社会的各种现象或事物之间的联系大多表现为相关关系,而不是函数关系。原因在于影响一个变量的因素很多,而其中一些因素还没有被人们所完全认识和掌握,或是处于已经认识但对其产生的影响还不能完全控制和测量,使函数关系表现为非确定性的相关关系。另外,有些因素尽管可以控制和测量,但在操作过程中或多或少都会有误差,所有这些偶然因素的综合作用导致了变量之间的不确定性。

二、相关关系的种类

社会现象之间的相关关系错综复杂、表现形态各异,从不同的角度可以将相关关系进行分类。

（一）根据相关关系的程度划分

根据相关关系的程度划分，可分为完全相关、不相关和不完全相关。

（1）完全相关。一种现象的数量变化完全由另一种现象的数量变化所确定，这两种现象间的关系为完全相关。如当施肥量限定在一定范围内时，农作物的施肥量与产量之间成正比。在这种情况下，相关关系就变成了函数关系。因此我们也可以说函数关系是相关关系的一种特殊情况。

（2）不相关。如果两个现象之间互不影响，其数量变化各自独立，称为不相关。如股票价格的变化与天气变化之间，天气变化对股票价格的变动没有影响，二者是不相关的。

（3）不完全相关。如果两种现象之间的关系介于完全相关和不相关之间，称为不完全相关。如一个人的身高和体重之间的关系，通常情况下，人的身高越高，体重越重，但二者不具有确定的对应关系。大多数社会现象之间的关系属于不完全相关。

（二）根据变量值变动方向趋势划分

根据变量值变动方向的趋势，可分为正相关和负相关。

（1）正相关。两个变量变化方向一致，一个变量数值增加（或减少）时，另一个变量的数值也随之增加（或减少），称为正相关，如图9-1所示。例如，家庭消费支出随着家庭收入增加而增加。

（2）负相关。两个变量变化方向相反，一个变量数值的增加（或减少），另一个变量的数值反而减少（或增加），称为负相关，如图9-2所示。例如，进行射击训练，练习次数越多，脱靶的概率越小。

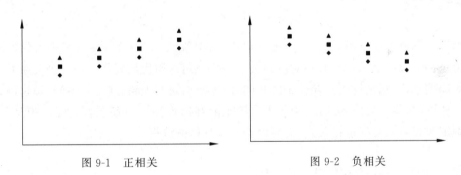

图9-1　正相关　　　　　　　　　图9-2　负相关

（三）根据形态划分

根据相关形态，可分为线性相关和非线性相关。

（1）线性相关。当一个变量发生均等的变动幅度时，另一个变量也相应发生均等幅度的变动，称为线性相关。线性相关在二维图形上呈现出一条直线形态，所以也称为直线相关。

（2）非线性相关。一个变量均匀地变动时，另一个变量的数值的变动呈现出加速或减速变动，称为非线性相关。非线性相关在二维图形上呈现出一条曲线形态，所以也称为曲线相关。

（四）根据影响因素划分

根据影响因素的多少，可分为单相关和复相关。

（1）单相关。两个变量之间的相关关系，称为单相关。单相关研究只涉及一个自变量和一个因变量的相关关系。如只研究氮肥的施用量与小麦产量的关系。

(2) 复相关。三个或三个以上因素之间的相关关系称为复相关。复相关研究涉及两个（或以上）自变量和一个因变量的相关关系。如研究设备产出效率、工人操作熟练程度对劳动生产率的影响,研究的是三个变量间的关系。再如,研究学生的学习成绩与学习动机、方法、习惯等方面的关系,涉及四个因素,四者间是复相关关系。

三、相关分析的作用

(1) 揭示现象之间是否存在相关关系。现象之间是否相关是定性认识的问题,需要根据理论知识、实践经验和分析研究对现象间关系做定性判断。

(2) 确定相关关系的表现形式和选择相关分析方法。相关关系在数量上是不严格的依存关系。在确定现象之间存在相关关系后,需要明确体现变量相关关系的具体表现形式。根据变量间不同表现形式,选择合适的分析方法,确保研究目的的实现。对变量间相关的表现形式判断错误,会导致分析失败。如把非线性相关错判为线性相关,按照线性相关的性质选择相关分析的方法,就会导致错误的结论。

(3) 把握相关关系的方向与密切程度。变量之间的相关关系是一种不确切的数量关系,相关分析就是从不严格的相互依存关系中,判断相关关系的方向和密切程度。

(4) 描述变量之间的关系状况,根据相关关系对现象进行预测。当现象间存在高度密切的相关关系时,需要进一步进行分析,测定现象之间数量变化上的关系,用函数关系的数学表达式作为相关关系的数学表达式,根据已知自变量数值推算因变量的数值。

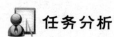

从给出的资料可以看出,销售人员的工龄不同,销售额也有差别,多数销售人员的工龄长短和销售额的大小之间存在某种对应的关系,即工龄长,销售额就高。但这种关系并不是严格的对应关系,个别销售人员存在工龄相同,销售额不同的现象;或工龄不同,销售额相同的现象。所以,总体上可以判断出,销售人员的工龄和销售额之间存在着高度的相关关系。如果要确定两者间相关的量化关系,需要做进一步具体的分析。

任务二　测定现象的相关关系

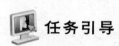

表9-2是根据国家统计局年报数据整理的人均消费支出及各分项支出数据,选取的是从2003年到2021年奇数年份数据。

表9-2　我国居民年人均消费支出列表

指标	2021年	2019年	2017年	2015年	2013年	2011年	2009年	2007年	2005年	2003年
人均消费支出	24 100	21 559	18 322	15 712	13 220	10 820	8 377	6 592	5 035	3 889
比上年增长/%	12.6	5.5	5.4	6.9	6.9	9.5	11.8	11.6	12.5	8.3

续表

	指标	2021年	2019年	2017年	2015年	2013年	2011年	2009年	2007年	2005年	2003年
其中分项支出/元	食品烟酒	7 178	6 084	5 374	4 814	4 127	3 633	2 875	2 346	1 877	1 483
	衣着	1 419	1 338	1 238	1 164	1 027	903	666	539	404	310
	居住	5 641	5 055	4 107	3 419	2 999	2 199	1 698	1 176	796	606
	生活用品服务	1 423	1 281	1 121	951	806	675	486	359	258	215
	交通通信	3 156	2 862	2 499	2 087	1 627	1 259	953	762	547	378
	教育文化娱乐	2 599	2 513	2 086	1 723	1 398	1 136	896	787	657	527
	医疗保健	2 115	1 902	1 451	1 165	912	744	586	452	366	268
	其他用品	569	524	447	389	325	272	216	170	131	102

（资料来源：国家统计局，2022．）

思考： 我国居民的人均消费支出连年增长，各分项支出也逐年增加。请分析：各分项支出在消费支出中的占比是否稳定。如果不是稳定不变的，随着消费支出逐年变化，各分项支出份额是怎么变化的？

任务分解

以组为单位，组员浏览国家或省市统计局网站资料，搜索感兴趣的产品、服务或消费数据，观察或分析数据的变化关系，进行描述。

要求：

（1）每位组员列举至少一项。

（2）组长组织进行讨论：说明数量之间变化的定性和定量关系。

（3）每个组推举 1 位组员进行展示。

（4）在展示过程中，所有同学可以对每组展示的情况进行提问、对每组的展示进行评价。

（5）总结。

相关知识

社会经济现象之间的关系可以在直观判断的基础上，通过相关表、相关图和相关系数的计算进行测度。其中，相关表和相关图是研究相关关系的直观工具，通过对相关表和相关图的观察可以判断现象之间存在的相关关系的方向、形式，对现象间的相关性做定性分析。现象间具有相关关系，可以通过构建数学模型进一步测定它们之间的相关系数，进行定量分析。

一、相关表

相关表是根据现象之间的原始资料，将变量按取值的大小顺序排列，并将相关变量的对应值平行排列形成的统计表。表 9-3 为某化妆品公司 A 款产品广告费与销售收入相关表。

表 9-3　某化妆品公司 A 款产品广告费与销售收入相关表

年份	2001	2002	2003	2004	2005	2006	2007	2008	2009	2010
年广告费/万元	2	2	3	4	5	6	6	6	7	7
年销售收入/万元	50	51	52	53	53	54	55	56	56	57

从表 9-3 中可以直观地看出，销售收入随着广告费的增加而增长，二者之间存在着一定的正相关关系。

二、相关图

相关图也称散点图，是将相关表中的观测值在平面直角坐标系中用坐标点描绘出来，表明相关点的分布状况的统计图。以表 9-3 数据为例，在坐标图上，以横轴表示广告费，纵轴表示销售收入，按两个变量的对应值标出坐标点。通过点的分布状况，可以直观地判断出广告费和销售收入的相关关系，如图 9-3 所示。

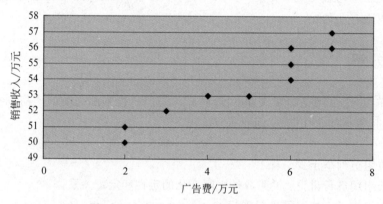

图 9-3　A 产品广告费与销售收入相关图

三、相关系数

（一）相关系数的含义

相关系数是反映变量之间相关关系密切程度的统计分析指标。现象间的相关关系有直线相关和曲线相关，反映两变量间线性相关关系密切程度的统计分析指标称为线性相关系数；反映两变量间曲线相关关系密切程度的统计分析指标称为非线性相关系数或曲线指数；反映多元线性相关关系的统计指标称为复相关系数。本任务只分析线性相关条件下的相关系数。测定相关系数的两变量为对等关系，不区分自变量和因变量，测定的相关系数也只有一个值。

（二）相关系数的测定

相关系数的计算方法来源于数理统计中的相关系数定义。常用的测定相关系数的方法是积差法。

积差法计算相关系数定义为：两个变量的协方差与两个变量各自标准差乘积之比。相关系数通常用 r 表示，其计算公式为

$$r = \frac{\sigma_{xy}^2}{\sigma_x \cdot \sigma_y} = \frac{\dfrac{\sum(x-\bar{x})(y-\bar{y})}{n}}{\sqrt{\dfrac{\sum(x-\bar{x})^2}{n}}\sqrt{\dfrac{\sum(y-\bar{y})^2}{n}}} = \frac{\sum(x-\bar{x})(y-\bar{y})}{\sqrt{\sum(x-\bar{x})^2}\sqrt{\sum(y-\bar{y})^2}}$$

$$= \frac{n\sum xy - \sum x \sum y}{\sqrt{n\sum x^2 - \left(\sum x\right)^2}\sqrt{n\sum y^2 - \left(\sum y\right)^2}} \tag{9-1}$$

式中，$\sigma_{xy}^2 = \dfrac{\sum(x-\bar{x})(y-\bar{y})}{n}$，$\sigma_{xy}^2$ 是变量 x 和 y 之间的协方差；

$\sigma_x = \sqrt{\dfrac{\sum(x-\bar{x})^2}{n}}$，$\sigma_x$ 是变量 x 的标准差；

$\sigma_y = \sqrt{\dfrac{\sum(y-\bar{y})^2}{n}}$，$\sigma_y$ 是变量 y 的标准差。

【例 9-1】 表 9-4 所示为我国居民 2003—2021 年各奇数年份的人均消费支出和其中食品烟酒支出资料，根据表中的数据，计算人均消费支出和食品烟酒支出之间的关系。

表 9-4 人均消费支出与其中食品烟酒支出数据

时间	人均消费支出/元	食品烟酒支出/元	时间	人均消费支出/元	食品烟酒支出/元
2021 年	24 100	7 178	2013 年	10 820	3 633
2019 年	21 559	6 084	2015 年	8 377	2 875
2007 年	18 322	5 374	2017 年	6 592	2 346
2009 年	15 712	4 814	2019 年	5 035	1 877
2011 年	13 220	4 127	2003 年	3 889	1 483

解 根据表中数据，可以观察到，随着人均消费支出增加，食品烟酒支出也相应增加，二者之间存在正相关关系，所以，利用相关系数的公式计算如下：

$$r = \frac{n\sum xy - \sum x \sum y}{\sqrt{n\sum x^2 - \left(\sum x\right)^2}\sqrt{n\sum y^2 - \left(\sum y\right)^2}}$$

$$= \frac{10 \times 626\,889\,541 - 5\,078\,366\,166}{\sqrt{10 \times 2\,074\,108\,048 - 127\,626^2}\sqrt{10 \times 190\,315\,789 - 39\,791^2}} = 0.997\,6$$

相关系数为 0.997 6，说明人均消费支出和食品烟酒支出之间有高度的线性相关关系。

（三）相关系数的特点

(1) r 的取值介于 -1 与 1 之间，取值范围是 $[-1,1]$。

(2) 当 $r>0$ 时，表明变量之间为正相关；当 $r<0$ 时，表明变量之间为负相关。

(3) $|r|=1$，表明两个变量完全线性相关；当 $r=1$ 时，称为完全正相关，而 $r=-1$ 时，称为完全负相关。

(4) $r=0$，表明两个变量不存在线性关系。

(5) $|r|$ 的数值越接近于 1，表明变量间相关程度越高；反之，$|r|$ 的数值越接近于 0，表

明变量间相关关系越不密切。根据 r 值的大小,可将相关关系分为以下几种情况。

① $|r|<0.3$,称为微弱线性相关。
② $0.3\leqslant|r|<0.5$,称为低度线性相关。
③ $0.5\leqslant|r|<0.8$,称为显著线性相关。
④ $0.8\leqslant|r|<1$,称为高度线性相关。

任务分析

直观上看,随着我国居民人均消费支出的增长,其中的各项支出也逐年增长。从增长数额看,居住消费、交通通信、医疗保健消费等项支出 20 年间增长了近十倍,高于其他消费项支出增长的比例;食品烟酒、衣着、教育文化娱乐等项支出增长了近五倍。资料说明了各消费之间存在相关关系,而且不同的消费项与总消费支出的相关关系是不一样的。如果要说明各消费项与总支出之间的相关关系的程度,还需要进行深入分析。

任务三 测定现象的线性关系

【任务引导】

表 9-5 是 2021 年第一季度至 2022 年第二季度的中国大陆居民收支基本情况表。

表 9-5 居民收支基本情况

指标		2022年第二季度	2022年第一季度	2021年第四季度	2021年第三季度	2021年第二季度	2021年第一季度
全国居民人均可支配收入		18 463	10 345	35 128	26 265	17 642	9 730
其中	城镇居民人均可支配收入	25 003	13 832	47 412	35 946	24 125	13 120
	农村居民人均可支配收入	9 787	5 778	18 931	13 726	9 248	5 398
其中	工资性收入	10 576	5 871	19 629	14 917	10 104	5 505
	经营净收入	2 841	1 733	5 893	4 136	2 752	1 645
	财产净收入	1 665	920	3 076	2 329	1 582	867
	转移净收入	3 382	1 822	6 531	4 884	3 204	1 714
居民人均消费支出		11 756	6 393	24 100	17 275	11 471	5 978
其中	食品烟酒消费支出	3 685	2 084	7 178	5 144	3 536	1 986
	衣着消费支出	725	453	1 419	1 002	742	437
	居住消费支出	2 807	1 435	5 641	4 031	2 649	1 345
	生活用品及服务消费支出	670	356	1 423	1 021	669	339
	交通通信消费支出	1 493	791	3 156	2 237	1 455	702
	教育文化娱乐消费支出	1 037	583	2 599	1 867	1 119	545
	医疗保健消费支出	1 041	528	2 115	1 557	1 015	484
	其他用品和服务消费支出	298	163	569	415	286	139

(资料来源:中华人民共和国统计局,2022-12-31.)

思考：观察数据,分析列表中收入和支出之间的关系,全国居民人均可支配收入、城镇居民人均可支配收入、农村居民人均可支配收入之间的关系,各项收入随时间的变动关系等;随机选择两栏数据进行对比,你会得出什么样的结论?

任务分解

以组为单位,组员浏览国家或省市统计局网站资料或其他网站资料,搜索感兴趣的产品生产、服务或消费数据,仔细观察相关关系密切的数据,试建立数据间相互依存及变化关系式,进行描述。

要求:
(1) 每位组员列举至少一项。
(2) 组长组织进行讨论:关系密切的数据间可以建立什么样的关系式。
(3) 每个组推举1位组员进行展示。
(4) 在展示过程中,所有同学可以对每组展示的情况进行提问、对每组的展示进行评价。
(5) 总结。

相关知识

相关系数描述了线性相关的两个变量间的密切程度,但不能说明一个变量发生变化时,另一个变量相应发生变化的幅度。例如,根据表9-4的资料,人均总消费支出与食品烟酒支出之间的相关系数为0.997 6,两者高度正相关,说明总消费支出越高,食品烟酒消费支出越高。相关系数不能说明两者之间的对应关系,譬如总消费支出每增加100元,用于食品烟酒消费支出增加多少元? 要解答这个问题,需要测定两个变量间的线性关系,进行回归分析。

一、线性回归概述

(一) 回归分析的含义

回归分析是指对具有显著或高度相关关系的现象之间数量变化的一般关系进行测定,建立一个数学表达式。线性回归分析是根据现象之间的相关关系,以其中一个现象变动的具体数值为自变量 x,另一现象变动的数值为因变量 y,确定 a、b 两个参数,建立 $y=a+bx$ 直线方程关系式,近似地表示变量之间数量平均变化关系的一种统计方法。根据回归分析方法得到的数学表达式称为回归方程式,它可将相关现象间不确定的、不规则的数量关系一般化、规则化。

(二) 回归分析的分类

按统计研究对象和目的不同,回归分析有不同的分类。

1. 一元回归分析与多元回归分析

根据自变量的多少,分为一元回归分析和多元回归分析。当只有一个自变量时,称为一元回归分析;当自变量有两个或多个时,称为多元回归分析。

2. 线性回归分析和非线性回归分析

根据变量变化的表现形式不同,分为线性回归分析和非线性回归分析。

在二维坐标系下绘制两个变量变化的散点图，根据散点图的形态用回归分析方法拟合回归方程。如果散点图近似表现为直线形态，则进行线性回归分析，将变量间的变化拟合为直线方程；如果散点图呈平滑的曲线形态，则进行非线性回归分析，将变量间的变化拟合为曲线方程。

用直线方程来表明两个变量之间线性关系的方程式，称为一元线性回归方程，这种分析方法称为一元线性回归分析。

（三）回归分析的内容

回归分析中，将显著相关或高度相关的变量的变动趋势拟合为数学模型，转变为函数关系式。具体内容包括以下两个方面。

（1）建立回归方程式。回归分析的主要目的是根据一个变量的变动对另一个变量的变动作出数量上的判断，测定变量间的一般数量变化关系。回归分析的成果就是建立现象之间关系的数学模型，用函数关系式描述现象之间相互依存关系在数量上的规律性，作为判断、推算、预测随机变量变化的依据。在回归分析中，如果两个变量间没有单向因果关系，可以互为根据，建立两个不同的回归方程。例如，居民的食品支出和衣着支出有显著相关关系，两者不是单向因果关系，所以都可以作为自变量或因变量，分别建立不同的回归方程；研究发现父母的身高与子女的身高之间有显著相关关系，父母身高只能单向影响到子女身高，两者之间是单向因果关系。

（2）测定数学模型的拟合精度。数学模型建立后，对变量间变化能否较准确地做出判断、预测，直接影响统计分析结论的有效性。因此，模型建立后，一般需要计算估计标准误差，对模型的拟合精度进行测定。估计标准误差与拟合精度成反比，与统计分析结论的有效性成正比。估计标准误差小，说明模型的拟合精度高，统计分析结论的效果较好；估计标准误差大，说明模型的拟合精度低，统计分析结论的效果就差。

（四）相关分析与回归分析的区别与联系

1. 相关分析与回归分析的区别

（1）相关分析的变量是对等关系，不需区分自变量和因变量；回归分析的变量是不对等关系，在回归分析中，需要先确定自变量和因变量，自变量选择不同，所得出的分析结果也不相同。

（2）相关分析中，相关系数是唯一确定的；回归分析中，对于互为因果关系的两个变量，存在多个回归方程。

2. 相关分析与回归分析的联系

（1）相关分析是回归分析的基础。只有当变量之间存在高度相关时，进行回归分析才有意义。没有对变量之间的相关性做出正确判断就进行回归分析，易造成"虚假回归"。

（2）回归分析是相关分析的深入与继续。相关分析只研究变量之间相关的方向和程度，无法从一个变量的变化来推测另一个变量的变化情况。因此，需要对相关关系程度密切的变量做进一步的回归分析。

相关分析需要依靠回归分析来表现变量之间数量相关的具体形式，回归分析则需要依靠相关分析来表现变量之间数量变化的相关程度。因此，在具体应用过程中，把相关分析和回归分析结合起来，才能达到研究和分析的目的。

二、一元线性回归方程的建立与应用

(一) 一元线性回归方程的建立

如果自变量与因变量对应的散点图近似为直线,或计算出的相关系数具有线性显著关系时,都可拟合一条回归直线。

假设有两个现象分别表现为自变量 x 和因变量 y,配合线性回归方程:

$$\hat{y} = a + bx$$

式中,$\hat{y}$ 为因变量 y 的理论估计值,是被解释变量。x 为自变量的实际值,是解释变量。a、b 为待定参数,其几何意义是:a 是直线方程的截距,b 是斜率。其经济意义是:a 是当 x 为零时 y 的估计值,b 是当 x 每变动一个单位时,y 平均变动的数量,b 也称为回归系数。当 b 的符号为正时,表示两个变量正相关;当 b 的符号为负时,表示两个变量负相关。

图 9-4 是居民可支配收入与消费支出散点图,穿过散点图上的点可连接多条直线,其中的每一条都能在一定程度上说明或代表着这些散点的变动趋势,同时,每一条直线都与这些散点之间存在着或大或小的误差。拟合回归直线的目的是找到一条最能反映散点变动趋势的代表性直线。

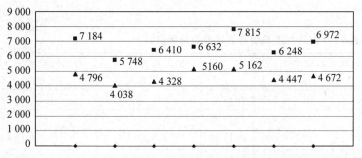

图 9-4 居民可支配收入与消费支出散点图

理想的回归直线需要满足两个条件。首先,平均指标分析中,算术平均数通常作为变量的集中趋势。相关联的两个变量 x 和 y,可分别计算算术平均数 $\bar{x}$ 和 $\bar{y}$,理想的回归直线应满足通过 $(\bar{x}, \bar{y})$ 所对应的点。其次,通过点 $(\bar{x}, \bar{y})$ 的回归直线有很多条,回归直线上的每一点都代表着因变量 y 的估计值 $\hat{y}$。估计值 $\hat{y}$ 与实际值之间的差值称为离差。数学上已证明通过点 $(\bar{x}, \bar{y})$ 且"离差平方和最小"的配合直线是最理想的。这种决定直线方程的方法,称为最小二乘法。直线回归方程参数的推导过程如下。

用 Q 表示 y 对 $\hat{y}$ 的离差平方和,则

$$Q = \sum (y - \hat{y})^2$$

将直线方程 $\hat{y} = a + bx$ 代入上式,得

$$Q = \sum (y - \hat{y})^2 = \sum (y - a - bx)^2$$

为使 Q 具有最小值,必须使其对 a、b 的偏导数等于 0,令

$$\begin{cases} \dfrac{\partial Q}{\partial a} = 2 \sum (y - a - bx)(-1) = 0 \\ \dfrac{\partial Q}{\partial b} = 2 \sum (y - a - bx)(-x) = 0 \end{cases}$$

整理得到估计参数 a、b 的标准方程组：

$$\begin{cases} \sum y = na + b\sum x \\ \sum xy = a\sum x + b\sum x^2 \end{cases} \tag{9-2}$$

由方程可得 a、b 的解：

$$\begin{cases} a = \dfrac{\sum y}{n} - b\dfrac{\sum x}{n} = \bar{y} - b\bar{x} \\ b = \dfrac{n\sum xy - \sum x \sum y}{n\sum x^2 - \left(\sum x\right)^2} = \dfrac{\overline{xy} - \bar{x} \cdot \bar{y}}{\sigma_x^2} = \dfrac{\sigma_{xy}^2}{\sigma_x^2} \end{cases} \tag{9-3} \tag{9-4}$$

再将求出的 a、b 代入线性方程，就得到直线回归分析模型：

$$\hat{y} = a + bx$$

（二）一元线性回归方程的应用

【例 9-2】 表 9-6 为自 2002 年以来我国国内生产总值（亿元）与居民人均消费水平（元）的相关资料，若 2022 年国内生产总值为 128.5 万亿元，试用一元线性回归方程预测 2022 年居民人均最终消费额。

表 9-6 国内生产总值与居民最终消费资料

年份	国民总收入 x/亿元	居民消费水平 y/元	年份	国民总收入 x/亿元	居民消费水平 y/元
2002 年	120 480.4	4 270	2013 年	588 141.2	15 586
2003 年	136 576.3	4 555	2014 年	644 380.2	17 220
2004 年	161 415.4	5 071	2015 年	685 571.2	18 857
2005 年	185 998.9	5 688	2016 年	742 694.1	20 801
2006 年	219 028.5	6 319	2017 年	830 945.7	22 968
2007 年	270 704	7 454	2018 年	915 243.5	25 245
2008 年	321 229.5	8 504	2019 年	983 751.2	27 504
2009 年	347 934.9	9 249	2020 年	1 005 451.3	27 439
2010 年	410 354.1	10 575	2021 年	1 133 239.8	31 072
2011 年	483 392.8	12 668	平均	536 193.1	14 755.95
2012 年	537 329	14 074			

（资料来源：中华人民共和国统计局网站.）

解 国内生产总值与居民人均消费水平之间具有线性显著相关性。根据最小二乘法建立回归方程式并预测。

（1）先列示计算表（表 9-7）。

表 9-7 一元线性回归模型参数计算表

年份	国民总收入 x/亿元	居民消费水平 y/元	xy	x^2
2002 年	120 480.4	4 270	514 451 308.0	14 515 526 784
2003 年	136 576.3	4 555	622 105 046.5	18 653 085 722

续表

年份	国民总收入 x/亿元	居民消费水平 y/元	xy	x^2
2004 年	161 415.4	5 071	818 537 493.4	26 054 931 357
2005 年	185 998.9	5 688	1 057 961 743.2	34 595 590 801
2006 年	219 028.5	6 319	1 384 041 091.5	47 973 483 812
2007 年	270 704	7 454	2 017 827 616.0	73 280 655 616
2008 年	321 229.5	8 504	2 731 735 668.0	103 188 391 670
2009 年	347 934.9	9 249	3 218 049 890.1	121 058 694 638
2010 年	410 354.1	10 575	4 339 494 607.5	168 390 487 387
2011 年	483 392.8	12 668	6 123 619 990.4	233 668 599 092
2012 年	537 329	14 074	7 562 368 346.0	288 722 454 241
2013 年	588 141.2	15 586	9 166 768 743.2	345 910 071 137
2014 年	644 380.2	17 220	11 096 227 044.0	415 225 842 152
2015 年	685 571.2	18 857	12 927 816 118.4	470 007 870 269
2016 年	742 694.1	20 801	15 448 779 974.1	551 594 526 175
2017 年	830 945.7	22 968	19 085 160 837.6	690 470 756 348
2018 年	915 243.5	25 245	23 105 322 157.5	837 670 664 292
2019 年	983 751.2	27 504	27 057 093 004.8	967 766 423 501
2020 年	1 005 451.3	27 439	27 588 578 220.7	1 010 932 316 672
2021 年	1 133 239.8	31 072	35 212 027 065.6	1 284 232 444 304
总和	10 723 862.0	295 119	211 077 965 966.5	7 703 912 815 972

(2) 计算参数 a、b 的值：

$$b = \frac{n\sum xy - \sum x \sum y}{n\sum x^2 - \left(\sum x\right)^2} = \frac{20 \times 211\ 077\ 965\ 966.5 - 10\ 723\ 862 \times 295\ 119}{20 \times 7\ 703\ 912\ 815\ 972.0 - (10\ 723\ 862)^2} = 0.027$$

$$a = \bar{y} - b\bar{x} = \frac{295\ 119}{20} - 0.027 \times \frac{10\ 723\ 862}{20} = 255.9$$

预测模型为

$$\hat{y} = 255.9 + 0.027x$$

预测：若 2022 年国内生产总值为 128.5 万亿元，则

$$\hat{y}_{2022} = 255.9 + 0.027 \times 128.5 \times 10\ 000 = 35\ 005.6(元)$$

三、估计标准误差

（一）估计标准误差的含义

由于变量之间不是完全的相关关系，估计值与实际值是有差异的，差异越大，说明拟合的直线方程越不准确，越不能对现象的发展做出预测和判断。因此，建立回归方程后，需要测定估计标准误差，对直线的精确程度进行检测。估计标准误差是实际值 y 与估计值 $\hat{y}$ 差值的一般水平，在数值上它等于因变量实际值与估计值离差的平均数。

在分析变量的集中趋势时，各变量值与平均值的差值称为离差。同样，y 的观测值与样本均值的总离差 $(y - \bar{y})$ 可分解为两部分的和，即 y 的实际值与估计值 $\hat{y}$ 的离差 $(y - \hat{y})$，

估计值 $\hat{y}$ 与平均值 $\bar{y}$ 的离差 $(\hat{y}-\bar{y})$，如图 9-5 所示。

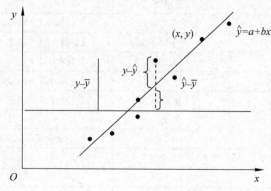

图 9-5　离差总平方和的分解图

由图 9-5 可以直接看出：
$$(y-\bar{y}) = (y-\hat{y}) + (\hat{y}-\bar{y})$$

由此推导出下式：
$$\sum(y-\bar{y})^2 = \sum(y-\hat{y})^2 + \sum(\hat{y}-\bar{y})^2$$

$\sum(y-\bar{y})^2$ 是实际观察值与样本均值之差的平方和，反映样本资料中因变量的总变差，称为总离差平方和。

$\sum(\hat{y}-\bar{y})^2$ 是样本回归线上的估计值与样本均值之差的平方和，反映因变量变异中由回归直线解释的部分，称为回归离差平方和或解释平方和。

$\sum(y-\hat{y})^2$ 是实际观察值与估计值之差的平方和，反映因变量变异中不能由回归直线解释的部分，称为残差平方和。

统计上定义残差平方和 $\sum(y-\hat{y})^2$ 除以自由度 $(n-2)$ 得到的商的算术根为估计标准误差，估计标准误差是反映回归直线代表性大小的统计指标。计算公式为

$$S_y = \sqrt{\frac{\sum(y-\hat{y})^2}{n-2}} \tag{9-5}$$

式中，S_y 为估计标准误差；$n-2$ 为自由度，因在一元线性回归方程中，计算两个参数 a 和 b，受到两个方程的约束，失去了两个自由度。

估计标准误差公式的含义比较明确，计算过程表明了估计标准误差是用平均误差来表示的。如果已经计算出回归直线的参数 a、b 的值，可直接利用已有的数据计算。推导出的简化公式如下：

$$S_y = \sqrt{\frac{\sum y^2 - a\sum y - b\sum xy}{n-2}}$$

（二）估计标准误差的计算

估计标准误差的计算，需要根据基础数据计算估计值、残差，然后利用估计标准误差公式进行计算。

【例 9-3】 以表 9-6 的有关资料为例,计算回归估计标准误差。

解

(1) 用定义公式计算。根据表 9-8,按照定义公式计算标准误差,得

$$S = \sqrt{\frac{\sum(y-\hat{y})^2}{n-2}} = \sqrt{\frac{4\,585\,177}{20-2}} = 504.7(元)$$

表 9-8 标准误差计算表

年份	国民总收入 x/亿元	居民消费水平 y/元	xy	$\hat{y}$	$(y-\hat{y})^2$	y^2
2002 年	120 480.4	4 270	514 451 308.0	3 508.871	579 317.7	18 232 900
2003 年	136 576.3	4 555	622 105 046.5	3 943.46	373 981	20 748 025
2004 年	161 415.4	5 071	818 537 493.4	4 614.116	208 743.2	25 715 041
2005 年	185 998.9	5 688	1 057 961 743.2	5 277.87	168 206.4	32 353 344
2006 年	219 028.5	6 319	1 384 041 091.5	6 169.67	22 299.6	39 929 761
2007 年	270 704	7 454	2 017 827 616.0	7 564.908	12 300.58	55 562 116
2008 年	321 229.5	8 504	2 731 735 668.0	8 929.097	180 707	72 318 016
2009 年	347 934.9	9 249	3 218 049 890.1	9 650.142	160 915.1	85 544 001
2010 年	410 354.1	10 575	4 339 494 607.5	11 335.46	578 300.5	111 830 625
2011 年	483 392.8	12 668	6 123 619 990.4	13 307.51	408 967.4	160 478 224
2012 年	537 329	14 074	7 562 368 346.0	14 763.78	475 800.6	198 077 476
2013 年	588 141.2	15 586	9 166 768 743.4	16 135.71	302 183.7	242 923 396
2014 年	644 380.2	17 220	11 096 227 044.0	17 654.17	188 499.6	296 528 400
2015 年	685 571.3	18 857	12 927 816 118.4	18 766.32	8 222.427	355 586 449
2016 年	742 694.1	20 801	15 448 779 974.1	20 308.64	242 417.7	432 681 601
2017 年	830 945.7	22 968	19 085 160 837.6	22 691.43	76 488.81	527 529 024
2018 年	915 243.5	25 245	23 105 322 157.5	24 967.47	77 020.4	637 310 025
2019 年	983 751.2	27 504	27 057 093 004.8	26 817.18	471 718.4	756 470 016
2020 年	1 005 451	27 439	27 588 578 220.7	27 403.09	1 289.88	752 898 721
2021 年	1 133 240	31 072	35 212 027 065.6	30 853.37	47 797.07	965 469 184
合计	10 723 862	295 119	211 077 965 966.5	294 662.3	4 585 177	5 788 186 345

(2) 用简化式计算。根据已知 $a=255.9$,$b=0.027$,结合表 9-6,可按照简化公式计算:

$$S_y = \sqrt{\frac{\sum y^2 - a\sum y - b\sum xy}{n-2}}$$

$$= \sqrt{\frac{5\,788\,186\,345 - 255.906\,454 \times 295\,119 - 0.027\,043 \times 211\,077\,963\,949.2}{20-2}}$$

$$= 503.94(元)$$

经过计算证明,用定义式和用简化式得出的估计标准误差值是一致的。计算结果表明:20 年以来,居民消费水平的估计值与实际值的平均误差为 503.94 元。

（三）估计标准误差的作用

估计标准误差反映了建立的直线模型对现象数量变化评测的准确程度。作用体现如下。

（1）说明回归方程的估计值与实际值的离散程度。估计标准误差大，说明估计值和实际值的差异大，实际值与回归直线的距离远，变量离散程度大；反之，估计标准误差小，说明实际值距离回归直线近，变量离散程度小。

（2）说明回归方程的代表性大小。估计标准误差小，回归方程代表性大，方程越具有应用价值；反之，估计标准误差越大，方程的预测功能越差，越不具有应用价值。

四、回归分析中应注意的问题

（1）相关分析与回归分析相结合。相关分析是进行回归分析的前提和基础，变量间相关不显著，回归分析不能起到预测和推断的作用。

（2）正确理解回归系数的含义。回归系数与相关系数符号一致，变量之间正相关，相关系数大于 0，回归系数大于 0；变量之间负相关，相关系数小于 0，回归系数小于 0。回归系数是有计量单位的，在回归分析中，注意选择合适的计量单位。

（3）相关系数、回归方程与估计标准误差结合分析。相关分析、回归分析分别在定性和定量方面说明了现象数量上的关系，估计标准误差则说明了回归方程对现象发展变化预测的确切程度。

  任务分析

从表中数据可以观察到，全国居民人均可支配收入低于城镇居民人均可支配收入、高于农村居民人均可支配收入，尽管居民收入都在逐年增长，直观上看，农村居民和城镇居民的可支配收入差距仍然没有改变，城乡居民可支配收入比基本保持在 2.6∶1 的水平，农村居民与全国平均水平相比，基本保持在 2∶1 的水平。

延伸拓展　应用 Excel 分析现象间的关系

该任务需要上机操作。学习的目的是，用信息技术手段对社会现象的量化关系进行相关分析和回归分析，达到对现象之间关系的深入认识。

一、应用 Excel 进行相关分析

（一）相关图的绘制

利用 Excel 中的图表绘制功能绘制散点图，以表 9-3 某化妆品公司 A 款产品广告费和销售收入的数据为例，具体操作步骤如下。

（1）单击 Excel 图表向导（或单击"插入"，选择"图表"选项），在"图表类型"中选择"XY 散点图"，如图 9-6 所示。

（2）在"子图表类型"中选择第一种散点图，单击"下一步"按钮，按照图表向导进行操作，单击"完成"按钮，并对图形进行修饰编辑，最后得到如图 9-3 所示的 A 产品广告费与销

图 9-6 XY 散点图对话框

售收入散点图。

（二）相关系数的计算

Excel 中提供 CORREL 函数计算相关系数。此外，也可以利用 Excel 的数据分析工具。

1. CORREL 函数

仍以表 9-3 中的数据为例，用 CORREL 函数计算相关系数的操作步骤如下。

（1）建立 Excel 数据库。

（2）打开 CORREL 对话框。单击"插入"按钮，选择"函数"对话框，在类别中选择"统计"，选择 CORREL 函数，打开 CORREL 对话框。

（3）对话框设置。在 Array1 和 Array2 中分别输入广告费和销售收入数据，单击"确定"按钮，得到广告费和销售收入的相关系数为 0.955，如图 9-7 所示，可以判断广告费和销售收入之间是高度正相关。

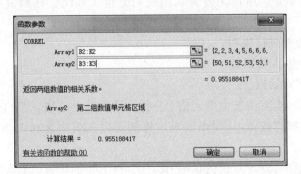

图 9-7 "函数参数"对话框

2. "相关系数"数据分析工具

（1）数据库建立。"相关系数"数据分析工具的数据需要按列计算，所以，将广告费与销售收入按列排列输入 Excel 表格。

（2）打开"工具"，单击"数据分析"，选择"相关系数"，打开"相关系数"对话框，如图 9-8 所示。

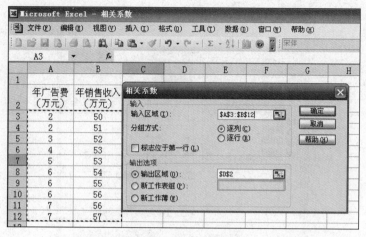

图 9-8 "相关系数"对话框

（3）设置对话框，输入数据区域，在"输出选项"中任选一空单元格，单击"确定"按钮，得到相关系数，如图 9-9 所示，可知广告费和销售收入的相关系数为 0.955，与 CORREL 工具计算结果一致。

D	E	F
	列 1	列 2
列 1	1	
列 2	0.955188	1

图 9-9 "相关系数"数据分析工具计算结果

二、应用 Excel 进行回归分析

Excel 在回归分析中的应用主要是利用回归分析工具配合回归方程，并进行显著性检验和回归预测。

以表 9-3 数据为例进行说明。

（1）在 Excel 中输入数据。

（2）设置"回归"对话框。

任选一空单元格（本案例选中单元格 C2）作为结果输出区域，然后在"工具"菜单中选择"公式"，单击"插入函数"按钮，从弹出的对话框的函数列表中选择 LINEST 函数，打开"线性回归函数"对话框。

在"回归"对话框中，输入 y 值的区域 B2:B11 和 x 值的区域 A2:A11。如图 9-10 所示。

（3）结果分析。

在"回归"对话框中进行相应的设置后，单击"确定"按钮，得到回归分析输出结果，如图 9-11 所示。

根据输出的结果图可知直线回归方程 $y = 48.21429 + 1.142857x$。

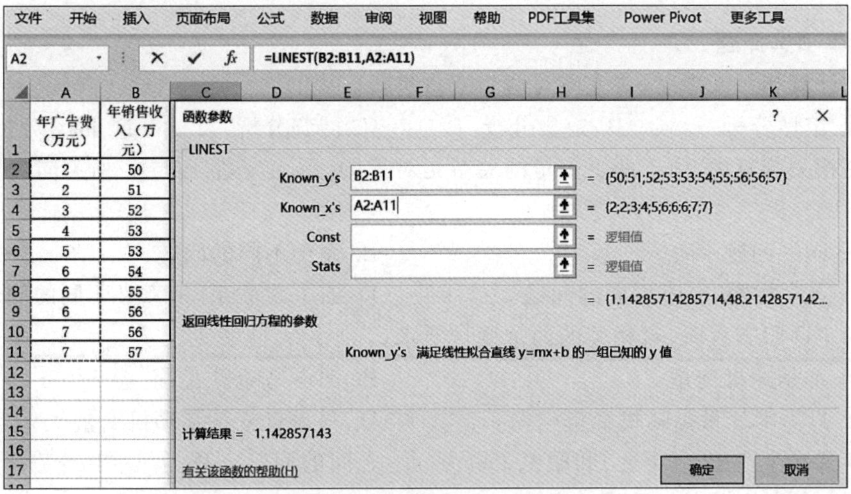

图 9-10 "线性回归函数"对话框

图 9-11 回归分析结果

复习思考题

一、填空题

1. 现象之间普遍存在着的相互关系可概括为两类：一类是函数关系，另一类是_____。

2. 按相关变量的多少分，有相关关系_____和复相关。

3. 反映回归直线方程精确度的指标是_____。

4. 根据变量变动方向不同，相关关系可以分为_____和_____。随着居民可支配收入增加，居民的消费支出也相应增加，则称两者是_____关系。

5. 若两个随机变量 X 和 Y 的协方差为 270，变量 Y 的方差为 260，变量 X 的方差为 340，则 X 和 Y 的相关系数为_____。

6. 若已知 $n=5, \sum x=15, \sum y=158, \sum xy=506, \sum x^2=55$，则直线回归方程 $\hat{y}_i=$

_____。

二、单项选择题

1. 在计算相关系数时,首先应对两个变量进行(　　)。
   A. 定性分析　　　B. 定量分析　　　C. 回归分析　　　D. 因素分析

2. 在相关分析中,由于两个变量的关系是对等的,因而变量 x 与 y 相关同变量 y 与 x 相关是(　　)。
   A. 同一问题　　　　　　　　　　　B. 完全不同的问题
   C. 有时相同、有时不同的问题　　　D. 有一定联系,但意义不同的问题

3. 确定回归方程时,对相关的两个变量要求(　　)。
   A. 都是随机变量　　　　　　　　B. 都不是随机变量
   C. 只需因变量是随机变量　　　　D. 只需自变量是随机变量

4. 年劳动生产率 x(千元)和职工工资 y(元)之间的回归方程为 $y=10+70x$。这意味着年劳动生产率每提高1千元时,职工工资平均(　　)。
   A. 增加70元　　　B. 减少70元　　　C. 增加80元　　　D. 减少80元

5. 相关关系是指变量之间(　　)。
   A. 严格的关系　　　　　　　　　B. 不严格的关系
   C. 任意两个变量之间的关系　　　D. 有内在关系的但不严格的数量依存关系

6. 相关系数 r 的取值范围是(　　)。
   A. $0 \leqslant r \leqslant 1$　　　B. $-1 < r < 1$　　　C. $-1 \leqslant r \leqslant 1$　　　D. $-1 \leqslant r \leqslant 0$

7. 一元线性回归模型的参数有(　　)。
   A. 一个　　　　　B. 两个　　　　　C. 三个　　　　　D. 三个以上

8. 直线相关系数的绝对值接近1时,说明两变量相关关系的密切程度是(　　)。
   A. 完全相关　　　B. 微弱相关　　　C. 无线性相关　　　D. 高度相关

9. 下列关系中,属于正相关关系的有(　　)。
   A. 合理限度内,施肥量和平均单产量之间的关系
   B. 产量与单位产品成本之间的关系
   C. 商品的流通费用与销售利润之间的关系
   D. 流通费用率与商品销售量之间的关系

10. 直线相关分析与直线回归分析的联系表现为(　　)。
    A. 相关分析是回归分析的基础　　　B. 回归分析是相关分析的基础
    C. 相关分析是回归分析的深入　　　D. 相关分析与回归分析互为条件

三、多项选择题

1. 下列现象中属于相关关系的有(　　)。
   A. 压力与压强　　　　　　　B. 现代化水平与劳动生产率
   C. 圆的半径与圆的面积　　　D. 身高与体重
   E. 机械化程度与农业人口

2. 相关关系与函数关系各有不同特点,主要体现在(　　)。
   A. 相关关系是一种不严格的互相依存关系
   B. 函数关系可以用一个数学表达式精确表达

C. 函数关系中各现象均为确定性现象

D. 相关关系是现象之间具有随机因素影响的依存关系

E. 相关关系中现象之间可通过大量观察法来寻求其变化规律

3. 相关系数 r 的数值（　　）。

　　A. 可为正值　　　B. 可为负值　　　C. 可大于 1　　　D. 可等于 -1

　　E. 可等于 1

4. 相关系数 $r=0.9$，这表明现象之间存在着（　　）。

　　A. 高度相关关系　　B. 低度相关关系　　C. 低度负相关关系　　D. 高度正相关关系

　　E. 低度正相关关系

5. 确定直线回归方程必须满足的条件是（　　）。

　　A. 现象间确实存在数量上的互相依存关系

　　B. 相关系数 r 必须等于 1

　　C. 相关现象必须均属于随机现象

　　D. 现象间存在着较密切的直线相关关系

　　E. 相关数列的项数必须足够多

四、判断题

1. 如果变量 X 与 Y 之间的简单相关系数 $r=0$，说明二者之间不存在相关关系。（　　）

2. 一般来说，两个变量之间的相关系数值越大，相关程度越高；相关系数值越小，相关程度越低。（　　）

3. 具有相关关系的两个变量是对等关系，不必区分自变量和因变量。（　　）

4. 当两个变量之间的相关系数 $r=-0.985$ 时，说明这两个变量的相关程度很低。（　　）

5. 某企业职工的平均工资与劳动生产率之间的相关系数为 1.08。（　　）

6. 在相关分析中，要求变量 X 和 Y 都是随机变量，而在回归分析中，则要求 X 为非随机变量。（　　）

7. 相关系数是测定两个变量之间关系密切程度的唯一方法。（　　）

8. 甲产品产量与单位成本的相关系数是 -0.9，乙产品的产量与单位成本的相关系数是 0.8，因此乙比甲的相关程度高。（　　）

9. 相关系数 r 等于 0，说明两变量之间不存在相关关系。（　　）

10. 两个变量中不论假定哪个变量为自变量 x，哪个为因变量 y，都只能计算一个相关系数。（　　）

五、简答题

1. 什么是相关关系？相关关系有什么特点？

2. 简述相关关系的种类。

3. 相关分析的主要内容包括哪些？

4. 简述回归分析的概念与特点。

5. 什么是估计标准误差？

六、实训题

1. 某种产品的产量与单位成本的资料见表 9-9。

表 9-9　产品的产量与单位成本

产量/千件	单位成本/(元/件)	产量/千件	单位成本/(元/件)
2	73	3	73
3	72	4	69
4	71	5	68

要求：
(1) 计算相关系数 r，判断其相关方向和程度。
(2) 建立直线回归方程。

2. 有几个地区的统计资料见表 9-10。

表 9-10　国内生产总值与财政收入

国内生产总值	财政收入	银行年末存款余额
2.2	0.8	0.2
2.4	0.9	0.4
2.5	1.0	0.5
2.7	1.2	0.7
2.9	1.4	0.6
3.0	1.5	0.8
15.7	6.8	3.2

要求：
(1) 计算国内生产总值与财政收入的相关系数。
(2) 计算财政收入与银行年末存款余额的相关系数。
(3) 建立国内生产总值与财政收入的直线回归方程。

3. 试根据下列资料构建直线回归方程：

$$\sigma_x^2 = 25, \quad \sigma_y = 6, \quad r = 0.9, \quad a = 2.8$$

七、案例分析题

根据表 9-1 的数据资料，编制相关表见表 9-11，分析员工工龄和年销售额之间的相关关系和线性回归关系。

表 9-11　销售人员工龄与年销售额相关表

按工龄分组/年	员工数/人	平均年销售额/万元
1	2	6
3	1	15
4	2	23
6	2	37
8	1	50
10	2	63
11	1	70
13	1	82

附录A 国民经济和社会发展重要统计指标

一、国内生产总值

国内生产总值(GDP)是指一个国家(地区)所有常住单位在一定时期内生产的最终成果。GDP有产品、价值、收入三种表现形态。相应地它可以有支出法、生产法和收入法三种计算方法,它们从不同方面反映国内生产总值。

(1) 支出法。支出法也称使用法,它是从最终使用角度来反映最终产品的生产规模。最终使用包括资本形成总额、最终消费、货物和服务净出口三项内容,即

$$GDP = 资本形成总额 + 最终消费 + 货物和服务净出口$$

(2) 生产法。生产法是从生产角度来计算国内生产总值,它等于总产出与中间投入之间的差额,即

$$GDP = 总产出 - 中间投入$$

总产出是指一个国家(地区)的常住单位在一定时期内进行物质生产活动的总成果;中间投入是指在相应生产活动中所消耗的非固定资产货物价值,也称中间产品。

(3) 收入法。收入法也称分配法,它是从要素收入的角度来计算国内生产总值,即

$$GDP = 劳动者报酬 + 生产税净额 + 固定资产折旧 + 营业盈余$$

国内生产总值是国民经济核算(SNA)体系的核心指标,它能够全面反映全社会经济活动的总规模,衡量一个国家(地区)的经济实力。

二、国民生产总值

国民生产总值(GNP)是指一个国家(地区)所有常住单位在一定时期内收入初次分配的最终成果。一国常住单位从事生产活动所创造的增加值在初次分配过程中主要分配给该国的常住单位,但也有一部分以劳动者报酬和财产收入等形式分配给该国的非常住单位。同时,国外生产所创造的增加值也有一部分以劳动者报酬和财产收入等形式分配给该国的常住单位,从而产生了国民生产总值的概念。

国民生产总值等于国内生产总值加上来自国外的劳动者报酬和财产收入减去支付给国外的劳动者报酬和财产收入。可见,国民生产总值是一个收入概念,它是按国民原则计算的;而国内生产总值是一个生产概念,它是按国土原则计算的。

三、增加值

增加值是各单位或部门在一定时期内生产活动的最终成果,它等于总产出与中间投入的差额。从实物形态看,增加值表现为各单位或部门的最终生产经营成果;从价值形态看,

增加值表现为新创造的价值与固定资产折旧之和。各部门增加值之和等于国内生产总值。

增加值可以反映各单位或部门生产活动的最终成果,也是计算国内生产总值的基础。

四、社会总产值

社会总产值是一个国家(地区)各物质生产部门在一定时期内所生产的,以货币表现的社会总产品。从实物形态看,它由生产资料和消费资料两部分构成;从价值形态看,它由生产过程中消耗掉的生产资料转移价值、物质生产部门的劳动者报酬及物质生产部门的劳动者为社会创造的价值三部分组成。

工业、农业、建筑业、商业、为生产服务的货物运输及邮电业五个行业的总产值之和即为社会总产值。它可以反映一定时期社会产品生产的总规模和总水平。但是,该指标的核算范围仅限于物质生产部门,其数值大小也受转移价值的影响,因而难以真实、客观地反映全社会的生产经营成果。

五、三次产业

三次产业划分范围如下:第一产业是指农、林、牧、渔业。第二产业是指采矿业,制造业,电力、燃气及水的生产和供应业,建筑业。第三产业是指除第一、第二产业以外的其他行业。第三产业包括:交通运输、仓储和邮政业,信息传输、计算机服务和软件业,批发和零售业,住宿和餐饮业,金融业,房地产业,租赁和商务服务业,科学研究、技术服务和地质勘察业,水利、环境和公共设施管理业,居民服务和其他服务业,教育、卫生、社会保障和社会福利业,文化、体育和娱乐业,公共管理和社会组织,国际组织。

六、当年价格

当年价格也称现行价格,指报告期内的实际市场价格。按现行价格计算的各种综合指标可以反映当年国民经济发展水平及比例关系,但因其变化受实物数量增减和价格升降因素的影响,在不同时期之间缺乏可比性。

七、可比价格

可比价格指计算各种总量指标所采用的扣除了价格变动因素的价格,可进行不同时期总量指标的对比。按可比价格计算总量指标有两种方法:一种是直接用产品产量乘某一年的不变价格计算;另一种是用价格指数进行缩减。

八、人口数

人口数指一定时点、一定地区范围内有生命的个人总和。年度统计的年末人口数指每年12月31日24时的人口数。年度统计的全国人口总数内未包括台湾省和港澳同胞以及海外华侨人数。

九、人口出生率

人口出生率又称粗出生率,是指一定时期内(通常为1年)平均每千人所出生的人数。其计算公式为

$$人口出生率(‰) = \frac{年出生人口}{年平均人数} \times 1000‰$$

十、人口死亡率

人口死亡率又称粗死亡率,是指一定时期内(通常为1年)一个国家(地区)的死亡人数与同期平均人数之比。其计算公式为

$$人口死亡率(‰) = \frac{年死亡人数}{年平均人数} \times 1000‰$$

十一、人口自然增长率

人口自然增长率指在一定时期内(通常为1年)人口自然增加数与同时期平均人数之比。其计算公式为

$$人口自然增长率(‰) = \frac{本年出生人数 - 本年死亡人数}{年平均人数} \times 1000‰$$

$$= 人口出生率 - 人口死亡率$$

十二、婴儿死亡率

婴儿死亡率指一定时期内(通常为1年)未满周岁的死亡婴儿人数与活产婴儿总数之比,一般用千分比表示。

十三、小学学龄儿童入学率

小学学龄儿童入学率指调查范围内已入小学学习的学龄儿童占校内外学龄儿童总数(包括弱智儿童,不包括盲聋哑儿童)的比重。其计算公式为

$$小学学龄儿童入学率(\%) = \frac{已入学的学龄儿童数}{校内外学龄儿童总数} \times 100\%$$

十四、职工平均工资

职工平均工资是指企业、事业、机关单位的职工在一定时期内平均每人所取得的货币工资,它可以表明一定时期职工工资收入的高低程度,是反映职工工资水平的主要指标。其计算公式为

$$职工平均工资 = \frac{报告期实际支付的全部职工工资总额}{报告期全部职工平均人数}$$

公式内报告期实际支付的全部职工工资总额是指企业、事业、机关单位在报告期内直接支付给本单位全部职工的劳动报酬总额。各单位支付给职工的劳动报酬以及其他根据有关规定支付的工资,不论是否计入成本,不论是否按国家规定列入计征奖金税项目,不论是以货币形式支付还是以实物形式支付,均应包括在工资总额内。

十五、职工实际平均工资

职工实际平均工资是指扣除物价变动因素后的职工平均工资,它可以比较客观、准确地反映一定时期内职工工资的一般水平。其计算公式为

$$职工平均实际工资 = \frac{报告期职工平均工资}{报告期城镇居民消费价格指数}$$

公式中报告期城镇居民消费价格指数是反映一定时期内城镇居民所购买的生活消费品价格和服务项目价格变动趋势及其程度的相对数,它可用来观察和分析消费品的零售价格和服务价格变动对城镇居民实际生活费支出的影响程度。把城镇居民消费价格指数与职工平均工资结合起来,可以反映和分析一定时期内职工工资收入的真实水平。职工平均实际工资是职工实际生活的物质基础和保障。

十六、固定资产投资率

固定资产投资率是指在一定时期内全社会固定资产投资额与国内生产总值之比,是反映固定资产投资规模是否适当的重要指标。其计算公式为

$$固定资产投资率 = \frac{全社会固定资产投资额}{国内生产总值} \times 100\%$$

十七、固定资产投资效果系数

固定资产投资效果系数是指报告期内新增国内生产总值与同期固定资产投资额的比率,反映单位固定资产投资额所增加的国内生产总值的数量。其计算公式为

$$固定资产投资效果系数 = \frac{报告期新增国内生产总值}{同期固定资产投资额}$$

十八、森林覆盖率

森林覆盖率是指森林面积与土地总面积之比,它反映一个国家(地区)森林资源和绿化水平。其计算公式为

$$森林覆盖率(\%) = \frac{森林面积}{土地总面积} \times 100\%$$

十九、货币流通量

货币流通量即流通中的现金,指金融机构以外的机关、团体、部队、企业、事业单位和居民个人在某一时刻持有的现金总量。

二十、城乡储蓄存款余额

城乡储蓄存款余额是指某一时刻(如月初或月末、季初或季末、年初或年末)城乡居民存入银行及农村信用社的存储金额与其他银行及农村信用社取出的金额之差,它是一个时点指标,用来反映城乡居民存储的规模。城乡储蓄存款余额包括城镇居民储蓄存款和农民个人储蓄存款两部分,不包括居民的手存现金和工矿企业、部队、机关团体等集体存款。

二十一、物价指数

物价指数又称价格指数,指从生产者、购买者和市场的角度,分别反映不同时期货物和服务商品价格总水平变动趋势幅度的相对数。目前编制的物价指数主要有居民消费价格指数、商品零售价格指数、工业品出厂价格指数、固定资产投资价格指数、房地产价格指数等。

二十二、城镇居民家庭可支配收入

城镇居民家庭可支配收入指被调查的城镇居民家庭在支付个人所得税、财政税及其他经常性转移支出后所余下的实际收入。

二十三、恩格尔系数

恩格尔系数指食物支出金额在生活消费总支出金额中所占的比例。其计算公式为

$$恩格尔系数 = \frac{食物支出金额}{生活消费总支出金额} \times 100\%$$

二十四、社会消费品零售总额

社会消费品零售总额指国民经济各行业直接售给城乡居民和社会集团的消费品总额。社会消费品零售总额包括售给城乡居民作为生活用的商品和修建房屋用的建筑材料;售给社会集团的各种办公用品和公用消费品;售给机关、团体、学校、部队、企业、事业单位的职工食堂和旅店(招待所)附设专门供本店旅客食用,不对外营业的食堂的各种食品、燃料;企业、单位和国有农场直接售给本单位职工和职工食堂的自己生产的产品;售给部队干部、战士生活用的粮食、副食品、衣着品、日用品、燃料;售给来华的外国人、华侨、港澳台同胞的消费品;居民自费购买的中、西药品,中药材及医疗用品;报社、出版社直接售给居民和社会集团的报纸、图书、杂志;集邮公司出售的新、旧纪念邮票,特种邮票,首日封,集邮册,集邮工具等;旧货寄售商店自购、自销部分的商品;煤气公司、液化石油气站售给居民和社会集团的煤气灶具和罐装液化石油气;农民售给非农业居民和社会集团的商品。

二十五、资金利税率

资金利税率是指在一定时期内已实现的利润、税金总额与同期的资产之比,它可以反映每单位资金所提供的利润税金总额,是考察评价部门或企业资金运用的经济效益、分析资金投入效果的主要分析指标。其计算公式为

$$资金利税率(\%) = \frac{报告期累计实现利税总额}{固定资产净值平均余额 + 流动资产平均余额} \times 100\%$$

二十六、产值利税率

产值利税率是指在一定时期内已实现的利润、税金总额占同期总产值的比重,它可以反映部门或企业的最终有效产出率。其计算公式为

$$产值利税率(\%) = \frac{利税总额}{总产值} \times 100\%$$

二十七、流动资产周转次数

流动资产周转次数是指在一定时期内流动资产完成的周转次数,可以用来反映流动资产的周转次数。其计算公式为

$$流动资产周转次数 = \frac{产品销售收入}{全部流动资产平均余额}$$

二十八、劳动生产率

劳动生产率反映劳动者在单位时间内提供的生产成果,它一般按实物量或价值量计算。其计算公式为

$$实物量劳动生产率=\frac{产品数量}{劳动者平均人数}$$

$$价值量劳动生产率=\frac{价值指标}{劳动者平均人数}$$

以上公式中的分母既可以是工人平均人数,也可以是全部职工(或从业人员)平均人数,由此得到工人劳动生产率和全员劳动生产率两个指标。实物量劳动生产率适合于反映生产单一产品或同类产品的企业或部门劳动者的生产效率;价值量劳动生产率因价值指标具有的高度综合与概括能力而成为应用最广泛的劳动生产率指标,它的分子一般为总产值或增加值。

二十九、单位面积产量

单位面积产量简称单产,又称收获率,它是指单位面积(如每公顷)上所收获的农产品数量,通常按各种农作物分别计算。单位面积产量是反映农业生产水平的主要经济技术指标之一,可以计算播种面积单位,也可以计算耕地面积单产。播种面积单产反映一季农作物的播种面积的生产水平,耕地面积单产反映每公顷耕地面积上全年的生产水平。其计算公式为

$$播种面积单产=\frac{某种农作物的总产量}{该种农作物的实际播种面积}$$

$$耕地面积单产=\frac{某种农作物全年各季总产量之和}{该种农作物的实际占用耕地面积}$$

三十、单位产品成本

单位产品成本是指报告期生产费用与产品产量之比,反映一定时期内生产某种产品平均每一件所花费的成本,它是产品价格的重要组成部分。其计算公式为

$$单位产品成本=\frac{报告期生产费用}{报告期产品产量}$$

三十一、商品平均销售价格

商品平均销售价格是指报告期商品销售额与报告期商品销售量之比,反映一定时期内某种商品的平均零售价格。其计算公式为

$$商品平均销售价格=\frac{报告期商品销售额}{报告期商品销售量}$$

三十二、工业增加值

工业增加值是指工业行业在报告期内以货币表现的工业生产活动的最终成果。

三十三、工业总产值

工业总产值是以货币表现的工业企业在一定时期内生产的已出售或可供出售工业产品总量,它反映一定时间内工业生产的总规模和总水平。它包括:在本企业内不再进行加工,经检验、包装入库(规定了需包装的产品除外)的成品价值,工业性作业价值,自制半成品、在产品期末期初差额价值(生产周期较长的企业计算)。

三十四、城镇居民可支配收入

城镇居民可支配收入是指居民家庭在支付个人所得税后余下的实际收入。即实际收入减去个人所得税、家庭副业生产支出和记账补贴后的余额。

三十五、流动比率

流动比率是指流动资产总额和流动负债总额之比。流动比率表示企业流动资产中在短期债务到期时变现用于偿还流动负债的能力。其计算公式为

$$流动比率=\frac{流动资金合计}{流动负债合计}\times 100\%$$

三十六、工业产品销售率

工业产品销售率是指一定时期内产品销售收入占工业产值的百分比,是反映工业产品生产已实现销售的程度、分析工业产销衔接状况的指标。其计算公式为

$$工业产品销售率=\frac{产品销售收入额}{工业总产值(现价)}\times 100\%$$

三十七、销售成本利润率

销售成本利润率是指一定时期内实现的利润额与耗费的销售成本总额之间的比率。其计算公式为

$$销售成本利润率=\frac{利润总额}{产品销售成本}\times 100\%$$

附录B 正态分布概率表

t	$F(t)$	t	$F(t)$	t	$F(t)$	t	$F(t)$
0.00	0.000 0	0.31	0.243 4	0.62	0.464 7	0.93	0.647 6
0.01	0.008 0	0.32	0.251 0	0.63	0.471 3	0.94	0.652 8
0.02	0.016 0	0.33	0.258 6	0.64	0.477 8	0.95	0.657 9
0.03	0.023 9	0.34	0.266 1	0.65	0.484 3	0.96	0.662 9
0.04	0.031 9	0.35	0.273 7	0.66	0.490 7	0.97	0.668 0
0.05	0.039 9	0.36	0.281 2	0.67	0.497 1	0.98	0.672 9
0.06	0.047 8	0.37	0.288 6	0.68	0.503 5	0.99	0.677 8
0.07	0.055 8	0.38	0.296 1	0.69	0.509 8	1.00	0.682 7
0.08	0.063 8	0.39	0.303 5	0.70	0.516 1	1.01	0.687 5
0.09	0.071 7	0.40	0.310 8	0.71	0.522 3	1.02	0.692 3
0.10	0.079 7	0.41	0318 2	0.72	0.528 5	1.03	0.697 0
0.11	0.087 6	0.42	0.325 5	0.73	0.534 6	1.04	0.701 7
0.12	0.095 5	0.43	0.332 8	0.74	0.540 7	1.05	0.706 3
0.13	0.103 4	0.44	0.340 1	0.75	0.546 7	1.06	0.710 9
0.14	0.111 3	0.45	0.347 3	0.76	0.552 7	1.07	0.715 4
0.15	0.119 2	0.46	0.354 5	0.77	0.558 7	1.08	0.719 9
0.16	0.127 1	0.47	0.361 6	0.78	0.564 6	1.09	0.724 3
0.17	0.135 0	0.48	0.368 8	0.79	0.570 5	1.10	0.728 7
0.18	0.142 8	0.49	0.375 9	0.80	0.576 3	1.11	0.733 0
0.19	0.150 7	0.50	0.389 9	0.81	0.582 1	1.12	0.737 3
0.20	0.158 5	0.51	0.389 9	0.82	0.587 8	1.13	0.741 5
0.21	0.166 3	0.52	0.396 9	0.83	0.593 5	1.14	0.745 7
0.22	0.174 1	0.53	0.403 9	0.84	0599 1	1.15	0.749 9
0.23	0.181 9	0.54	0.410 8	0.85	0.604 7	1.16	0.754 0
0.24	0.189 7	0.55	0.417 7	0.86	0.610 2	1.17	0.758 0
0.25	0.197 4	0.56	0.424 5	0.87	0.615 7	1.18	0.762 0
0.26	0.205 1	0.57	0.431 3	0.88	0.621 1	1.19	0.766 0
0.27	0.212 8	0.58	0.438 1	0.89	0.626 5	1.20	0.769 9
0.28	0.220 5	0.59	0.444 8	0.90	0.631 9	1.21	0.773 7
0.29	0.228 2	0.60	0.451 5	0.91	0.637 2	1.22	0.777 5
0.30	0.258 0	0.61	0.458 1	0.92	0.642 4	1.23	0.781 3

续表

t	$F(t)$	t	$F(t)$	t	$F(t)$	t	$F(t)$
1.24	0.785 0	1.58	0.885 9	1.92	0.945 4	2.52	0.988 3
1.25	0.788 7	1.59	0.888 2	1.93	0.946 4	2.54	0.988 9
1.26	0.792 3	1.60	0.890 4	1.94	0.947 6	2.56	0.989 5
1.27	0.795 9	1.61	0.892 6	1.95	0.948 8	2.58	0.990 1
1.28	0.799 5	1.62	0.894 8	1.96	0.950 0	2.60	0.990 7
1.29	0.803 0	1.63	0.896 9	1.97	0.951 2	2.62	0.991 2
1.30	0.806 4	1.64	0.899 0	1.98	0.952 3	2.64	0.991 7
1.31	0.809 8	1.65	0.901 1	1.99	0.953 4	2.66	0.992 2
1.32	0.813 2	1.66	0.903 1	2.00	0.954 5	2.68	0.992 6
1.33	0.816 5	1.67	0.95 1	2.02	0.956 6	2.70	0.993 1
1.34	0.919 8	1.68	0.907 0	2.04	0.958 7	2.72	0.993 5
1.35	0.823 0	1.69	0.909 0	2.06	0.960 6	2.74	0.993 9
1.36	0.826 2	1.70	0.910 9	2.08	0.962 5	2.76	0.994 2
1.37	0.829 3	1.71	0.912 7	2.10	0.964 3	2.78	0.994 6
1.38	0.832 4	1.72	0.914 6	2.12	0.966 0	2.80	0.994 9
1.39	0.835 5	1.73	0.916 4	2.14	0.967 6	2.82	0.995 2
1.40	0.838 5	1.74	0.918 1	2.16	0.969 2	2.84	0.995 5
1.41	0.841 5	1.75	0.919 9	2.18	0.970 7	2.86	0.995 8
1.42	0.844 4	1.76	0.921 6	2.20	0.972 2	2.88	0.996 0
1.43	0.847 3	1.77	0.923 3	2.22	0.973 6	2.90	0.996 2
1.44	0.850 1	1.78	0.924 9	2.24	0.974 9	2.92	0.996 5
1.45	0.852 9	1.79	0.926 5	2.26	0.976 2	2.94	0.996 7
1.46	0.855 7	1.80	0.928 1	2.28	0.977 4	2.96	0.996 9
1.47	0.858 4	1.81	0.929 7	2.30	0.978 6	2.98	0.997 1
1.48	0.861 1	1.82	0.931 2	2.32	0.979 7	3.00	0.997 3
1.49	0.863 8	1.83	0.932 8	2.34	0.980 7	3.20	0.998 6
1.50	0.866 4	1.84	0.934 2	2.36	0.981 7	3.40	0.999 3
1.51	0.869 0	1.85	0.935 7	2.38	0.982 7	3.60	0.999 68
1.52	0.871 5	1.86	0.937 1	2.40	0.983 6	3.80	0.999 86
1.53	0.874 0	1.87	0.938 5	2.42	0.984 5	4.00	0.999 94
1.54	0.876 4	1.88	0.939 9	2.44	0.985 3	4.50	0.999 993
1.55	0.878 9	1.89	0.941 2	2.46	0.986 1	5.00	0.999 999
1.56	0.881 2	1.90	0.942 6	2.48	0.986 9		
1.57	0.883 6	1.91	0.943 9	2.50	0.987 6		

参 考 文 献

[1] 黄良文. 统计学原理[M]. 北京：中国统计出版社，2002.
[2] 李洁明，祁新娥. 统计学原理[M]. 4版. 上海：复旦大学出版社，2007.
[3] 杨晶，李艳，许春燕. 统计学基础[M]. 北京：机械工业出版社，2008.
[4] 栗方忠. 统计学原理[M]. 大连：东北财经大学出版社，2008.
[5] 杨曾武. 社会经济统计学原理[M]. 天津：天津科学技术出版社，1995.
[6] 胡德华. 统计学原理[M]. 2版. 北京：清华大学出版社，2017.
[7] 曾艳英. 应用统计基础[M]. 北京：机械工业出版社，2010.
[8] 陈在余，陶应虎. 统计学原理与实务[M]. 北京：清华大学出版社，2009.
[9] 刘树，等. 统计学[M]. 2版. 北京：清华大学出版社，2017.
[10] 杜家龙. 统计学[M]. 北京：高等教育出版社，2007.
[11] 周英豪. 新编统计学[M]. 北京：北京大学出版社，2006.
[12] 朱艳，刘婷. 统计学原理[M]. 南京：南京大学出版社，2011.